Milton A.

EL HUMOR
EN EL ANTIGUO TESTAMENTO

Ediciones PUMA

El humor en el Antiguo Testamento
Milton A. Acosta B.

Derechos de autor:

© 2009 Centro de Investigaciones y Publicaciones (CENIP) – Ediciones Puma

Hecho el Depósito Legal en la Biblioteca Nacional del Perú N° 2009-09442
ISBN N° 978-9972-701-59-7

Primera edición, agosto 2009
Tiraje: 2500 ejemplares

Editado por:
© 2009 Centro de Investigaciones y Publicaciones (CENIP) – Ediciones Puma
Av. Arnaldo Márquez 855, Jesús María, Lima
Telf./Fax: (511) 423-2772
E-mail: Administración: puma@cenip.org
          Perú: pedidos@edicionespuma.org
          Internacional: ventas@edicionespuma.org
Web: www.edicionespuma.org
Ediciones Puma es un programa del Centro de Investigaciones y Publicaciones (CENIP)

Diseño de carátula: Adilson Proc
Diagramación: Hansel J. Huaynate

Reservados todos los derechos
All rights reserved
Prohibida la reproducción total o parcial sin la autorización de los editores

Las citas bíblicas en su mayoría han sido traducidas desde los originales por el autor, salvo los casos en los que se indica otra versión.

Impreso en agosto de 2009
en los talleres de la Asociación Editorial **Buena Semilla**
Carrera 31 64A-34 - Bogotá

Impreso en Colombia
Printed in Colombia

A Ludio, mi papá, quien me enseñó el poder del humor para la comunicación.

A Conchita, mi mamá, consagrada a Dios, a la gente y al estudio.

Agradecimientos

Este libro ha sido posible gracias al apoyo de varias personas e instituciones. Gracias a Brad Palmer de John Stott Ministries, quien me sugirió que las conferencias sobre el tema las convirtieran en un libro. También gracias a Peter Kwant de Langham Partnership International, por una sugerencia parecida. Igualmente a Ian Darke de Letra Viva, quien ha servido como agente para encontrar una buena editorial.

A la Dra. Elizabeth Magba, directora de la Biblioteca Tyndale House en Cambridge, Inglaterra, por facilitarme el acceso a la biblioteca de la Universidad de Cambridge.

A Sylvia y Chris Akhurst en Cambridge, Inglaterra, quienes muy generosamente me hospedaron en su casa. ¡Qué gran sentido de humor de esta pareja! Gracias a Gerson y Angélica Donner en Cambridge quienes, en medio de sus ocupaciones, me recibieron como un hermano. A David y Olwen Ford, quienes me hospedaron en su casa en Glasgow, Escocia, y me facilitaron visitas a varias bibliotecas en Saint Andrews, Glasgow y Edimburgo. A mi hermana Jenny y su esposo Diego en Madrid, España, quienes con mucha diligencia me consiguieron libros que me fueron de mucha ayuda.

A Gregg Morrison, de la biblioteca de Wheaton College, y a mi amigo Eugenio Green, profesor de esta institución, quienes me facilitaron todo lo necesario para la investigación y el acceso a los recursos bibliográficos.

A José Antonio Moreno, quien como decano del SETECA, propuso el tema del humor en el Antiguo Testamento para las conferencias bíblicas de SETECA 2007.

A Manuel Reaño y Elizabeth Sendek, rector y vicerrectora del Seminario Bíblico de Colombia, quienes generosamente me facilitaron el tiempo para escribir y me dieron ánimo en el camino.

A todas las personas que habiendo participado en las conferencias sobre el tema me manifestaron sus sugerencias: SETECA en Guatemala, los pastores en San Salvador, Seminario Evangélico de Lima, Seminario Bíblico de Colombia, Instituto Bíblico de la Iglesia Central Presbiteriana en Ibagué, Colombia, los biblistas de la Sociedad Bíblica Colombiana, y los pastores de la Iglesia Presbiteriana Cumberland en Colombia.

A mi esposa Laura por su compañía y apoyo en esta tarea. Junto con mi hija Beatriz sacrificaron vacaciones y soportaron de buena gana mis prolongadas ausencias, y me dieron ánimo para completar este libro. Dios se los recompense.

Contenido

Prólogo IX
Prefacio XIII
1. Introducción al humor 17
2. De Punt a Saramago 39
3. El humor en el Antiguo Testamento 61
4. El nombre de la risa 97
5. Dos espías secretos en Josué 2 107
6. El secuestro del arca 133
7. De desechos a salvadores 153
8. La historia de Ejud y Eglón 171
9. Jonás el bueno 193
10. Humor en el libro de Ester 213
11. El humor en la predicación 239
Bibliografía 253

Prólogo

El catorce de junio del presente año, durante la celebración de los cuarenta primeros años de vida y ministerio de la Unidad Cristiana Universitaria de Colombia, tuve el agrado de escuchar, en Bogotá, al Dr. Milton Acosta en una conferencia sobre el "Humor en el Antiguo Testamento". Escogió un extraño pasaje del libro de los Jueces, con el cual hizo un trabajo hermenéutico, exegético y pastoral, que me encantó. Acosta es un comunicador que sabe hacer reír en persona y también en su libro. Sin duda el lector lo disfrutará al leerlo, y más aún cuando lo presente personalmente.

En la reunión mencionada, el profesor Acosta nos informó que el libro sería impreso en el Perú por Ediciones Puma, lejos estaba de mí pensar, que los editores me iban a solicitar escribir el prólogo, el cual está presionado por la brevedad del tiempo del generoso pedido, por la cercanía de su aparición, por las demandas de mi agenda y la incertidumbre de la llegada de mi pasaporte desde Nueva York para poder viajar el próximo viernes. Aquí pesó más el amor que se llama amistad, y no me quedó más remedio que acceder de 'buen humor' a esta honrosa solicitud.

Leyendo el libro, el lector se dará cuenta de la convergencia entre Thomas Alva Edison y Milton Acosta, cuando el primero expresó: "No trabajé ni un día en toda mi vida, todo fue diversión". No cabe duda que el autor ha disfrutado espiritual y académicamente en la elaboración de su obra, acercándose al tema del humor en las Escrituras del Viejo Testamento "reconociendo el uso intencional del humor (de los autores), como instrumento retórico para comunicar un mensaje y persuadir al lector a creer y hacer algo".

El mundo eclesiástico en general, y el evangélico en particular ha vivido alejado del humor. Se ha confundido la alegría, la risa y el humor con la mundanalidad. "¿Hay algún pasaje bíblico en el cual veamos a Jesús riendo?", nos preguntará algún hermano que solicita 'un texto prueba'. La respuesta es: No, no encontramos un tal pasaje. Pero sí encontramos pasajes en los cuales nuestro Señor dio rienda suelta a su alegría. ¿Podemos separar, siempre, la alegría de la risa o de la sonrisa? Pienso que no. En todo caso la tristeza, como modo de vida, jamás ha sido una virtud cristiana o signo inequívoco de espiritualidad. En este sentido, no en el del arrepentimiento, razón tienen quienes observan, "que un cristiano triste, es un triste cristiano".

Sin embargo, es importante aclarar, que todo humor no se condice con la fe cristiana. A través de la lectura de este libro de Acosta, el lector podrá ir comprendiendo mejor, el humor que contienen las Sagradas Escrituras: su naturaleza y su propósito. El libro ha sido escrito con pasión y por eso apasiona, por su amor a la Palabra de Dios y al Dios de la Palabra.

El sentido del humor, como todo lo que pertenece a nuestra humanidad, tiene sus complejidades. De allí que escogeré decir de este amplio espectro, sólo lo siguiente: El humor como el dolor nos hace más humanos. Esto lo entendió el apóstol Pablo cuando escribió: *Si alguno está alegre, alégrense con él; si alguno está triste, acompáñenlo en su tristeza* (Ro 12.15, TLA). El amor y el humor nos hacen más humanos. Lo cierto es, que las cosas más serias, dichas con amor y humor, se hacen más memorables.

En el primer capítulo, el autor hace una *Introducción al humor*, trabaja definiciones, modelos y funciones. Cita a un autor a modo de resumen: "el humor hace seis cosas: lubrica las relaciones, corrige los desbalances de la vida, critica, maneja la realidad, integra a las personas y preserva el sentido del ser".

En el capítulo 2, examina el *Humor en la literatura del Medio Oriente en la literatura universal*, así captamos algo de "lo humano, lo complejo y lo poderoso del humor". En el capítulo 3 comienza a hablarnos del *Humor en el Antiguo Testamento* y lo ve "como un asunto muy serio". A partir del capítulo 4 hasta el 10 el autor trabaja pasajes bíblicos. Hallamos una forma si no nueva, diferente, de leer pasajes conocidos, los conocimientos del autor del hebreo y de las culturas semíticas, que percibimos en todo documento, son prodigados en el estudio bíblico en forma entendible, uno de los mayores logros del autor es la sencillez. Es sencillo sin ser simplista. Sin duda que caben otras lecturas, y no creemos que se pueda dogmatizar al respecto. Lo importante, desde mi punto de vista, es que Acosta ha logrado, hacernos percibir el sentido del humor en los escritos vétero testamentarios.

El capítulo 11, con el cual Milton Acosta redondea su magnífico trabajo está dedicado al *Humor en la predicación*, su tesis es: "el humor es un componente esencial de la naturaleza humana y de la comunicación humana". Está dirigido particularmente a los pastores y predicadores de la Palabra de Dios, con la finalidad de que tomemos conciencia de uno de nuestros competidores: la televisión; del cuidado que el liderazgo debe tener al preparar el culto dominical, cuando se programa "el sermón a la hora del calor, el hambre y el cansancio"; a la vez que propone un desafío: los dirigentes cristianos debemos esforzarnos "por cautivar la atención del auditorio con la palabra y la Palabra".

Animo a todos mis colegas pastores, predicadores y maestros de seminarios, institutos bíblicos y escuelas dominicales a leer y estudiar este libro con atención, reflexión y oración, porque este texto sobre el humor en el Antiguo Testamento es cosa seria.

Rev. Pedro Arana Quiroz
Lima, miércoles, 15 de julio de 2009

PREFACIO

Es más fácil reconocer el humor que explicarlo con humor.
—Jonathan Perry

El humor antiguo parece tener poco poder sobre los músculos modernos.
—Nathaniel Hawthorne

En el Antiguo Testamento tal vez lo que más hay es mal humor.
—Sadrac Mesa

Una pizca de humor suaviza el regaño.
—James Crenshaw

Estas cuatro citas resumen el contenido de todo este libro. La primera es la posibilidad de hablar seriamente del humor, contra la exigencia de algunos, según la cual, para poder hablar del humor, se debe ser chistoso. Pero esta es una demanda injusta, porque sería como decir que para hablar de poesía, tendría que hacerse en verso. Una cosa es recitar poesía y otra disertar sobre la poesía. Claro, tampoco se deben ignorar las palabras de G. B. Shaw: "No hay síntoma literario más peligroso que la tentación de escribir acerca del ingenio y del humor [porque] indica una pérdida total de ambos"[1].

---

1 Citado por Jorge Figueroa Dorrego y otros (editores), *Estudios sobre humor literario* (Vigo: Universidad de Vigo, 2001): 17.

La segunda cita tiene que ver con la interpretación de textos antiguos en relación con las sutilezas del humor. Hay mucha distancia que salvar entre el Antiguo Testamento y nosotros hoy: lingüísticas y literarias, históricas y geográficas, sociológicas y culturales. Con frecuencia, los eventos escritos de modo humorístico, no necesariamente lo fueron cuando ocurrieron, pero sí podemos observar la intención comunicativa humorística. Este libro trata principalmente de humor escrito y literario antiguo. Reconocemos la dificultad de la empresa y haremos lo posible por no transitar mucho por el camino de la especulación, ni con la meta de ser chistoso.

La tercera cita nos obliga a demoler esta afirmación: "qué va a haber humor en el Antiguo Testamento". Partimos del siguiente presupuesto: no lo vemos porque no lo esperamos.

La última cita es una invitación a reconocer que en la Biblia existe una forma de hacer teología que se sirve del humor para decir verdades difíciles de recibir. Los escritores bíblicos, aunque inspirados, no eran menos humanos que nosotros, ni en su vida cotidiana ni en su literatura.

Existen dos acercamientos al humor en la Biblia, uno más común que el otro. El primero son los chistes que la gente hace a partir de algún personaje o evento bíblico[2]. Generalmente son chistes tontos, y en muchas ocasiones irreverentes. El segundo acercamiento consiste en el reconocimiento del uso intencional del humor como instrumento retórico para comunicar un mensaje y persuadir al lector a creer y hacer algo. Naturalmente, este libro usará el segundo acercamiento.

La idea de estudiar y comprender el humor en la Biblia nació en un curso de Historia de Israel en Trinity Evangelical Divinity School. En esa clase, el profesor K. Lawson Younger hizo una breve representación de un rey arameo llamado Ben-Hadad,

---

[2] En esta categoría se podría poner un libro reciente: Casimiro García, *El humor en la Biblia: síntesis festiva del Antiguo Testamento* (Córdova: Arcopress, 2008).

quien estaba borracho, en pleno mediodía, con otros treinta y dos reyes mientras tenían sitiada a Samaria (1R 20). Es decir, alguien poderoso en una condición indigna y en una situación seria. Ante la amenaza y las exigencias de los arameos, Israel decide no someterse y atacarlos. La borrachera de Ben-Hadad se demuestra cuando le avisan que Israel ha salido de la ciudad a atacar a su pueblo, y él da las siguientes instrucciones a sus militares: "si vienen en son de paz, tómenlos vivos; y si vienen en son de guerra, también tómenlos vivos". Tan buena fue la dramatización de este rey borracho que al terminar el doctor Younger de contar la historia, todos los estudiantes espontáneamente lo aplaudimos. La moraleja es esta: si la historia bíblica se hace aburrida, será culpa de los profesores y predicadores, no de la Biblia. Esta es una historia donde el escritor bíblico nos cuenta las incoherencias de un borracho para reírnos con él del borracho.

El tema es importante porque en las prácticas antiguas de vasallaje, la forma como un enemigo era sometido determinaba el tipo de tratado que después se firmaría entre los dos reinos y el tipo de trato que recibiría el vasallo[3]. De todas formas, la lógica aceptada en las guerras de aquellos tiempos era que si alguien venía en son de paz, no había razón para matarlo; y si venía en son de guerra, no había forma de tomarlos vivos.

En la representación que hizo el profesor Younger del incoherente rey borracho, me di cuenta de que la Biblia al darnos esos datos tan puntuales, nos invita a imaginarnos la escena y a revivirla. Una vez imaginada, nos damos cuenta de que resulta cómica. No solamente dice que el rey está borracho, sino que muestra su comportamiento de borracho. Así, poco

---

3 Un ejemplo de otro pueblo (los hititas), pero que probablemente se aplica en este caso: Amnon Altman, "Rethinking the Hittite System of Subordinate Countries from the Legal Point of View", *Journal of the American Oriental Society* 123, N° 4 (2003). En los libros proféticos de la Biblia también se constata que hay una diferencia significativa entre el sometimiento sin guerra o después de una guerra.

a poco me fui convenciendo de que en la Biblia hay historias contadas en forma de comedia con inconfundibles componentes humorísticos.

Luego, en el año 2005, José Antonio Moreno, entonces Decano del Seminario Teológico Centroamericano en Guatemala, me invitó a dar unas conferencias bíblicas; tuve la osadía de proponerle el tema "El humor en el Antiguo Testamento". Digo osadía porque el tema es enorme. Así que, sin el ánimo de ser modesto, lo que sigue no es más que una introducción al tema.

Este libro está basado en el estudio y lectura de textos diversos que incluyen la Biblia, biblistas, teóricos del humor (literario, filosófico, psicológico y sociológico), obras literarias y la realidad constatada en la experiencia. Pocos estudios le permiten a uno divertirse tanto mientras aprende, aunque, como veremos, el humor del que hablaremos es más bien serio, de mucha reflexión y poca risa. Así, pues, lo más irónico de todo esto es que, al igual que muchos tratados sobre el tema, nuestro estudio también será muy serio.

Introducción al humor

Introducción

Antes de abordar el tema del humor en el Antiguo Testamento propiamente, es necesario hablar de las características del humor y de los problemas inherentes a su estudio. Para ello, miraremos algunas de las propuestas más importantes sobre la naturaleza y funciones del humor en la sociedad.

El humor es universal y común a todos los pueblos, lenguas y culturas de la Tierra. Al mismo tiempo, es una realidad social con características culturales particulares. Es decir, toma características propias que varían de un lugar a otro, aun dentro de un mismo país con un mismo idioma. Las personas no se ríen siempre de las mismas cosas ni hacen humor de la misma manera[1]. Esto explica las dificultades en que nos vemos cuando tratamos de traducir un chiste a otro idioma o cuando pretendemos explicar a un extranjero algo humorístico de nuestra cultura: o se ríen "por educación" o nos miran con cara de desconcierto, probablemente pensando lo que me decía mi papá cuando le contaba un chiste malo: "Cuéntamelo de nuevo, y avísame cuándo debo reírme". Cuán incómoda es la "risita inconveniente". Igualmente, en ocasiones vemos personas reírse

---

1 Véase Victor Raskin, *Semantic Mechanisms of Humor* (Dordrecht: D. Reidel Publishing Company, 1985). Lo mismo ha sido reconocido por otros. Véase también, Francis Landy, "Humour in the Bible", *Jewish Quarterly* N° 1 (1980).

de cosas a las que nosotros, por mucho esfuerzo que hagamos, no les encontramos la gracia. Esto se debe a que:

> El humor es local y el sentido del humor es generalmente muy específico del contexto [...]. El humor es un tipo de información privada de las culturas, el cual se podría decir en realidad que funciona como un mecanismo de defensa lingüístico[2].

Muchas veces "el humor se basa en referencias contemporáneas, significados de palabras, contrastes o alguna comprensión social que se le escapa al forastero", no sólo por tratarse de humor en otra lengua, sino porque el "humor puede ser uno de los medios de expresión humana más sofisticados y esotéricos". De modo que, siendo pesimistas, al intentar apreciar el humor de culturas antiguas, "lo máximo que podemos aspirar es a un vistazo de una pequeña parte del humor que ha sobrevivido"[3].

En el estudio del humor, enfrentamos, además, el problema de que lo chistoso para uno puede resultar ofensivo para otro; es decir, en el humor no es rara la agresión. Hay humor *de* y humor *a expensas de*. Como colombiano, me pasa frecuentemente que la gente en casi todos los países que he visitado, tanto en Estados Unidos como en Europa y en América Latina, me hacen chistes relacionados con mi país. Si le regalo café a alguien, me dice, "¿Seguro que es café lo que hay en el paquete?". Y si no llevo nada, me preguntan: "¿Y no trajo nada de 'aquello'?". ¡Y se ríen! Una realidad del humor es que no siempre es divertido para todos. De modo que cada vez le encuentro

---

[2] Todas las traducciones de citas en otros idiomas son mías. Simon Critchley, *On Humour* (Londres: Routledge, 2002): 66-67. Sin embargo, Figueroa sostiene que "La lingüística en general no ha prestado mucha atención al humor". Véase Jorge Figueroa Dorrego y otros (editores), *Estudios sobre humor literario* (Vigo: Universidad de Vigo, 2001).

[3] Wilson E. Strand, "In search of an Assyrian sense of humor", en Fred E. H. Schroeder (editor), *5000 Years of Popular Culture: Popular Culture Before Printing* (Madison: Popular Press, 1980): 39-40.

menos gracia al chiste y me resulta más difícil ser amable con estas personas.

En esto de la agresión en el humor, hay dos perspectivas opuestas. Para algunos autores, el humor deja de ser humor cuando es ofensivo. Por eso ha dicho alguien que "un chiste es esencialmente una liberación inofensiva de emociones peligrosas; es catártico"[4]. Otros dicen que no, que la sátira, la ironía y el sarcasmo, aunque con frecuencia ofensivos, son dignas expresiones humorísticas, con todo y ofensa.

Por otro lado, también existen los contextos y los tiempos para el humor. Una humorista colombiana terminó verbalmente agredida en medio de su actuación cuando quiso hacer chistes de un ministro en un club privado de Bogotá. No calculó que la simpatía de la que gozaba el ministro en el auditorio era superior a la fuerza del humor.

Definición

Existe una variedad de términos que se utilizan en los estudios sobre el humor, cada uno con sus propias sutilezas semánticas: humor, humorismo, comicidad, chiste y comedia. El problema radica en la historia del uso de los términos y las variaciones en su uso actual de un autor a otro. Definir el término humor no es fácil, y mucho menos hacer distinciones finas con respecto al resto del vocabulario que acompaña el tema. Sin embargo, y sin pretender resolver aquí todas estas cuestiones, diremos algo general para establecer un vocabulario básico para la comprensión del tema, por lo menos en este libro. Empecemos, entonces, con la definición de humor y luego vamos a las teorías que explican la forma, la naturaleza y la función del humor.

La palabra "humor" originalmente tenía un uso diferente al actual. Se relacionaba con humedad y se refería a los líquidos corporales que determinan la salud y los estados de ánimo. Los antiguos griegos hablaban de cuatro humores: la bilis

---

4 Francis Landy, "Humor in the Bible", en *Jewish Quarterly* N° 1: 15.

amarilla (*coler*), la bilis negra (*melan-col*), la sangre y la flema. De la forma griega de estas palabras, vienen las categorías de colérico, melancólico, sanguíneo y flemático. En la medida en que los cuatro líquidos estuvieran balanceados, se consideraba que una persona estaba de buen humor. Así, la explicación a un ataque de ira no se buscaba en una niñez traumática, sino en un desbalance acuoso. Cualquier exceso o deficiencia de alguno de los líquidos era causa del mal estado de ánimo, mal temperamento o sencillamente mal humor[5].

Aunque hay todavía psicologías populares basadas en esta comprensión antigua de los humores, hoy en día la psicología se fundamenta en otras cosas, y la palabra humor se usa en otro sentido (excepto el humor acuoso y el humor vítreo). El uso más común en la actualidad es que el humor se refiere a lo cómico y lo risible. Es probable que este uso venga de los literatos ingleses del siglo dieciséis[6] o de los mismos griegos que trasladaron el sentido de "mal humor" a "risible". Es decir, una persona con exceso de uno o varios de los cuatro humores se descompone de tal manera que da risa. Por el mismo camino, el humorista es entonces la persona que hace reír[7].

Para algunos autores, la palabra "humor" no puede definirse. Observemos las opiniones y dificultades. Yehuda Radday dice que el humor es como la inteligencia: los especialistas no se han podido poner de acuerdo en una definición, pero nadie vacila en medirla. Así, pues, no nos vamos a sentar a esperar que los psicólogos y los filósofos definan el humor para luego hablar de él[8].

---

5   Michael Ferber, *A Dictionary of Literary Symbols* (Cambridge: Cambridge University Press, 1999).

6   *Ídem*.

7   Fred Charles Tubbs, "The Nature and Function of Humor and Wit in the Old Testament Literary Prophets" (Tesis doctoral, Southwestern Baptist Theological Seminary, 1990).

8   Yehuda T. Radday, "On Missing the Humour in the Bible: An Introduction", en Yehuda Thomas Radday y Athalya Brenner (editores), *On Humour and the Comic in the Hebrew Bible* (Sheffield: Almond Press, 1990).

Foster, sin embargo, propone una definición sencilla: "El humor es la percepción y expresión de lo absurdo y lo divertido"[9]. Benedetto Croce sostiene que el humorismo, por ser un proceso psicológico, es indefinible.

Garrido Luceño, citando a Enrique Jardiel Poncela, dice que "intentar definir el humor es como querer atravesar las alas de una mariposa con un poste de teléfono"[10]. Sin embargo, se pueden apuntar algunas características esenciales. El humor es realista en el sentido de que capta el "contraste entre el ser y la apariencia". De ahí que Pirandello, citando a Richter, diga que el humor es "lo sublime al revés"[11]. En esto, como veremos, coinciden varios autores de diversas épocas, incluyendo la actual. Pero humor no es meramente risa, sino "risa reflexiva", en tanto que advierte "el ridículo interno" de diversas situaciones en la vida[12].

Quienes se han atrevido a dar definiciones se enfrentan a muchos contradictores. Por eso Pirandello dice que "el humorismo[13] tiene infinitas variedades y tantas características que, al querer describirlo en general, se corre siempre el riesgo de olvidarse de alguna". Pero, añade Pirandello, si bien tales procesos

---

9 Benjamin R. Foster, "Humor and Wit (Mesopotamia)", en David Noel Freedman (editor), *The Anchor Bible Dictionary* (New York: Doubleday, 1992): 2459.

10 José María Garrido Luceño, "El humor es sabiduría", *Isidorianum* 23 (2003): 130.

11 Luigi Pirandello, "Esencia, caracteres y materia del humorismo", *Cuadernos de información y comunicación* 7 (2002): 98.

12 Colin J. Humphreys, "The Number of People in the Exodus from Egypt: Decoding Mathematically the Very Large Numbers in Numbers I and XXVI", *Vetus Testamentum* 48, N° 2 (1998), Colin J. Humphreys, "The Numbers in the Exodus from Egypt: A Further Appraisal", *Vetus Testamentum* 50, N° 3 (2000).

13 Preferimos no entrar en tecnicismos semánticos y usaremos humor y humorismo alternadamente para significar lo mismo, es decir, lo que todavía estamos tratando de definir. En inglés distinguen entre "humor" y "wit". Véase una breve discusión en Tubbs, *Op. cit.*

no se pueden definir, sí es posible representar, cosa que hacen los artistas y los literatos todo el tiempo[14].

Pero bueno, ¿cuál es la definición de humor? Luigi Pirandello, en su ensayo clásico titulado *El humorismo*, dice:

> Si quisiéramos tener en cuenta todas las respuestas que se han dado a esta pregunta, todas las definiciones que han propuesto autores y críticos, podríamos llenar bastantes páginas y, probablemente, al final, confundidos entre tantos pareceres, no conseguiríamos otra cosa que repetir la pregunta:
> —Pero, en resumen, ¿qué es el humorismo?

Y continúa diciendo:

> Características más comunes, y, sin embargo, más generalmente observadas, son la "contradicción" fundamental, cuya causa primera suele considerarse el desacuerdo que el sentimiento y la meditación descubren o bien entre la vida real y el ideal humano o bien entre nuestras aspiraciones y nuestras debilidades y miserias, y cuyo principal efecto es una especie de perplejidad entre el llanto y la risa; luego, el escepticismo, que colorea toda observación, toda pintura humorística, y, finalmente, el modo de proceder del humorismo minuciosa y maliciosamente analítico[15].

Así las cosas, nos vemos obligados a concluir lo que otros ya concluyeron: "Los estudiosos del humor que comienzan por la búsqueda de una definición se ven en la necesidad de acabar confesando la imposibilidad de tal empeño". La razón principal es que como tema es tan complejo como cambiante; y como rasgo, "trasciende y engloba todo [sic] forma literaria, además de otras formas de expresión escrita o impresa"[16]. Pero podemos

---

14 Véase Pirandello.
15 *Ibíd*.
16 Figueroa Dorrego y otros (editores): 15–16.

empezar a vislumbrar que el humor, aunque difícil de definir, es un asunto muy serio.

Nos queda todavía la tarea de, si no definir, por lo menos diferenciar algunos términos y conceptos. Pirandello hace algunas precisiones muy útiles para los propósitos de este libro:

> Veo a una anciana señora, con los cabellos teñidos, untados de no se sabe bien qué horrible grasa, y luego burdamente pintada y vestida con ropas juveniles. Me echo a reír. *Advierto* que esa anciana señora es lo *contrario* de lo que una anciana y respetable señora tendría que ser. Así puedo, de buenas a primeras y superficialmente, detenerme en esta impresión cómica. Lo cómico es precisamente un *advertir lo contrario*. Pero si ahora en mí interviene la reflexión y me sugiere que aquella anciana señora tal vez no encuentra ningún placer en vestirse como un loro, sino que tal vez sufre a causa de ello y lo hace sólo porque se engaña piadosamente y piensa que, vestida así, escondiendo sus arrugas y sus canas, conseguirá retener el amor de su marido, mucho más joven que ella, entonces yo ya no puedo reírme como antes, porque precisamente la reflexión, trabajando dentro de mí, me ha hecho superar mi primera observación, o más bien, me ha hecho penetrar en ella: de aquella primera *observación de lo contrario* me ha hecho pasar a este *sentimiento de lo contrario*. Esta es toda la diferencia que hay entre lo cómico y lo humorístico[17].

Según este ejemplo y su explicación, es posible ver solamente lo cómico de las cosas, es decir, quedarse con lo superficial, y perderse de lo humorístico, del sentimiento que surge luego de la reflexión. La risa que produce lo uno y lo otro son diferentes.

La esencia del humor según Pirandello es ésta: existe una permanente contradicción en el ser humano que lo acompaña como la sombra de su cuerpo. Esto lo descubre el humorista

---

17 Pirandello: 102.

por la reflexión "que en todo ve una construcción ilusoria, falsa o ficticia del sentimiento, la cual desmonta y descompone con análisis agudo, sutil y minucioso"[18]. Siguiendo con su metáfora de la sombra, Pirandello concluye su estudio así:

> Resumiendo, el humorismo consiste en el sentimiento de lo contrario, producido por la especial actividad de la reflexión, que no se oculta, que no se convierte, como suele suceder ordinariamente en el arte, en una forma del sentimiento, sino en su contrario, aunque siguiendo paso a paso el sentimiento como la sombra al cuerpo. El artista ordinario se preocupa del cuerpo solamente; el humorista tiene en cuenta el cuerpo y la sombra, y tal vez más la sombra que el cuerpo; se da cuenta de todas las bromas de esta sombra, de como a veces se estira y otras se encoge, como si remedara al cuerpo. Que mientras tanto no la calcula ni se preocupa de ella[19].

Para dejar allí el asunto de la definición del humor añadiremos las palabras de Casares "El humor es la interpretación sentimental y trascendente de lo cómico"[20]. Aunque hay suficientes méritos en las propuestas de Pirandello, reconocemos que no poseemos una definición consensuada del humor. La razón principal es que existen diferentes formas de explicar cómo funciona el humor tanto en la psiquis humana como en la sociedad donde ocurre. Esas diferentes explicaciones, a su vez, han producido escuelas y corrientes, fundadas sea en la filosofía, la psicología, o la sociología. Sin embargo, hay dos términos que surgen una y otra vez: la contradicción y lo ridículo.

Sin necesidad de acudir a los diccionarios ni las enciclopedias, por la experiencia sabemos que el humor es una realidad

---

18 *Ídem*: 127. Esto mismo han observado otros. Véase, por ej. Tubbs.
19 Pirandello: 130.
20 Julio Casares, "Concepto del humor", en *Cuadernos de información y comunicación* 7 (2002): 175

humana que no precisa ser demostrada. Sin embargo, y para curarnos en salud, Casares afirma que el sólo hecho de intentar definir el humor "prueba ya la carencia del sentido del humor". Lo que sí hace Casares es diferenciar humor de humorismo; así: el humorismo es un "estilo literario [con manifestaciones objetivas] en el que se hermanan la gracia con la ironía y lo alegre con lo triste"; mientras que el humor es "una disposición de ánimo, algo que no trasciende del sujeto que contempla lo cómico". Puestos juntos, el humorismo es "la expresión externa del humor, mediante la palabra, el dibujo, la talla, etc". En otras palabras, el humor es una forma de ver el mundo (*Weltanschauung*), una actitud frente a la vida[21].

Sobre la superioridad del humorismo con respecto a otras ciencias, nuevamente Pirandello dice:

> Y mientras el sociólogo describe la vida social tal como resulta de las observaciones exteriores, el humorista, armado de su aguda intuición, demuestra, revela hasta qué punto las apariencias son profundamente diversas del ser íntimo de la conciencia de los asociados. Y, sin embargo, se miente psicológicamente, igual que se miente socialmente. Y ese mentirnos a nosotros mismos, viviendo conscientemente sólo la superficie de nuestro ser psíquico, es un efecto de la mentira social. El alma que se refleja a sí misma es un alma solitaria; pero la soledad interior nunca es tanta que no penetren en la conciencia las sugestiones de la vida en común, con las ficciones y las artes de transfiguración que la caracterizan[22].

Además de observar las dificultades de la definición de "humor", un segundo propósito de estas páginas introductorias

---

21 Julio Casares, *ídem*. Lo mismo ha dicho Bert Hayes; véase Bert Hayes, "A Study of Humor in the Old Testament" (Tesis doctoral, Hebrew Union College, 1963), citado por Tubbs.

22 Pirandello, *Op. cit.*: 120.

es mostrar las formas más importantes de explicar los mecanismos y funciones del humor. Presentamos algunos modelos a continuación para explicar y comprender el humor, no tanto para definirlo.

Modelos

Del humor se han ocupado desde los filósofos griegos clásicos, hasta los más importantes pensadores de los últimos siglos[23]. Hay varias formas de clasificar el tema, por psicología, por sociología o por la forma misma del humor. Inicialmente me pareció exagerado leer que un autor afirmaba la existencia de "cientos de teorías" del humor, hasta que me encontré con otro que lo confirmaba diciendo que "[e]l número de teorías y definiciones del humor rebasa el millar"[24]. Y, como si eso fuera poco, los especialistas afirman que a pesar de tantas teorías, "seguimos sin entender cómo funciona este curioso mecanismo" del humor[25].

Como en todos los campos de la investigación, no es extraño encontrar que un autor piense que los modelos anteriores a él son inadecuados para explicar el humor. En este libro me propongo analizar el humor en el Antiguo Testamento con la ayuda de las teorías más importantes.

Entre tantas definiciones y teorías, los especialistas lograron identificar cinco escuelas principales en el estudio del humor[26]. Es importante aclarar que estos modelos no siempre se contradicen

---

[23] Véase Garrido Luceño. Existe inclusive una revista académica internacional dedicada al estudio del humor: *International Journal of Humor Research*; es publicada en Alemania por Walter de Gruyter. Existe también una página en Internet que se dedica al estudio científico del humor: <http://www.hnu.edu/ishs/>.

[24] Figueroa Dorrego y otros (editores): 15.

[25] Eduardo Salvador Jáuregui, "La comedia humana: Una nueva teoría psicosociológica de la risa y el humor", *Miscelánea Comillas* 61, N° 119 (2003).

[26] Algunos autores lo reducen a tres teorías. Véase, por ej., Critchley. Este autor, siguiendo a John Morreall, sostiene que las teorías sobre el humor se pueden resumir en tres: superioridad, incongruencia y catarsis.

entre sí. Lo que hacen es más bien enfocarse en un aspecto sea mirando la psiquis en la producción del humor, o el análisis de lo cómico en sí, o los contextos y relaciones en los que ocurre. Presentamos a continuación los modelos más aceptados por los especialistas.

Catarsis[27]

Esta teoría fue propuesta por Herbert Spencer en el siglo xix: La risa es "la liberación de energía nerviosa represada". En 1905 Freud añadió en su libro sobre el chiste[28] que esa energía liberada en la risa "produce placer porque supuestamente economiza la energía que de otra manera se necesitaría para contener o reprimir esa actividad psíquica".

Este es el humor que se hace a expensas de aquellas cosas y temas que producen cierta inseguridad o incomodidad, con el propósito de liberar esos sentimientos de moderada tensión. Cuando la tensión es demasiado fuerte, lo que de otra forma sería humorístico, crea más bien frustración y se convierte en ofensa. Por ejemplo, los chistes tipo "batalla de los sexos" que hace dos o tres décadas resultaban divertidos, hoy en día en vez de divertidos se consideran hostiles, agresivos.

Dos ejemplos para ilustrar, uno antiguo y otro reciente: 1) El presidente de Colombia bajo cuyo gobierno se separó Panamá y se creó una nueva nación dijo a sus críticos: "¿De qué se quejan los colombianos? Me entregaron un país y les devolví dos". 2) Durante los diálogos de paz entre las FARC y el gobierno de Pastrana en Colombia, una prestigiosa revista cuenta que un día cuando empezaba a anochecer, Tirofijo[29] dijo: "Me voy antes que

---

[27] Alleen Pace Nilsen, y Don L. F. Nilsen, "Humor", en Maryanne Cline Horowitz (editor), *New Dictionary of the History of Ideas* (Detroit: Thomsom Gale, 2005).

[28] Sigmund Freud, *El chiste y su relación con el inconsciente* (Madrid: Alianza Editorial, 1979).

[29] "Tirofijo" fue el seudónimo de Pedro Antonio Marín, conocido también como Manuel Marulanda, quien fue el fundador y jefe de las FARC.

oscurezca, porque por aquí hay mucha guerrilla". Habrá que ver cuánta energía se libera aquí y de quién. Los ejemplos sirven para mostrar las bondades y limitaciones del modelo catarsis.

Superioridad/agresión

Así concibieron el humor Platón y Aristóteles: una forma de agresión por parte de alguien que es o se siente superior al objeto del humor. En la era moderna, se le atribuye a Thomas Hobbes la explicación del humor como una manifestación de un sentido de superioridad ante la inferioridad de otros[30]. En este modelo hay dos corrientes: los que piensan que no puede haber humor donde hay agresión, y los que afirman que no puede haber humor sin agresión. De lo primero se ha afirmado que: "el humor nada tiene que ver con una conducta agresiva [...]" y que por lo tanto "ni la sátira, ni el sarcasmo ni cualquier otro género de burla tienen algo que ver con el humor"[31]. El presupuesto aquí es que el humor no puede herir a nadie. Pero si así fuera, muy poco humor quedaría en el mundo. Esa es una visión demasiado reducida del humor[32]. En el segundo grupo, Griffith y Marks dicen que en la teoría del humor representada por Platón, Aristóteles, Quintiliano y luego Hobbes, "nos reímos desde los sentimientos de superioridad que tenemos sobre otras personas, de esa repentina gloria que surge de una repentina concepción de alguna eminencia en nosotros, en comparación con las debilidades de otros"[33]. Esta teoría de

---

30 Aparentemente la definición de Hobbes es una versión modificada de la de Aristóteles: el humor se encuentra en la discrepancia entre lo que los seres humanos pensamos que somos y lo que somos en realidad. Véase Tubbs.

31 Véase, por ej., Garrido Luceño: 131.

32 Birger Angvik, "La risa que se vuelve mueca, el doble filo del humor y de la risa. Historia de Mayta frente a la crítica de Lima", *Káñina* 16, N° 1 (1992).

33 R. Drew Griffith and Robert B. Marks, *A Funny Thing Happened on the Way to the Agora: Ancient Greek and Roman Humour* (Kingston: Legacy Books Press, 2007): 9, 25–45.

la superioridad es la que "domina la tradición filosófica hasta el siglo dieciocho"[34].

Incongruencia y la solución de la incongruencia

La teoría de la incongruencia fue propuesta en 1750 por Francis Hutcheson en sus *Reflexiones sobre la risa*. Entre sus seguidores se cuentan Hazlitt, Kant, Shopenhauer y Kierkegaard[35]. Esta es la teoría más popular sobre el humor[36]. Kant, quien también tuvo tiempo para el tema del humor, explicó la risa como la emoción que se produce cuando lo que se espera queda repentinamente reducido a nada. Los sucesos toman un giro sorpresivo y lo esperado se transforma, produciendo una descarga de energía psíquica[37]. A este asunto se refirió también Blas Pascal: "Nada produce más risa que una sorpresiva desproporción entre aquello que uno espera y aquello que uno ve"[38]. Madame de Staël definió el humor como "la percepción de la semejanza entre los contrarios y la diferencia entre los parecidos"[39]. Pero, si la incongruencia no se resuelve, lo que debió ser humorístico se queda en el sinsentido[40]. Ambos movimientos deben ocurrir con la rapidez necesaria para hacer al humor más divertido todavía.

---

34 Critchley, *On Humour*, Londres: Routledge (2002): 3. *cf.* Tubbs, *Op. cit.*: 52–53.

35 *Ídem*. De hecho, se ha dicho que "Kierkegaard fue uno de los primeros pensadores modernos en examinar seriamente y emplear conscientemente el estilo cómico [*comic mode*] en el pensamiento religioso y en la vida".

36 Donald Capps, "The Psychological Benefits of Humor", *Pastoral Psychology* 54, N° 5 (2006).

37 Landy, *Op. cit.*

38 Citado en Nilsen: 1062.

39 Citado por Yehuda T. Radday, "Humour in Names", en Yehuda Thomas Radday y Athalya Brenner (editores), *On Humor and the Comic in the Hebrew Bible* (Sheffield: Almond Press, 1990): 74.

40 Yehuda Thomas Radday y Athalya Brenner, *On Humor and the Comic in the Hebrew Bible* (Sheffield: Almond Press, 1990).

En algunos casos esta forma de humor debe analizarse como una metáfora: el humor "es el producto de la diferencia entre la expresión explícita (lo que se dice en palabras) y la impresión implícita (lo que se esconde en lo que se dice)"[41]. Como hemos dicho, este modelo es uno de los más aceptados, ya que abarca muchas realidades de la vida, y es naturalmente favorito para la elaboración de historias cómicas y chistes. También incluye los chistes e historias escatológicas (desafortunada homonimia para excrementos o lo coprológico).

Podríamos decir, entonces, que el humor se produce por una discrepancia entre la forma real de las cosas y la forma como se representan en un chiste o un relato, entre expectativa y realidad. El humor desbarata nuestras expectativas al producir una realidad novedosa; tan pronto como se descubre esa discrepancia, se produce el humor[42].

Por último, un ejemplo de alguien más conocido. En una revista colombiana sale una breve noticia: "Chávez, el zar de la prensa: Contrario a lo que suele creerse de que Hugo Chávez es un enemigo de los medios de comunicación, al Presidente de Venezuela le encantan. Prueba de ello es la cantidad de canales de radio y televisión que hoy están a su servicio"[43]. Esta forma de expresar opiniones, en literatura se llama ironía.

Crítica/mofa/burla

Esta ha sido la contribución de Henri Bergson a la discusión del tema. Cuando esta forma del humor se hace de actores en el orden social, podría servir para provocar cambios. Así que yendo más allá de la simple burla, los chistes se pueden ver como "pequeños ensayos antropológicos: La antropología comparte con el humor la estrategia básica de la desfamiliarización: se desacomoda el

---

41 Landy: 14.

42 Entre los teólogos, Reinhold Niebuhr aparentemente encuentra esta forma del humor superior a la filosofía misma.

43 María Trivella, "Chávez, el zar de la prensa", *Semana*, julio 23, 2007.

sentido común, se evoca lo inesperado, los temas familiares se trasladan a contextos desconocidos y hasta molestos, con el fin de hacer al público o a los lectores conscientes de sus presupuestos culturales"[44]. Reconociendo este valor del humor en la sociedad, un autor se quejaba hace unas décadas de que la literatura sobre el humor de su época no se diera cuenta de que el humor comunica algo racional y con propósito[45].

Así, pues, el humor es una forma de antropología social crítica que nos "desfamiliariza de lo familiar, desmitologiza lo exótico e invierte el mundo del sentido común". Tal es su fuerza que "nos permite ver el mundo como si acabáramos de llegar de otro planeta"[46]. Existen muchas obras literarias, programas de radio y televisión dedicadas a esto. Los líderes nacionales e internacionales son blancos favoritos de esta forma de humor. Por medio de este humor, muchos dicen más de lo que podrían decir "directamente".

Es importante notar en este modelo el humor que podríamos llamar "intramuros". Cuando los habitantes de un país o región hacen mofa de sus propios problemas y defectos, es divertido para ellos. Se convierte en ofensa grave cuando la mofa o el chiste provienen de alguien ajeno a ese grupo, aunque el individuo "externo" y su grupo piense que es muy divertido. Deja de ser una burla de uno mismo y se convierte en una ofensa que pone al objeto del chiste en condición inferior. Por ejemplo, los enemigos de Aznar se podrán burlar todo lo que quieran de él en España, pero esos mismos enemigos no tolerarán agresiones contra Aznar fuera de España, por parte de un presidente de un país latinoamericano, por ejemplo.

---

44 Critchley: 65.
45 Charles E. Schutz, *Political Humor: From Aristophanes to Sam Erving* (Cranbury: Associated University Presses, 1977). Otros comentaristas niegan que la intención de Aristófanes sea criticar asuntos de política y estos afirman que su enfoque es principalmente los dioses y poetas de su tiempo.
46 Critchley: 65-66.

Pero en esto hay casos más trágicos. Todos hemos conocido las noticias de las caricaturas de Mahoma. La diversión de algunos europeos fue literalmente cortada por la reacción violenta de los musulmanes, que se sintieron profundamente ofendidos.

Existe literatura seria dedicada a estudiar el uso del humor como arma política. Se cita normalmente a Aristófanes (especialmente su obra *Las ranas*) como el primero que usó el humor en la literatura occidental para tratar asuntos serios de política. Ya en Egipto y Mesopotamia se había hecho lo mismo, aunque los escritos que conservamos de estos últimos son más cortos que los de Aristófanes. De esto hablaremos más en el capítulo siguiente.

Dramático

El drama está de moda. Han salido recientemente un libro sobre ética cristiana y otro sobre teología bíblica y sistemática escritos en clave de drama[47]. El modelo dramático también se ha utilizado para explicar cómo funciona el humor. A partir de la obra de Goffman[48], Salvador Jáuregui ha propuesto el drama como paradigma para la interpretación del humor. Esta teoría encaja perfectamente con el modelo de la incongruencia, pero más desarrollado.

Según Salvador Jáuregui, "nos reímos de las situaciones en las que comprobamos que algo contradice el autoatributo de algún actor social". Esto produce en el actor una "vergüenza social" por haber quedado en ridículo ante los observadores: "La vergüenza

---

47 Kevin J. Vanhoozer, *The Drama of Doctrine: A Canonical-linguistic Approach to Christian Theology* (Louisville: Westminster John Knox Press, 2005), Samuel Wells, *Improvisation: The Drama of Christian Ethics* (Londres: SPCK, 2004).

48 Erving Goffman, *The Presentation of Self in Everyday Life* (Garden City: Doubleday/Anchor Books, 1959). Goffman llevó a cabo un estudio de la sociedad canadiense para constatar, en una comunidad específica, que los seres humanos en realidad somos actores que asumimos distintos papeles dependiendo de las circunstancias que nos rodean.

social y la risa son dos caras de la misma moneda del ridículo"[49]. Según esta teoría psico-sociológica o modelo dramatúrgico, existen cuatro categorías para clasificar las variedades del humor: desastres en vivo, historias cómicas, autorrisa y bromas. Según esto, Salvador Jáuregui está en línea con Bonghi, quien dijo que el humor es "descubrir y expresar lo ridículo de lo serio y lo serio de lo ridículo humano"[50]. Este modelo nos servirá en un capítulo posterior cuando tratemos el relato de Ejud y Eglón en Jueces 3.

Existe también otra serie de clasificaciones importantes que probablemente de una u otra forma cabrían en los modelos ya mencionados: humor absurdo, humor existencialista, humor trágico. Como se puede ver, estas teorías tienen varios aspectos comunes entre sí y seguramente nos inclinamos más hacia una que hacia las otras. Dejamos el asunto allí, para mirar qué función cumple el humor en la sociedad.

Función del humor

Ya hemos aludido algo de esto; veamos algunos detalles adicionales. Como el lector habrá notado, el humor cumple una función social que va mucho más allá del entretenimiento. Por lo tanto, no se limita meramente a los chistes ni a las tonterías. Lo que sigue a continuación es una síntesis de tres funciones sobresalientes del humor en la sociedad: producir placer, mitigar el dolor y subvertir el *statu quo*.

Producir placer

Todos sabemos que es rara la persona a quien no le guste escuchar, aunque sea de vez en cuando, unos buenos chistes y reírse. En esta discusión existen diferencias, porque como hemos dicho, hay autores que diferencian lo cómico de lo humorístico como dos cosas distintas. Con una definición amplia, adoptada por

---

49   Salvador Jáuregui, *op. cit.*: 567.
50   Citado por Pirandello, *op. cit.*: 98.

muchos autores, podemos decir que un propósito fundamental del humor es entretener, divertir y producir placer. La literatura y los programas de radio y TV sobre el tema abundan tanto que no vale la pena citar a ninguno.

Mitigar el dolor

El humor es común hasta en la desgracia y la tragedia. Nilsen y Nilsen afirman que "la gente se ríe [ante la tragedia] porque no sabe qué más hacer. La risa es en sí misma un testamento a la fortaleza del espíritu humano al mostrar que la gente se puede reír a pesar del desconcierto, la muerte y el caos"[51]. Dos ejemplos bastarán para sostener la afirmación. ¿Cómo más se podría leer la obra del octogenario Saramago *Las intermitencias de la muerte*[52], sino como un desafío y una burla de quien pronto habrá de recibir su propia tarjeta (como en el libro) anunciándole el día de su muerte?

Los siguientes dos ejemplos tienen que ver con el humor de epitafios. Conscientes de la dificultad y la pérdida al traducirlos del inglés, estos dos casos ilustran bien el asunto:

Aquí yace Johnny Yeast (levadura);
disculpe que no me levante.

***

Consagrada a la memoria de mi esposo
John Barnes, quien murió
el 3 de enero de 1803.
Su hermosa y joven esposa, con sólo 23 años de edad,
tiene muchas cualidades de una buena esposa
y anhela ser consolada.

---

51 Alleen Nilsen y Don Nilsen, "Humor", en Maryanne Cline (editor), *New Dictionary of the History of Ideas* (Detroit: Thomson Gale, 2005): 1063.

52 José Saramago, *Las intermitencias de la muerte* (Madrid: Santillana, 2006).

No sería exagerado afirmar, entonces, que no hay aspecto de la existencia humana del cual y en el cual el humor esté ausente. Es sabido por todos que hasta de la tragedia y en la tragedia es posible y común hacer humor. Mi papá tiene un par de comentarios que, por mucho que los repita, siempre nos causan risa en la familia. Cuando le informan de la muerte de algún conocido, él comenta con tono de sorpresa y profundidad filosófica: "Caramba, se está muriendo gente que nunca antes se había muerto". Luego, cuando mi mamá le insiste que debe ir al entierro, responde con tono de indignación y reclamo: "No voy al entierro de ese señor porque cuando yo me muera, él tampoco va a ir al mío".

Un último ejemplo: en el año 1998 una pareja angustiada en Medellín observa por televisión los informes del terremoto en la ciudad de Armenia, Colombia, donde vivía sus familiares. Cuando se termina el informe del número de muertos por ciudades, resulta que donde han muerto más personas es en su ciudad, Armenia. El esposo salta de la silla y le dice a su esposa: "¡Mi amor, vamos ganando!". Acto seguido, explotan en llanto.

Subvertir el "statu quo"

Sea que uno siga la escuela de Freud o no, lo cierto es que se hace humor a expensas de quienes cometen injusticia y opresión; es un humor liberador de deseos y pensamientos colectivos reprimidos. Ayuda a crear en la sociedad una conciencia de que algo anda mal y se lo debe cambiar. Tan poderosa es esta forma de humor, que hay países en el mundo donde el humorista crítico pone en juego su propia vida.

Casi todos los especialistas en este tema reconocen el papel que juega el humor en los pueblos oprimidos, como los judíos. Este es tal vez el pueblo del que más se ha escrito en cuanto al humor. Debemos advertir, sin embargo, y sin negar el humor de los judíos, que aunque siempre se los pone como el prototipo de los oprimidos y las víctimas, no son el primero ni el único pueblo que ha sufrido en gran medida. Existen muchos otros pueblos oprimidos[53] por siglos que también han explotado la tragedia y la han "vencido" por medio del humor. En su comentario a la película *The Full Monty* (1997), el profesor Darío Ruiz Gómez ve en el humor un "revulsivo social", un instrumento de defensa, un "arma contundente" mediante el cual quien sufre injusticia y opresión expone los males que lo aquejan y a sus perpetradores, al tiempo que celebra la vida[54].

De modo que podemos decir con Ben-Amos, que el humor de los judíos no es un "determinismo psicológico" que expresa su gran ingenio, sino "un caso particular de un principio sociológico general"[55].

Por último, el humor en sí no cambia las cosas, "es sólo una fuerza que debilita el poder de lo que necesita ser cambiado y prepara el camino para la reforma"[56]. Todo esto se podría resumir así: el humor es una "forma de expresar los aspectos más serios de la experiencia humana; como arma disruptiva y subversiva; como rebelión ante el orden preestablecido social, cultural y artísticamente; como medio de autoafirmación y expresión de cohesión de minorías y grupos marginados"[57]. Como veremos, algo así ocurre en el libro de Ester.

---

53 Una historiadora ha afirmado recientemente que si bien es cierto que los nazis mataron seis millones de judíos, asimismo es cierto que también asesinaron entre 14 y 16 millones de otras personas. ¿No es esto otro holocausto mayor? Véase, Joanna Bourke, *The Second World War: A People's History* (Oxford: Oxford University Press, 2001).

54 Darío Ruiz Gómez, "El humor como revulsivo social", *Kinetoscopio* 9, N° 48 (1998): 50.

55 Dan Ben-Amos, "The 'Myth' of Jewish Humor", *Western Folklore* 32, N° 2 (1973): 117.

56 Tubbs: 30.

57 Figueroa Dorrego y otros, *op. cit.*: 17.

Conclusión

Aunque no podemos dar una definición precisa y consensuada del humor, sí podemos afirmar varias cosas. En primer lugar, el humor se manifiesta en todos los ámbitos de la sociedad y en todos los pueblos. En segundo lugar, humor es más que chiste y comicidad de tonterías; es una reflexión que se hace para exponer las incongruencias de la vida y las acciones humanas con diversos propósitos: divertir, insultar, mitigar el dolor, cambiar la sociedad, entre otros. En tercer lugar, los modelos que se usan para explicar el humor están inseparablemente unidos a la función que cumplen en la sociedad como colectivo y en los individuos. Un autor ha dicho que el humor hace seis cosas: lubrica las relaciones, corrige los desbalances de la vida, critica, maneja la realidad, integra las personas y preserva el sentido del ser[58].

En este capítulo hemos mostrado la dificultad de definir la palabra "humor". También hemos echado un vistazo a los modelos que explican el humor y sus funciones en la sociedad. En el capítulo 2 observaremos brevemente cómo se manifestaba el humor en las culturas de los vecinos del antiguo Israel y en la literatura universal. Esto nos servirá para constatar tres cosas: que el humor no es una novedad, que su uso en la antigüedad no es muy diferente al actual, y que en la Biblia no podía faltar este ingrediente de la cultura universal.

El resto del libro está organizado de la siguiente manera: el capítulo 3 es una introducción general al humor en el Antiguo Testamento; los capítulos 4 al 10 son estudios detallados de historias humorísticas en el Antiguo Testamento; en el capítulo 11 nos preguntamos qué lugar tiene el humor en el púlpito; y así llegamos al final. ¡Que se divierta!

---

58 Winter, citado por Tubbs.

De Punt a Saramago:
El humor en la literatura del Medio Oriente Antiguo y en la literatura universal

Introducción

Aparte de aprender sobre las dificultades para definir el humor, en el primer capítulo notamos lo humano, lo complejo y lo poderoso del humor. En este capítulo queremos demostrar dos cosas: la presencia del humor en las culturas más antiguas y su abundancia en la literatura universal. Esto lo hacemos con el propósito de sentar el resto de las bases que nos faltan para justificar un estudio del humor en el Antiguo Testamento. Queremos ver la fuerza del humor en la literatura para comunicar un mensaje. Hecho esto, estaremos listos para mostrar en el capítulo 3 cómo el Antiguo Testamento utiliza el humor con habilidad magistral para comunicar mensajes o, si se quiere, para hacer teología.

La existencia del humor en el arte y la literatura del Medio Oriente antiguo, mundo del cual Israel es parte, es un asunto plenamente establecido[1]. Los libros de historia poco o nada dicen

---

1   Una presentación balanceada del tema puede encontrarse en Fred Charles Tubbs, "The Nature and Function of Humor and Wit in the Old Testament Literary Prophets" (Tesis doctoral, Southwestern Baptist Theological Seminary, 1990) y K. Lawson Younger, Jr., "The 'Contextual Method': Some

del asunto, simplemente porque se concentran en las guerras, los grandes eventos, los reyes y la geografía. Pero no se nos olvide que los antiguos también eran humanos. No nos parece exacto decir que "hay que reconocer que el humorismo como técnica empleada ex profeso es, sin duda, de fecha muy reciente"[2], puesto que la técnica se reconoce en los géneros y en las formas específicas de los procedimientos literarios.

> Los libros modernos sobre el Medio Oriente antiguo ocasionalmente afirman que estos pueblos eran fatalistas y religiosos, y que no tenían sentido del humor; pero eso es falso. No existe sociedad alguna que haya vivido sin humor, aunque, por causa de todas las distancias entre ellos y nosotros, no siempre resulta fácil interpretar exactamente qué se escribió con intenciones humorísticas en la antigüedad. En ocasiones, no es claro si un texto se escribió para ser humorístico o si se debe leer al pie de la letra[3].

Como decíamos al comienzo del libro, al estudiar documentos antiguos enfrentamos muchas distancias: cronológicas, lingüísticas, geográficas y culturales; es decir, hay diferencias monumentales de cosmovisión, formas de pensar, presuposiciones y costumbres[4]. Por lo tanto, debemos proceder con cautela y limitarnos a los casos donde existe evidencia suficiente para creer que un documento o algún tipo de representación artística son de hecho humorísticos. Por otro lado, procuraremos siempre tratar aquellos casos en los que tenemos pistas suficientes y más

---

West Semitic Reflections", en William W. Hallo y K. Lawson Younger Jr. (editores), *The Context of Scriptures: Canonical Compositions from the Biblical World* (Leiden: E. J. Brill, 2002).

2 Julio Casares, "Concepto del humor", *Cuadernos de información y comunicación* 7 (2002): 174.

3 Piotr Bienkowski y Alan Millard (editores), *Dictionary of the Ancient Near East* (Philadelphia: University of Pennsylvania Press, 2000): 149.

4 Tubbs, *op. cit.*

o menos seguras para proponer cuál era la intención del texto o la representación en cuestión[5].

Benjamin Foster clasifica el humor del antiguo Oriente Medio en las siguientes categorías y temas: Tabúes, derrota o pérdida de dignidad, sexo, sátira social, fábulas y caricatura, ironía, sarcasmo, comicidad (*wit*), proverbios y epigramas, historias chistosas, chistes políticos y étnicos, y de la condición humana[6]. Es decir, el tema no es aislado ni escaso de ejemplos.

De Asiria se recuerda más su poder, sus grandes construcciones, su implacable ejército y su crueldad (*cf.* Is 10.7), pero poco o nada se habla de su sentido del humor. Sin embargo, no hay duda de que los asirios tenían sentido del humor[7].

De Babilonia se ha recuperado una carta en la cual un empleado le escribe a su jefe quejándose por sus condiciones de vida. Le dice que donde vive "no hay ni doctor ni albañil y que las paredes se están cayendo. Si no se arreglan las paredes, alguien se podría lastimar. ¿Será que su señoría podría enviarme un albañil —o por lo menos un doctor?"[8].

Humor en textos del Medio Oriente antiguo

El humor en los textos, si funcionaba al igual que hoy, consiste en un juego de palabras, una sátira. Un ejemplo egipcio antiguo de sátira es el texto llamado "La comparación de profesiones", también conocido como la "Sátira de los oficios" (1950–1900 a.C).

---

5 Si alguien cuestiona la legitimidad de buscar la "intención del autor" en la hermenéutica, véase una excelente defensa en N. T. Wright, *The New Testament and the People of God* (Christian Origins and the Question of God), vol. 1 (London: SPCK, 1992).

6 B. R. Foster, "Humor and Wit in the Ancient Near East", en J. M. Sasson (editor), *Civilizations of the Ancient Near East* (New York: Charles Scribner's Sons; Macmillan, 1995).

7 Wilson E. Strand, "In Search of an Assyrian Sense of Humor", en Fred E. H. Schroeder (editor), *5000 Years of Popular Culture: Popular Culture Before Printing* (Madison: Popular Press, 1980).

8 *Ídem*: 40.

Según Foster, hay muchos ejemplos que demuestran la actitud despectiva del escriba hacia las personas que se dedicaban a otras profesiones cuyo trabajo no requería de la escritura[9]. En este texto, el escriba se burla de todos los demás oficios por considerarlos inferiores al suyo. Por eso, dice la sátira, hay que amar los libros.

> Escribir es lo mejor que hay en el mundo; una vez que lo conoces, lo amarás más que a tu propia madre. Sólo quienes saben leer y escribir pueden aspirar a ser diplomáticos y a ocupar cargos importantes. El resto de los oficios [...]. El herrero tiene las manos como garras de cocodrilo, hiede más que pescado podrido; el escultor aburre con su cincel, cuando termina no puede ni levantar el brazo y en la noche tiene calambres en la espalda y las rodillas; el que corta juncos en los pantanos termina comido de las garrapatas y los mosquitos; el alfarero anda bajo tierra, escarba en el barro más que un cerdo, sus ropas se ponen tiesas por la arcilla, el aire que respira viene directo del fuego; el albañil come con las manos sucias de tierra, se le cansan los brazos de tanto revolver tierra; el campesino chilla más que pájaro de guinea, grita más que un cuervo, tiene las manos hinchadas y huele muy feo; por eso, no hay profesión como la del escriba, él es su propio jefe, todo porque sabe escribir[10].

Como se ve, en otras épocas quienes estudiaban ganaban buenos sueldos y se daban la buena vida[11].

---

9 Otros autores también reconocen el humor en estos textos. Véase James Crenshaw, *Old Testament Wisdom: An Introduction* (Louisville: Westminster/John Knox Press, 1998), Miriam Lichtheim, "The report of Wenamun", en William W. Hallo y K. Lawson Younger Jr. (editores), *The Context of Scriptures: Canonical Compositions from the Biblical World* (Leiden: E. J. Brill, 1997).

10 Lichtheim, *ídem*.

11 En Internet se puede ver el texto acompañado del correspondiente arte egipcio: <http://www.ancientegypt.co.uk/trade/story/main.html>.

De finales del segundo mileno egipcio, antes de la era cristiana, tenemos "El informe de Wenamun" sobre sus actividades en Biblos, Fenicia, enviado a las autoridades de la época. La historia se localiza en el tiempo del rey Smendes (1075-1049 a.C.). Wenamun llega a Biblos para comprar cedro del Líbano para la construcción de una barca para el dios egipcio Amun. Pero a Wenamun todo le sale mal; no termina de salir de un problema cuando ya ha caído en otro. Primero, y acabando de llegar, le roban el dinero de la compra y nadie lo ayuda a capturar el ladrón. Después, el príncipe de Biblos no reconoce a los dioses ni a los reyes egipcios como para entregarle la madera sin dinero. Después de varios meses y cuando finalmente lo convence de que le dé la madera y está listo para zarpar, aparecen barcos de unos extranjeros (Tjeker) y lo mandan a capturar.

A Wenamun no le queda más que llorar. El príncipe de Biblos le manda vino, comida y alguien que le cante para calmarlo; le dice a los extranjeros que no pueden apresar a Wenamun en su territorio, sino en altamar. Así, Wenamun se escapa y llega (probablemente) a Chipre (Alasiya), donde la reina Hatiba le da asilo[12]. Desafortunadamente, el final de la historia no se ha preservado, pero se puede observar la ironía y la sátira política donde un egipcio representa a Egipto y a sus dioses sin poder y sin credibilidad internacional por medio de las penurias que sufren los emisarios del mismo faraón. Están totalmente desprotegidos.

Ahora pasemos a Mesopotamia. Rivkah Harris ha argumentado recientemente que la inversión de la pirámide de los roles de los sexos en la Épica de Gilgames es "una característica esencial del humor y la comedia en esta época, lo cual debió haber sido muy atractivo para los antiguos". Lo que ocurre es una especie de carnaval en donde se celebra temporalmente la anarquía[13].

---

12 Lichtheim, *op. cit.*
13 Rivkah Harris, *Gender and Aging in Mesopotamia: The Gilgamesh Epic and Other Ancient Literature* (Oklahoma: University of Oklahoma Press, 2000).

Veamos sólo un ejemplo: en la literatura de Mesopotamia, la prostituta tiene muy mala reputación; pero en la *Épica de Guilgames*, Shamhat la prostituta es maternal, benévola y sabia; todo lo opuesto de lo "normal" en una prostituta mesopotámica, que es engañosa, lujuriosa y seductora[14].

Humor en el arte antiguo

El humor existe tanto en la literatura como en el arte. Todos estamos familiarizados con los grandes monumentos del Medio Oriente antiguo: las pirámides de Egipto, las murallas de Asiria y Babilonia, las grandes esculturas. Estas impresionantes obras representan el poder de los dioses, los imperios, los reyes. Los grandes museos del mundo están llenos de ellos, lo cual es motivo de interminables disputas de repatriación. Junto con esto, pero no tan a la vista, hay representaciones artísticas (algunas no "oficiales") que dan la impresión, bastante segura, de ser humorísticas.

Existe una representación gráfica egipcia donde se muestra una elegante mujer vomitando. Se observa allí la incongruencia entre la dignidad del vestido con lo indigno de la situación[15]. Este

---

14 También se ha sugerido que la épica de Atrahasis, donde los babilonios relatan su historia de la creación y de un gran diluvio, "es una gran creación de humor y comicidad", pero me parece que el asunto amerita más estudio. De todos modos véase Bendt Alster, "ilu awilum: we-e i-la, 'gods: men' versus 'man: god': Punning and the reversal of patterns in the Atrahasis epic", en Thorkild Jakobsen y Tzvi Abusch (editores), *Riches Hidden in Secret Places: Ancient Near Eastern Studies in Memory of Thorkild Jacobsen* (Winona Lake: Eisenbrauns, 2002); R. Drew Griffith y Robert B. Marks, *A funny Thing Happened on the Way to the Agora: Ancient Greek and Roman humour* (Kingston: Legacy Books Press, 2007).

15 Caroline Seawright, "Women in Ancient Egypt". Fecha de consulta: 01/09/2006; disponible en <http://www.touregypt.net/featurestories/women.htm>. También puede consultarse "Ancient Egyptian Humour: What the Ancient Egyptians Laughed at". Fecha de consulta: 01/09/2006; disponible en <http://www.nefertiti.iwebland.com/people/humor.htm>.

podría clasificarse como un caso de sátira social si se supone que la mujer es alguien de "la alta sociedad".

Bes, el dios egipcio del humor, es representado como un hombre enano supremamente gordo con una expresión en el rostro que da risa. Además, hay en Egipto representaciones de animales desarrollando actividades humanas; sentados en sillas con las patas traseras al aire, jugando juegos de mesa; un gato pastoreando ganzos; una familia de micos (monos) conduciendo una carroza tirada por caballos; unos gatos atendiendo a una ratona y a su hijo; un gato dirigiendo una procesión de patos[16].

Otra representación cómica es la de la reina de Punt (s. xv a.C.), quien es supremamente gorda, con un *derrière* enorme y aparece seguida de un asno supremamente pequeño con una leyenda: "El asno que tuvo que cargar a la reina"[17]. El episodio aparentemente resultaba chistoso, pues se han encontrado copias en varios lugares.

Así como en el arte egipcio, se ha reconocido también el humor en el de Mesopotamia; este último se caracteriza por ser bastante escatológico, craso y hasta vulgar, pero no sin propósito. El humor coprológico, por ejemplo, siempre trata de desenmascarar tabúes sociales y se utiliza para ridiculizar la sofisticación de algunos[18].

---

16 Más ejemplos pueden encontrarse en Tubbs, en Internet, y en Griffith y Marks. (Los ejemplos de la Biblia en el libro de Griffith y Marks no son muy convincentes ni están bien explicados).

17 Robert Steven Bianchi, *Daily Lives of the Nubians* (Westport: Greenwood Press, 2004); Caroline M. Pond (editor), *The Fats of Life* (Cambridge: Cambridge University Press, 2003). Otros han sugerido que la reina de Punt sufría de una enfermedad como lipodistrofia o algo así. Cualquiera que sea la causa del volumen corporal de la mujer, el hecho es que se tomó como objeto de burla.

18 Más detalles en Benjamin R. Foster, "Humor and Wit (Mesopotamia)", en David Noel Freedman (editor), *The Anchor Bible Dictionary* (New York: Doubleday, 1992). Para un ejemplo europeo del Renacimiento donde se mezcla lo obsceno con lo carnavalesco y lo religioso, véase M. Isabel Morán Cabanas, "Humor e obscenidade na poesia cortesã do Portugal

Humor en la literatura universal

Sería iluso pretender abarcar aquí *toda* la literatura universal. A lo único que podemos aspirar es a dar unas muestras representativas con el objeto de comprender de qué manera han usado los escritores el humor para comunicar mensajes claros y contundentes. Esta es una tarea que ya otros han emprendido con mucho más detalle y envergadura[19].

Con la siguiente muestra de obras, pretendemos simplemente explorar cómo autores tan antiguos como Aristófanes y tan actuales como Saramago se han servido del humor en la literatura para hacer serios análisis de la sociedad al tiempo que lanzan críticas mordaces.

"Las ranas", de Aristófanes

En su obra *Las ranas*, Aristófanes (s. v a.C.) hace mofa de los dramas de Eurípides y se burla de los dioses del Olimpo, especialmente de Dioniso: "El dios tutelar del arte dramático aparece cobarde y fanfarrón, sujeto a las contingencias del más débil de los mortales; y su hermano, el esforzado Heracles, da muestras de aquella glotonería que también le caracteriza en [su otra obra] *Las aves*"[20]. El objetivo de Aristófanes es "satirizar a dioses y poetas", probablemente con una intención política.

El diálogo inicial en *Las ranas* entre Dioniso y Jantias es muy divertido. Se critica a los malos escritores y se ridiculiza la falta de sentido común de Jantias. En otro episodio, Dioniso le explica a Heracles por qué necesita ir al infierno a buscar a Eurípides:

---

quatrocentista", en Jorge Figueroa Dorrego *et ál.* (editores), *Estudios sobre humor literario* (Vigo: Universidad de Vigo, 2001).

19 Jorge Figueroa Dorrego *et ál.* (editores), *Estudios sobre humor literario* (Vigo: Universidad de Vigo, 2001). Lamentablemente este libro pone más énfasis en la presencia del humor que en su uso para comunicar un mensaje, cosa que tal vez hubiese enriquecido más la obra.

20 Mark P. O. Morford y Robert J. Lenardon, *Classical Mythology*, 7ª ed. (Oxford: Oxford University Press, 2003).

"Me hace falta un buen poeta, y no hay ninguno, pues los vivos todos son detestables". El deseo de Dioniso por encontrar un buen poeta es tan grande como la glotonería de Heracles, quien aparentemente sólo entiende cuando le hablan de comida. Luego pasan por toda una lista de autores que Heracles le presenta, para luego concluir Dioniso diciendo que son "ramillos sin savia, verdaderos poetas-golondrinas, gárrulos e insustanciales, peste del arte".

Más tarde, en un vasto cenagal, lleno de inmundicias, se hallan sumergidos todos los que faltaron a los deberes de la hospitalidad, quienes negaron el salario a su bardaje, y los que maltrataron a su madre, abofetearon a su padre, o copiaron algún pasaje de Mórsimo. Aparentemente Mórsimo era tan mal poeta que haber copiado uno de sus poemas era tan grave como la lista de pecados impensables. Es decir, leer esos poemas era castigo comparable al que le dijeron que si cometía algún delito lo encerrarían en un calabozo con un vendedor de seguros.

Dioniso mismo es objeto de burla cuando le dicen que se sienta *en* el remo (es decir, el puesto del remador) y él se sienta *sobre* el remo. Aparentemente, las preposiciones del griego clásico tampoco eran tan precisas.

El episodio con las ranas es bastante breve. Ocurre cuando Dioniso es trasladado al infierno por Caronte en una barca. Deben atravesar una laguna llena de ranas cuyo permanente graznar saca de quicio a Dioniso, quien se pone a discutir con las ranas para que se callen. Al ver que no logra nada discutiendo, termina en una competencia para ver quién ensordece al otro. Dioniso termina croando como las ranas.

En una escena de miedo, Dioniso se hace en las ropas y luego se ofende porque Jantias le dice que no ha conocido dios tan cobarde. Dioniso responde: "¡Yo cobarde! ¡y te he pedido una esponja! [para limpiarse]. Nadie en mi lugar hubiera hecho otro tanto". Y luego añade: "Un cobarde hubiera quedado tendido sobre su propia inmundicia y yo me he levantado y me he limpiado". A lo cual Jantias responde: "¡Gran hazaña, por Posidón!".

Las ranas evidencian también un claro rechazo a los gobernantes extranjeros. De Arquedemo, por ejemplo, dice que "A los siete años no era todavía ciudadano, y ahora es jefe de los muertos de la tierra, y ejerce allí el principado de la bribonería". Incluimos una cita extensa para apreciar la crítica social:

> Muchas veces he notado que en nuestra ciudad sucede con los buenos y malos ciudadanos lo mismo que con las piezas de oro antiguas y modernas. Las primeras no falsificadas, y las mejores sin disputa por su buen cuño y excelente sonido, son corrientes en todas partes entre griegos y bárbaros, y sin embargo no las usamos para nada, prefiriendo esas detestables piezas de cobre, recientemente acuñadas, cuya mala ley es notoria. Del mismo modo despreciamos y ultrajamos a cuantos ciudadanos sabemos que son nobles, modestos, justos, buenos, honrados, hábiles en la palestra, en las danzas y en la música, y preferimos para todos los cargos a hombres sin vergüenza, extranjeros, esclavos, bribones de mala ralea, advenedizos, que antes la república no hubiera admitido ni para víctimas expiatorias.
>
> Ahora, pues, insensatos, mudad de costumbres y utilizad de nuevo a las gentes honradas, pues de esta suerte si os va bien seréis elogiados, y, si algún mal os resulta, al menos dirán los sabios que habéis caído con honra[21].

Hay una escena de azotes bastante divertida, donde Dioniso y su esclavo Jantias demuestran su hombría. Se le acusa al dios de haber robado comida en otra ocasión. Jantias dice que Dioniso es el esclavo ladrón, que lo azoten. A lo cual este responde que no, que él es inmortal. Finalmente, acuerdan que los azoten a

---

21 Existe un texto egipcio muy parecido a este. Véase Nili Shupak, "The Admonitions of an Egyptian Sage: The Admonitions of Ipuwer", en William W. Hallo y K. Lawson Younger Jr. (editores), *The Context of Scriptures: Canonical Compositions from the Biblical World* (Leiden: E. J. Brill, 1997).

los dos para ver cuál es el dios. Quien se lamente de los azotes es humano. Después de cada azote, ambos aparentan que no les duele y recitan versos de toda índole, los cuales el verdugo inicialmente interpreta como señales de dolor, pero siempre lo corrigen recitando la otra mitad del verso:

> DIONISO: ¡Oh Posidón!...
> JANTIAS: Alguien se lamenta.
> DIONISO: ... Que reina sobre los promontorios del Egeo,
> o sobre el salado abismo del cerúleo mar.

También es graciosa la escena donde dos esclavos, Jantias y Eaco, disfrutan hablando de todas las tretas que les juegan a sus amos. Igualmente chistoso es que se decida quién es mejor poeta, si Esquilo o Eurípides, pesando sus versos en una balanza. El problema es que no hay hombre sensato que haga de juez. De todos modos, pesan los versos. En tres ocasiones gana Esquilo. Primero porque su verso tiene un río que pesa más que las alas del verso de Eurípides. Segundo, debido a que tiene muerte, y este es el más pesado de todos los males. En el tercero, Esquilo pone carros y muertos, y gana otra vez. Hacia el final de *Las Ranas*, Dioniso pregunta cómo se puede salvar a la república de malos ciudadanos y malos gobernantes.

"El Quijote", de Cervantes

La gran obra de Cervantes, *El Quijote de la Mancha* (1605-1615), es en su totalidad una parodia, una obra satírica, es decir, una burla de las canciones tradicionales del romancero castellano y de caballería. El *Quijote* pierde contacto con la realidad precisamente por leer demasiadas novelas de caballería. Hoy en día se ofrecen múltiples lecturas del *Quijote*, pero, cualquiera que sea, siempre da risa[22].

---

22 Alberta Gatti, "Satire of the Spanish Golden Age", en Ruben Quintero (editor), *A Companion to Satire: Ancient to Modern* (Oxford: Blackwell, 2007).

En primer lugar, según declara el mismo Cervantes en su prólogo al *Quijote*, su obra es un ataque a los romances de caballería; esto se observa sin dificultad en el hecho de que la ridiculez de Don Quijote como caballero es extrema y con ella se mete en innumerables problemas, al tiempo que, con la complicidad de Sancho Panza, hace daño a muchas personas. Desde hace un par de siglos, y con la ayuda del Romanticismo, la lectura del *Quijote* ha sido más benigna, al verlo como un idealista noble que se choca con la cruda realidad, lo cual hace que su vida termine en una tragedia[23]. Así se invierte el personaje picaresco de la literatura española que anda por todos lados aprovechándose de la gente ingenua, pues don Quijote es el ingenuo y la gente no le cree ninguno de sus cuentos. Por eso, hasta el mismo Sancho se burla de él al decirle un día: "Más bueno era vuestra merced para predicador que para caballero andante".

Una tercera lectura del *Quijote* es la de don Miguel de Unamuno, para quien el Caballero de la Triste Figura es "Nuestro Señor Don Quijote"[24]. En esta novela se muestran las ansiedades e incongruencias de la vida humana, más allá de las obras de caballería. Don Quijote realiza grandes expediciones en nombre de doña Dulcinea, pero al final queda totalmente exhausto y listo para morir[25]. Es el hombre que toma todas las cosas tan en serio que termina viendo todo distorsionado. Así, actúa de tal manera que, al tiempo que da risa, también da lástima. Unamuno afirma que Sancho no cree las locuras de su amo, no es estúpido. Don Quijote, por su parte, tampoco lo es, se trata de

---

23 Joseph F. Bartolomeo, "Restoration and Eighteenth-century Satiric Fiction", en Ruben Quintero (editor), *A Companion to Satire: Ancient to Modern* (Oxford: Blackwell, 2007).

24 Clancy Martin, "Religious Existentialism", en Hubert L. Dreyfus y Mark A. Wrathall, *A Companion to Phenomenology and Existentialism* (Oxford: Blackwell, 2006).

25 Donald Capps, "Religion and Humor: Estranged Bedfellows", *Pastoral Psychology* 54, N° 5 (2006).

un loco desesperado. De este modo, "Nuestro señor Don Quijote es el ejemplar del vitalista cuya fe se basa en [la] incertidumbre, y Sancho lo es del racionalismo que duda de su razón"[26].

"Los niños", de Swift

Otro autor reconocido por el punzante humor en sus obras es el irlandés Jonathan Swift. Su obra más popular es *Los viajes de Gulliver*, pero aquí queremos referirnos a otra: *Una modesta propuesta* (1729). Esta pequeña obra está cargada de un humor negro inconfundible. Algunos la consideran de las mejores obras literarias cortas en idioma inglés. Muestra de manera magistral cómo funciona la sátira[27].

Con el fin de aliviar los problemas económicos de su época, un experto interesado en el progreso propone un plan nacional de producción. Los dos problemas económicos principales son el alto índice de natalidad y la escasez de alimentos.

La solución propuesta es la cría de niños de engorde. Se trata de seleccionar los niños más saludables del país para engordarlos y venderlos en el mercado como carne: guisados, fritos, al horno o hervidos.

Lo que hace Swift en esta obra es sacar a la luz planes reales de algunos contemporáneos para expulsar a los irlandeses de Irlanda. Es decir, por medio de esta sátira llena de humor negro, Swift denuncia planes macabros que otros tienen contra ellos, al considerarlos y tratarlos como menos que humanos:

---

[26] Por cierto, Unamuno se anticipó a la llamada hermenéutica posmoderna al justificar su lectura de Don Quijote diciendo: "¿Qué me importa lo que Cervantes quiso o no quiso poner allí y lo que realmente puso? Lo vivo es lo que yo allí descubro, pusiéralo o no Cervantes, lo que yo allí pongo y sobrepongo y sotopongo, y lo que ponemos allí todos. Quise allí rastrear nuestra filosofía". Véase Miguel de Unamuno, *Del sentimiento trágico de la vida*. Fecha de consulta: 10/01/2009; disponible en <http://www.e-scoala.ro/espanol/miguel_de_unamuno2.html>.

[27] Nos servimos aquí principalmente del análisis de Frank Boyle, "Jonathan Swift", en Ruben Quintero (editor), *A Companion to Satire: Ancient to Modern* (Oxford: Blackwell, 2007).

Es decir, en relación con un sistema en el que la pobreza y sus consecuencias de indigencia, enfermedad, hambre y falta de gobierno se dan por sentado, la propuesta de organizar a los "salvajes" con un modelo de cría de animales es el siguiente paso lógico de tal economía. El tabú humano contra el canibalismo hace que la propuesta sea chocante para los lectores de cualquier tiempo y lugar, pero la propuesta de Swift está construida sobre el hecho de que tal tabú en la práctica ya ha perdido sentido[28].

Así, lo que la propuesta hace es ponerle un orden a lo que ya de todos modos existe. Es decir, si las prácticas económicas están devorando a la gente, lo que resta es sistematizar el canibalismo. De esta forma, Swift eleva la sátira al grado de metáfora para mostrar cómo los ingleses de su época devoran a los irlandeses con sus prácticas económicas opresoras. Pero, la obra también es autocrítica, porque denuncia a los mismos irlandeses por ser agentes activos de su propia degradación.

El humor negro de la obra está en la propuesta de un canibalismo bien organizado en el que se usa todo el lenguaje de la cría y engorde de animales, acompañado de las descripciones de preparación y consumo de carne de primera. Además, el narrador insiste en que su propuesta no es inhumana, ni cruel como otras que se han hecho: "El monstruo de Swift [el autor ficticio de la propuesta] es un hombre convencido de sus buenas intenciones, empoderado por un vocabulario científico (economía) y una lógica que le permite pensar en los seres humanos y en las vidas humanas como meros números que se pueden arreglar y controlar[29]. La obra invita al lector a preguntarse, en todo este sistema económico que devora personas como si no fueran humanos, ¿dónde está usted?

---

28 Ídem.
29 Ídem.

Esperando a Godot

Del siglo XX, otro irlandés que incluimos en esta selección es Samuel Becket. Su obra *Esperando a Godot* (1953)[30], escrita originalmente en francés (*En attendent Godot*), ha sido clasificada como teatro del absurdo, nuevo teatro o antiteatro[31]. Gira alrededor de los diálogos de dos hombres ya viejos (Vladimir y Estragón) que esperan la llegada de un tal Godot. El desconcierto del lector/espectador es total por varias razones. No se sabe si Godot existe; y si existe, no se sabe si va a venir. La obra no tiene un clímax; los personajes no sufren ningún cambio; no se hacen ni mejores ni peores; siempre dicen lo mismo vez tras vez. Su frase favorita parece ser "¿y ahora qué hacemos?"; en un momento hasta consideran suicidarse, pero como no saben cómo hacerlo, ni logran ponerse de acuerdo en cómo ni quién se suicidará primero (por desconfianza mutua), no se suicidan.

El que no pase nada significativo en esta obra es precisamente el propósito: mostrar que la existencia humana es un despropósito y un absurdo completo. Los seres humanos se pasan la vida esperando que pase algo que cambiará su destino, pero nada ocurre; y, como en la obra, tal vez pasa, pero ni cuenta se dan; y si se hubieran dado cuenta, tampoco habrían cambiado las cosas en nada[32].

Becket usa para el humor la técnica de la repetición, en este caso, de palabras y comportamiento absurdo. La obra tiene por lo menos dos lecturas posibles. Por un lado, se puede pensar que se trata de una apreciación de la existencia humana: la vida no tiene sentido ni propósito. Por otro, puede ser una crítica a

---

30 Samuel Beckett, *Esperando a Godot* (Barcelona: Barral Editores, 1975).

31 John H. Reilly, "Waiting for Godot", en Sarah Pendergast y Tom Pendergast (editores), *Reference Guide to World Literature* (Farmington Hills: St. James Press, 2003).

32 Christopher J. Herr, "Satire in Modern and Contemporary Theater", en Ruben Quintero (editor), *A Companion to Satire: Ancient to Modern* (Oxford: Blackwell, 2007).

las personas que tienen fe: se pasan la vida esperando que Dios venga y haga algo, pero nunca llega[33]; y si llega, ni cuenta se dan, porque nada cambia.

Aparte de que uno acepte o no acepte alguna de estas dos lecturas, no se puede negar que la obra es un profundo análisis de la psiquis y esperanza humanas. El ser humano se pasa la vida entre la esperanza, la decepción y la falta de percepción. Espera siempre algo que cuando llegue ha de cambiar su vida. Cuando esto llega, ni cuenta se da y se inventa una nueva esperanza que, ahora sí, cambiará su existencia. Todo esto nos lo muestra Becket por medio de su teatro de lo absurdo en *Esperando a Godot*.

Cien años de soledad

Las obras de García Márquez son todas muy entretenidas. Según Eduardo Parrilla, con su realismo mágico en *Cien años de soledad*, el escritor colombiano combina hábilmente imágenes y retórica con el fin de "echar por tierra las ideologías conservadoras"[34]. Parrilla considera que esta novela encaja perfectamente en la tradición "satírico-humorística". García Márquez se vale del "realismo grotesco" para formular descripciones hiperbólicas de sus personajes: "Camila Sagastume, una hembra totémica conocida en el país entero con el buen nombre de La Elefanta".

Tampoco son extraños en García Márquez los tabúes urbanos, que en las zonas rurales resultan más corrientes:

> La noche de su llegada, las estudiantes se embrollaron de tal modo tratando de ir al excusado antes de acostarse, que a la una de la madrugada todavía estaban entrando

---

[33] Aparentemente se le preguntó a Becket si el Godot de la obra era Dios (por las tres primeras letras "God" que significa Dios en inglés), pero el autor nunca aceptó la conexión. Véase Claude Schumacher, "The Theater of the Absurd", en Martin Coyle (editor), *Routledge Encyclopedia of Literature and Criticism* (London: Routledge, 1993).

[34] Nos serviremos de este análisis para esta sección. Eduardo E. Parrilla Sotomayor, "Ironía, humorismo y carnavalización en Cien Años de Soledad", *Revista de humanidades* 13 (2002).

las últimas. Fernanda compró entonces setenta y dos bacinillas, pero sólo consiguió convertir en un problema matinal el problema nocturno, porque desde el amanecer había frente al excusado una larga fila de muchachas, cada una con su bacinilla en la mano, esperando turno para lavarla.

Otro elemento humorístico en *Cien años de soledad* es lo que Parrilla denomina "mitos carnavalescos". Un ejemplo clásico se relaciona con la llegada de los gitanos a Macondo:

> Eran gitanos nuevos. Hombres y mujeres jóvenes que sólo conocían su propia lengua, ejemplares hermosos de piel aceitada y manos inteligentes, cuyos bailes y músicas sembraron en las calles un pánico de alborotada alegría, con sus loros pintados de todos los colores que recitaban romanzas italianas, y la gallina que ponía un centenar de huevos de oro al son de la pandereta, y el mono amaestrado que adivinaba el pensamiento, y la máquina múltiple que servía al mismo tiempo para pegar botones y bajar la fiebre, y el aparato para olvidar los malos recuerdos, y el emplasto para perder el tiempo, y un millar de invenciones más, tan ingeniosas e insólitas, que José Arcadio Buendía hubiera querido inventar la máquina de la memoria para poder acordarse de todas.

Pero García Márquez también usa el humor para tratar temas trascendentes, como la existencia de Dios y los mecanismos que la iglesia ha usado para probarlo. Veamos la escena de la levitación del padre Nicanor y las dos reacciones que produce:

> —Un momento —dijo—. Ahora vamos a presenciar una prueba irrebatible del infinito poder de Dios.
> El muchacho que había ayudado a misa le llevó una taza de chocolate espeso y humeante que él se tomó sin respirar. Luego se limpió los labios con un pañuelo que sacó de la manga, extendió los brazos y cerró los ojos.

Entonces el padre Nicanor se elevó doce centímetros sobre el nivel del suelo. Fue un recurso convincente. Anduvo varios días por entre las casas, repitiendo la prueba de la levitación mediante el estímulo del chocolate, mientras el monaguillo recogía tanto dinero en un talego, que en menos de un mes emprendió la construcción del templo. Nadie puso en duda el origen divino de la demostración, salvo José Arcadio Buendía, que observó sin inmutarse el tropel de gente que una mañana se reunió en torno al castaño para asistir una vez más a la revelación. Apenas se estiró un poco en el banquillo y se encogió de hombros cuando el padre Nicanor empezó a levantarse del suelo junto con la silla en que estaba sentado.

—*Hoc est simplicisimun* —dijo José Arcadio Buendía—: *homo iste statum quartum materiae invenit*.

El padre Nicanor levantó la mano y las cuatro patas de la silla se posaron en tierra al mismo tiempo.

—*Nego* —dijo—. *Factum hoc existentiam Dei probat sine dubio.*

Fue así como se supo que era latín la endiablada jerga de José Arcadio Buendía. El padre Nicanor aprovechó la circunstancia de ser la única persona que había podido comunicarse con él, para tratar de infundir la fe en su cerebro trastornado. Todas las tardes se sentaba junto al castaño, predicando en latín, pero José Arcadio Buendía se empecinó en no admitir vericuetos retóricos ni transmutaciones de chocolate, y exigió como única prueba el daguerrotipo de Dios. El padre Nicanor le llevó entonces medallas y estampitas y hasta una reproducción del paño de la Verónica, pero José Arcadio Buendía los rechazó por ser objetos artesanales sin fundamento científico. Era tan terco, que el padre Nicanor renunció a sus propósitos de evangelización y siguió visitándolo por sentimientos humanitarios. Pero entonces fue José Arcadio Buendía quien tomó la iniciativa y trató de quebrantar la fe del cura con martingalas racionalistas. En cierta ocasión en que el padre Nicanor llevó al castaño un tablero y una caja de fichas para invitarlo a jugar a las damas, José Arcadio Buendía no aceptó, según dijo, porque nunca pudo entender el sentido de una contienda entre dos adversarios que estaban de acuerdo en los principios. El padre Nicanor, que jamás había visto de ese modo el juego de damas, no pudo volverlo a jugar.

¿Qué logra la novela con esto? Satirizar "las prácticas ideológicas de la fe católica" contraponiendo "algo tan trivial como los artificios de chocolate con algo tan serio y trascendental como la existencia de Dios"[35]. También muestra cómo a la gente común se la puede convencer con cualquier cosa, mientras que la gente instruida, la que sabe latín como el cura, requiere pruebas de otra naturaleza.

Las intermitencias de la muerte

Esta es una de las obras recientes del escritor portugués José Saramago. La novela refiere que un día primero de enero, en un lugar desconocido y por razones desconocidas, la gente deja de morirse porque la muerte (personaje femenino) decidió no matar más a nadie. El resultado es que la sociedad colapsa por completo. Las funerarias son las primeras afectadas al quedarse completamente paralizadas. En los hospitales no caben los pacientes, que no se mueren, pero tampoco mejoran. Las aseguradoras se inventan nuevos seguros. Las autoridades eclesiásticas no saben qué hacer porque, si no hay muerte, tampoco hay resurrección ("la iglesia [...] aunque a veces no lo parezca, al gestionar lo que está arriba, gobierna lo que está abajo").

Los medios de comunicación, con características que antes sólo se les atribuía a las divinidades (estar en todas partes),

---

35 Ídem.

exhiben su burda ignorancia haciéndole creer a todos que todo lo saben y todo lo entienden:

> El rumor, cuya fuente primigenia nunca fue descubierta, aunque a la luz de lo que sucederá después eso importe poco, llegó pronto a los periódicos, a la radio, a la televisión, e hizo que inmediatamente las orejas de los directores, adjuntos y redactores jefes se alertaran; son personas preparadas para olfatear a distancia los grandes acontecimientos de la historia del mundo y entrenadas para agrandarlos siempre que tal convenga.

En medio del caos que generan las vacaciones de la muerte, descubren que los pacientes se mueren apenas cruzan la frontera al país vecino. Se organiza, entonces, una mafia que trafica con enfermos terminales: "A veces el Estado no tiene otro remedio que buscar fuera quien haga los trabajos sucios". Finalmente, la muerte se enamora de un cellista que padece una enfermedad terminal.

De *Las intermitencias de la muerte*, nos llama la atención tres cosas principalmente. Por un lado, se debe considerar que el autor es un octogenario que probablemente se burla de quien, como en la obra, pronto aparecerá con una tarjeta púrpura anunciándole el día de su muerte. Por otro, la obra muestra con sofisticado humor cómo en nuestras sociedades actuales lo que importa es la economía; toda actividad económica es susceptible de producir mafias. Pero, finalmente en medio de todo, hasta la muerte puede distraerse y cambiar sus planes por causa del amor.

Conclusiones

En este capítulo hemos visto, en primer lugar, que el humor es un acompañante permanente de la expresión humana de sentimientos y de la comunicación. Estos aspectos de la vida normalmente no se ven en la historia porque los historiadores generalmente se concentran en las "cosas grandes", dando la impresión de que los seres humanos de otras épocas eran menos humanos que nosotros. Pero la impresión es incompleta, puesto que desde los orígenes de la civilización, encontramos evidencias artísticas y literarias de expresiones humorísticas para expresar ideas tanto triviales como complejas.

En segundo lugar, se ha demostrado cómo la literatura universal refleja esta característica humana del humor para comunicar toda suerte de mensajes.

En tercer lugar, se ha descrito parte de la tesis de este libro: el humor es un poderoso vehículo para el análisis de la existencia humana, para la comunicación de verdades serias y complejas y para la denuncia de los males de la sociedad con el fin de buscar su transformación.

El humor en el Antiguo Testamento:
Un asunto muy serio

> ... el humor consiste en reírse de sí mismo, en darse cuenta [de] que uno es ridículo; este humor no es deprimente, sino al contrario, nos da un sentido de emancipación, consolación y elevación infantil[1].

Introducción

Muy probablemente, eso es lo que hace la Biblia al contarnos historias humorísticas: Israel hace teología burlándose de sí mismo. Pero "hace falta un temperamento especial para producir humor, un temperamento que sólo puede propiciar la madurez de un pueblo, y por ende, la madurez de los escritores que lo representan, para bien o para mal, a través de la lente del humor"[2]. De hecho, el humor, antes que ser señal de inmadurez, es todo lo contrario: "el humorista no es precoz [...] su arte no se da en los pueblos jóvenes ni en las literaturas en formación"[3]. Visto así, el humor nos llevaría "a tomar a Dios más en serio y a nosotros mismos menos en serio"[4].

---

1 Simon Critchley, *On Humour* (Londres: Routledge, 2002): 95.
2 Jorge Figueroa Dorrego y otros (editores), *Estudios sobre humor literario* (Vigo: Universidad de Vigo, 2001): 16.
3 Julio Casares, "Concepto del humor", *Cuadernos de información y comunicación* 7 (2002): 172.
4 Fred Charles Tubbs, "The Nature and Function of Humor and Wit in the Old Testament Literary Prophets" (Tesis doctoral, Southwestern Baptist Theological Seminary, 1990): 56.

De todas maneras, todavía es necesario despejar las dudas y sospechas que el tema del humor en la Biblia produce en algunos y preguntar: ¿existe el humor en el Antiguo Testamento? El tema del humor en la Biblia no está tan investigado y documentado como otros temas bíblicos. Es decir, la literatura específica y especializada sobre el humor, aunque suficiente, es escasa si se lo compara con otros temas de la filosofía y la literatura. Si esto es así con respecto a la literatura universal, cuánto más escaso será en los estudios bíblicos[5]. En el caso particular de nuestra lengua, tenemos otro agravante: el desprestigio en el que ha caído el humor en la literatura de habla hispana[6].

En cuanto al humor en la literatura bíblica, la situación empezó a cambiar hace un par de décadas, especialmente en Europa y Estados Unidos[7]. Encontramos hoy algunas obras específicas sobre el humor y muchas menciones en estudios de textos bíblicos donde el objeto de estudio no es precisamente el humor. Ya el tema aparece en los diccionarios bíblicos más recientes.

Algunas precisiones importantes antes de que el lector se escandalice demasiado. El propósito de la Biblia no es divertir[8]. No obstante, eso no quiere decir que sea menos humana y menos literaria. No podemos tener una concepción gnóstica de la Biblia, al creer sólo en su inspiración divina y negar su lado humano. Al preguntarnos si existe el humor en la Biblia,

---

[5] Esto mismo ha sido constatado por otros. Tubbs agrega que en EE.UU. en más de cien años (1861–1972) sólo se registra una tesis de doctorado dedicada al estudio del humor en el Antiguo Testamento.

[6] Pedro de Miguel, "Un poco de humor en la reciente narrativa española", *Nuestro Tiempo*, N° 557 (2000).

[7] Aparecen unas cuantas obras de principios del siglo XX en Europa donde se registran caricaturas y escenas humorísticas de personajes bíblicos. Véase, por ej., la caricatura de Sansón y Dalila en Robinson, Boardman, *Nation* 3/7/1923, vol 116 N° 3009: 268.

[8] Ya lo han dicho otros estudiosos del tema: "Die Bible ist kein Amüsantes Buch". René Voeltzel, *Das Lachen des Herrn: Über die Ironie in der Bible* (Hamburgo: Herbert Reich Evangelisher, 1961).

queremos entender cuál es su naturaleza y cuál su propósito. Es necesario preguntarse por su existencia porque, como veremos, el humor en la Biblia ha sido negado tanto desde la academia[9] como desde la piedad[10].

Lo primero que debemos hacer para empezar a reconocer el humor en el Antiguo Testamento es preguntarnos cuáles son las razones principales por las cuales no vemos o no aceptamos que en la Biblia pueda haber humor. Una vez despejado el terreno, podremos entrar en los detalles.

Por qué no vemos el humor en el Antiguo Testamento

Iniciamos esta sección con un insulto amable para todos los estudiantes de la Biblia. El profesor de la universidad de Harvard, Howard Gardner, afirma que:

> [...] los pacientes con lesiones en el hemisferio derecho suelen ser incapaces de apreciar el humor o la metáfora, o de captar los puntos esenciales de las historias. Son competentes en cuanto a recordar detalles, pero se les escapa el sentido global de la pieza y con frecuencia se ocupan de detalles secundarios al punto de reconstruir incorrectamente una historia o un chiste. Y ante una metáfora, tienen mayor tendencia que los pacientes afásicos [que han perdido el habla] a tomar literalmente el tropo y perder totalmente de vista la intención del hablante[11].

En la apreciación del humor en la Biblia, los cristianos pareciéramos haber sufrido algún tipo de lesión cerebral al tomar

---

9 Hershey H. Friedman, "Humor in the Hebrew Bible", *Humor* 13, N° 3 (2000).

10 Una de las mejores discusiones sobre el tema de la risa y la piedad se puede encontrar en Umberto Eco, *El nombre de la rosa* (Barcelona: Lumen, 2005).

11 Howard Gardner, *Arte, mente y cerebro: Una aproximación cognitiva a la creatividad*, 7ª ed. (Buenos Aires: Paidós, 1997): 358.

con seriedad funeral textos que invitan a la reflexión por medio de la sonrisa cómplice y del humor.

Si acaso existe el humor en el Antiguo Testamento, ¿por qué no lo vemos? Al respecto, un artículo reciente sobre el tema tiene un título que lo dice todo: "Por qué el humor en la Biblia juega a las escondidas con nosotros"[12]. La siguiente lista no es exhaustiva; tampoco sus componentes son cronológicamente secuenciales ni mutuamente excluyentes. Es simplemente una recopilación de lo que han expresado los especialistas en las últimas dos décadas sobre la falta de apreciación del humor en la Biblia.

Por el respeto y la reverencia a las Escrituras

Varios estudiosos del humor en la Biblia afirman que el respeto y la reverencia ha sido el obstáculo principal para la aceptación y exploración del humor en el texto sagrado[13]. Tal actitud pareciera negar que la Biblia haya sido escrita por gente real a partir de experiencias reales[14] y hasta podría convertirse en una forma de idolatría o bibliolatría.

Es necesario reconocer que para muchos cristianos hablar de humor en la Biblia suena irreverente. Tal vez se piensa que Biblia y humor son mutuamente excluyentes porque este se ha usado y se usa para irrespetar lo que para otros es sagrado. La sospecha no es infundada, puesto que "en las páginas de algunos humoristas, que no quiero nombrar, se ocultan gérmenes insidiosos de irreverencia e incredulidad bajo el falso candor de una sonrisa"[15].

Sin embargo, el respeto y la reverencia hacia las Sagradas Escrituras probablemente debe ser reorientado con el fin de

---

12 Willie Van Heerden, "Why the Humour in the Bible Plays Hide and Seek with Us", *Social Identities* 7, N° 1 (2001).

13 Tubbs añade que otros se resisten a aceptar la presencia del humor en la Biblia porque "la historia de los judíos está tan cargada de tragedias que poco lugar tendría para el humor en su literatura".

14 Francis Landy, "Humour in the Bible", *Jewish Quarterly* 29, N° 1 (1980).

15 Casares: 186–187.

apreciar mejor el arte literario y las sutilezas retóricas de la Biblia, incluyendo el humor[16]. Dice Garrido que "el humor implica simpatía y visión matizada de la vida. El humorista está en las antípodas del que lo ve todo blanco o negro, del que no sabe dudar, anunciando oracularmente su verdad incontrovertible"[17].

La resistencia a la aceptación del humor en la Biblia viene por la tradición: "La pertenencia a una tradición es un troquel, que moldea la mente de todo hombre. Le imprime las marcas de unos valores y de unas normas, que cuando son del orden religioso, tienden a sacralizarse más aún"[18].

Por nuestro concepto del humor y de la inspiración de las Escrituras

Parte del problema, según van Heerden, radica en la definición que se tiene de la Biblia, según la cual el humor en la Biblia no existe[19]. Por eso, cuando se menciona la expresión "humor en la Biblia", la reacción generalmente es: "¿Humor en la Biblia? ¿Cómo es eso? Dígame un caso y le creo".

Con una definición estrecha del humor y con otra no más amplia de la inspiración de la Biblia, y prescindiendo del componente humano y literario en ella, es imposible aceptar la existencia de humor en la Biblia. Si se entiende este como una actividad tanto irracional como irresponsable para la relajación y la burla, cuyo tema no es más que trivialidades[20] y la inspiración como un dictado de Dios en una lengua celestial, tendremos grandes dificultades en aceptar la noción de humor en la Biblia.

---

16 David Marcus, *From Balaam to Jonah: Anti-prophetic Satire in the Hebrew Bible*, Brown Judaic Studies (Atlanta: Scholars Press, 1995). Véase también Tubbs.

17 José María Garrido Luceño, "El humor es sabiduría", *Isidorianum* 23 (2003): 130.

18 *Ídem*: 137.

19 Van Heerden: 77.

20 *Ídem*.

Los especialistas en el tema del humor advierten que es posible pasar por alto el contenido humorístico de un texto o de las palabras de alguien simplemente porque no lo esperamos. Es decir, el oyente o el lector no están preparados para tales cosas porque su expectativa en la comunicación es "seria"[21].

Por la excesiva familiaridad y la falta de familiaridad con el texto bíblico

Conocer el texto bíblico es fundamental para la comprensión del mensaje, pero a veces el creer conocer nos priva de la posibilidad de dejarnos sorprender por el texto[22]. Si a esto le sumamos la lectura plana de la Biblia, nos perdemos de las ambigüedades, las paradojas, la sátira y otros recursos estilísticos cargados de humor y comicidad. Por ejemplo, desde una torre, una mujer le lanzó a Abimelec una piedra de molino en la cabeza y lo dejó casi muerto. Ante tal humillación y viendo que moriría del golpe, Abimelec le pide a su escudero que lo termine de matar con su espada, esto, para que en el futuro no se dijera que lo había matado una mujer; el escudero obedece las órdenes. Décadas después, el relato bíblico recuerda a Abimelec como aquel hombre a quien una mujer lo había matado (Jue 9.54; 2S 11.21). La complicidad entre los dos textos para burlarse de Abimelec es evidente.

---

21 Lo contrario también es cierto. Cuando alguien es conocido por sus permanentes chistes, resulta difícil saber cuándo está hablando en serio. En otras palabras, para percibir el humor, hay que estar predispuesto. Para más detalles sobre el tema, véase Victor Raskin, *Semantic Mechanisms of Humor* (Dordrecht: Reidel Publishing Company, 1985). Además añade: "Sin embargo, en la mayoría de los chistes, si no en todos, la ambigüedad es deliberada y la intención del hablante incluye dos interpretaciones que desea que el oyente perciba. Si tanto el hablante como el oyente están en la misma disposición en la comunicación, el oyente conoce las 'reglas de juego' y no solo está listo para percibir la segunda interpretación junto con la primera que es obvia, sino que está realmente dispuesto a buscarla". Estas dos posibles interpretaciones son las que el autor llama "libretos opuestos" (*opposed scripts*).

22 Van Heerden: 78.

Por el hábito de usar la Biblia como texto-prueba[23]

Junto con el problema de la falta de familiaridad con el relato bíblico, está el uso de versículos aislados para probar una u otra verdad o práctica, sin tener en cuenta la totalidad de los relatos. La Biblia, especialmente la narrativa, está escrita para ser leída como unidades completas, las cuales, a su vez, forman parte de relatos mayores que conforman libros, y estos son parte del canon de las Escrituras. El uso de versículos aislados como arma de prueba y antídoto para todos los males, no solamente no permite apreciar la belleza literaria de la Biblia y los procedimientos estilísticos, sino que resulta metodológicamente problemático y teológicamente peligroso. Es decir, los textos literarios jamás se estudian de esa forma porque al hacerlo, fácilmente se distorsionan el contenido y el mensaje.

Por la piedad irreflexiva

De la mano de la reverencia va muchas veces la piedad. En algunas épocas de la historia del cristianismo y en algunos círculos hasta el día de hoy, se ha considerado que en la piedad no puede haber un componente de diversión y entretenimiento. Se ha pensado que culto y adoración jamás se pueden mezclar con humor: "Nuestro Señor no necesitó tantas necedades para indicarnos el recto camino. En sus parábolas nada hay que mueva a risa o que provoque miedo". Es decir, como en la novela, entre muchos cristianos "la risa no goza de buena reputación"[24].

No se puede negar, como han dicho varios tratadistas, que cuando uno se ríe a carcajadas, el cuerpo se sacude tan violentamente que hasta puede producir dolor y otros efectos en cuyos detalles no entraremos. Es probable que por esta razón la risa fuera condenada en la Edad Media. Aunque el Renacimiento

---

23 *Ídem.*
24 Umberto Eco, *El nombre de la rosa* (Barcelona: Lumen, 2005).

cambió en algo estas actitudes[25], de todas maneras el humor no ha sido la característica más sobresaliente de las personas piadosas.

Por la influencia de los académicos

Los académicos son hijos de su época. Tres pensadores de otras épocas son citados frecuentemente por haber negado expresamente la existencia del humor en la Biblia: Baudelaire, Grotjahn y Whitehead. Esta opinión nace, curiosa y contrariamente a lo que se piensa hoy, de la consideración de la Biblia como obra literaria. Baudelaire dijo: "Los libros sagrados nunca se ríen"[26]. Grotjahn: "Es un hecho extraño el que la Biblia sea tan carente de humor y de risa"[27]. Whitehead, por su parte, afirmó que "la total ausencia de humor en la Biblia es una de las cosas más singulares en todas las literaturas"[28].

Radday piensa que parte del problema también ha sido que la academia bíblica estuvo dominada por los alemanes durante dos siglos. Y, para colmo de males, los teólogos no son precisamente conocidos por su sentido del humor. Pocos serían candidatos para recibir un título *humoris causa*. El otro responsable de la falta de consideración por el humor bíblico es la historia de la teología cristiana desde sus orígenes[29]. Radday concluye que históricamente los judíos, como lo refleja su literatura, tienen

---

25 Critchley, *Op. cit.*
26 Cita tomada de J. William Whedbee, *The Bible and the Comic Vision* (Minneapolis: Fortress, 2002): 4.
27 Citado por Tubbs, 38. Martin Grotjahn es un psicoanalista estadounidense del siglo xx.
28 Aunque varios autores citan estas palabras de Whitehead, todas son citas de citas de citas. Desafortunadamente no fue posible confirmar este dato. De todas maneras, una de estas se puede encontrar en Whedbee. Esta es una cita que Whedbee toma de Radday, quien a su vez la tomó de Lucien Price. Véase también, Yehuda Thomas Radday, Athalya Brenner (editores), *On Humor and the Comic in the Hebrew Bible* (Sheffield: Almond Press, 1990).
29 Radday y Brenner, *ídem*.

una mejor disposición que los cristianos para aceptar y comprender el humor de la Biblia.

Es cierto que el humor de los judíos es reconocido internacionalmente y que los alemanes dominaron el mundo de las ciencias bíblicas por casi doscientos años, pero eso no quiere decir que los alemanes sean los responsables de la ausencia del estudio del humor en la Biblia. No eran los únicos que la estudiaban. Parece, más bien, que ha sido cuestión de enfoques que obedecen a métodos, los cuales, a su vez, responden a formas de pensar y de hacer ciencia que han dominado el llamado mundo occidental por siglos. Los cambios apenas comienzan a verse.

El humor en la Biblia, entonces, ha sido ignorado porque, además de la reverencia, no se la ha estudiado como obra literaria sino hasta hace poco. Esto último es un fenómeno que viene desde mediados del siglo XX. Con la "Nueva crítica literaria", los académicos bíblicos comenzaron a abrir los ojos a la riqueza retórica de la Biblia y a todos los procedimientos literarios del hebreo que los autores bíblicos explotan hábilmente, incluyendo el humor[30].

Por una concepción estrecha del humor

Ampliemos un poco esto que ya mencionamos antes. Parte de la dificultad en apreciar el humor bíblico consiste en pensar que el humor se relaciona con tonterías producidas por gente sin oficio. Si partimos de ese presupuesto, no vamos a encontrar humor en la Biblia[31]. Se necesita, entonces, una perspectiva más amplia del humor que incluya la posibilidad de disfrutar de él y de lo cómico en las Escrituras sin olvidar que por ese medio se comunican verdades teológicas totalmente serias. Debemos reconocer, sin embargo, que el humor lleva consigo un componente de juego que, por tener el potencial de salirse de las manos, algunos prefieren no mezclarlo con cuestiones de la fe.

---

30 Lo mismo han dicho ya otros: Tubbs: 3.
31 Van Heerden: 76.

Por personalidad

En el humor también interviene la personalidad. Van Heerden afirma que las personas más inteligentes tienen mayor capacidad para el humor[32]. Es posible. Otro autor dice que el humor "[p]ertenece al orden de la lucidez intelectual, de la libertad interior, de la bondad comprensiva hacia las deficiencias [propias y] de los otros. Por intersubjetivo, el humor pertenece al ser, no al tener"[33]. Por eso este autor concluye que el humor pertenece a la sabiduría. El cuidado que se debe tener es no caer en la falacia de pensar que quien no hace chistes no es inteligente. No se trata de eso. Como mucho del humor se relaciona con la rápida combinación de ideas y sutilezas, y la capacidad de captarlas, el humor, como el de la Biblia, sí requiere ciertas habilidades mentales. Si se capta rápidamente la combinación de ideas[34] y sus sutilezas, se puede percibir el humor. Si se trata de más inteligencia o no, dígalo usted; preguntémonos sencillamente qué pensamos de aquellas personas que siempre se demoran más en captar un chiste.

Por factores culturales

A este último punto necesitamos dedicarle un poco más de espacio. Con el riesgo de ser acusado de academicismo, es imprescindible mencionar un aspecto más del humor bíblico. Puede resultar odiosa la aclaración, pero es tan real que resulta ineludible: 1) todo lo que se puede decir en un idioma se puede decir en otro y 2) "Las expresiones humorísticas y los contextos que las hacen humorísticas son los elementos más difíciles de comunicar de un idioma a otro"[35]. Esto ya lo decíamos al comienzo: traducir es mucho más que buscar palabras en un diccionario.

---

32 Ídem.
33 Garrido Luceño: 138.
34 Van Heerden, *op. cit.*
35 Ibíd.

El humor en el Antiguo Testamento

Todo el que sabe más de un idioma, entiende la frustración que nace al tratar de explicar algo como la famosa frase de Clinton a un desempleado *"I feel your pain"*, o la de Bush (el padre): *"Read my lips, no new taxes"*. En Estados Unidos, estas expresiones se dicen en ciertos contextos y la gente entiende de qué se trata. Uno puede traducirlas y se entiende en español, "siento tu dolor" y "lean mis labios, no habrá nuevos impuestos". Pero detrás de esas palabras, hay toda una historia que requiere explicación para comprender que al primero, aunque tal vez le era imposible sentir el dolor del desempleado, a la gente le impactó tanto la respuesta que probablemente le ayudó a Clinton a ganar las elecciones. El otro ganó la nominación como candidato republicano en 1988 y luego la presidencia, pero luego no pudo cumplir sus palabras y sucumbió ante la presión de los demócratas; terminó poniendo más impuestos. La expresión de Bush terminó siendo un chiste: uno dice una cosa para significar otra. Si el interlocutor tiene duda sobre lo que le han dicho, uno contesta *"read my lips"*.

Lo anterior quiere decir que la comprensión del humor, al igual que muchas sutilezas en el texto bíblico, se pueden apreciar mejor si se lee el texto en el idioma original acompañado de un estudio de la historia y cultura bíblicas[36]. No podemos decir menos. Para entender mejor lo anterior, piense en tres cosas: 1) en todos los chistes que uno no entiende cuando va a otro país, aun si se habla el mismo idioma; 2) en las pocas personas que se ríen en ciertos momentos mientras ven una película con subtítulos; y 3) en los momentos en que sólo los adultos se ríen en las películas para niños.

Por lo anterior, podemos concluir esta sección diciendo que el problema en la apreciación del humor en la Biblia no ha sido el texto bíblico en sí, sino la forma como se ha leído. Si se considera el humor indigno o trivial, es lógico que se niegue su existencia en el texto sagrado. Hoy nos damos cuenta de que

---

[36] Muchos otros han reconocido esta realidad; añadamos también a Tubbs. Además, en los textos no hay entonación ni gestos.

negar el humor en la Biblia es también negar la participación humana en la construcción de los relatos y, peor todavía, negarle a los personajes bíblicos su humanidad y su capacidad comunicativa. Igualmente, el humor bíblico pertenece a idiomas (hebreo y arameo), culturas (semita occidental) y épocas muy lejanas (s. XIX–IV a.C.) a la América Latina del siglo XXI. Ya estamos casi listos para mirar los primeros detalles del humor en el Antiguo Testamento; antes necesitamos mencionar brevemente cómo hemos llegado a donde estamos en este estudio.

Breve historia del humor en el Antiguo Testamento

Admito que el contenido de esta reseña no es lo más emocionante del libro. Pero es necesario informar al lector, aunque sea brevemente, cuál es la historia del estudio del humor en el Antiguo Testamento. Si esto no es de su interés, puede pasar directamente a la última sección de este capítulo ("Introducción al humor en el Antiguo Testamento).

Las tres primeras obras de las que tenemos conocimiento en las que se trata específicamente el humor en la Biblia, se escribieron hace más de cien años. La primera es de Marion D. Shutter, quien en *El humor y lo cómico de la Biblia: un estudio literario* (1893), hizo un esfuerzo por clasificar las formas del humor en el Antiguo Testamento. La segunda obra es *El humor en el Antiguo Testamento* (1896), de A. J. Baumgartner, quien afirmó que hasta en una lectura superficial del Antiguo Testamento se podía detectar la presencia del humor. La tercera es *El humor hebreo y otros ensayos* (1905), de J. Chotzner, un judío inglés que reconoció la necesidad de leer el texto hebreo para poder apreciar las sutilezas del humor.

La ironía ha sido uno de los aspectos más estudiados del humor bíblico. Edwin M. Good[37] fue uno de los pioneros en el

---

37 Edwin M. Good, *Irony in the Old Testament* (London: SPCK, 1965). Pionero en cuanto a la lectura literaria comparativa tal vez. Entre la

estudio de la ironía en el Antiguo Testamento. Este autor reconoce que los críticos bíblicos no ven el humor porque en la mayoría de los casos no son críticos literarios, lo cual ha significado que su mayor interés haya sido *interpretar* la Biblia, no *leerla*[38]. Y otros, como hemos dicho, se han interesado en buscar versículos para probar ideas y teologías preconcebidas. Es decir, tampoco han leído la Biblia como es.

Anticipando a Childs[39], Good desde 1965 defiende la lectura canónica de la Biblia, es decir, el texto bíblico se lee en su forma final, no la historia de la formación del texto o la multiplicidad de fuentes que lo conformarían[40]. El acercamiento de Good, sin embargo, ha sido seriamente criticado por Gunn por transponer a la Biblia categorías y géneros literarios de otras épocas y culturas, sin observar las diferencias y particularidades de la literatura bíblica.

La mayor concentración de escritos sobre el humor en la Biblia se da entre 1975 y 2003[41]. El libro más reciente al que hemos

---

obra de Chotzner y la de Good aparecen otras tres monografías: M. D. Goldman, *Humour in the Hebrew Bible: Presidential Address* (1952), Bert Hayes, "A Study of Humor in the Old Testament" (Tesis doctoral, Hebrew Union College, 1963), D. Berel Lang, "On the Biblical Comic", *Judaism* 11, N° 3 (1962).

38 Good, *ídem*.

39 Véase principalmente Brevard S. Childs, *Introduction to the Old Testament as Scripture* (Philadelphia: Fortress, 1980), Brevard S. Childs, (editor), *Old Testament Theology in Canonical Context* (Philadelphia: Fortress, 1989), Brevard S. Childs, *Biblical Theology of the Old and New Testaments: Theological Reflections on the Christian Bible* (Philadelphia: Fortress, 1993).

40 Good, *op. cit.*

41 Fue a mediados de los 70 cuando se disparó la investigación del humor en las ciencias sociales y empezó a tomar fuerza la nueva crítica literaria. Véase Tubbs. Parece que apenas a partir de allí se comenzó a entender que el humor era cosa seria y que la retórica es importante en la Biblia. Uno de los pioneros en esto último fue el profesor Luis Alonso Schökel, quien usó más que todo la categoría de "análisis estilístico". Véase, por ej., Luis Alonso Schökel, "Los géneros literarios de la Sagrada Escritura",

tenido acceso, y que sin duda no es el mejor, apenas salió en 2008. Lamentablemente, el título no corresponde al contenido, pues es más el humor del autor que el del Antiguo Testamento propiamente[42]. Una cosa es hacer chistes a expensas de un escrito y otra muy distinta que ese escrito sea en sí humorístico. De todas formas, el libro de Casimiro García es en general muy divertido, hay que decirlo.

En cuanto a publicaciones referidas al tema posteriores a 1975, nos limitaremos a mencionar aquellas a las que consideramos más representativas y, obviamente, a las que hemos tenido acceso. Empezamos con *Dios creó la risa*, de Conrad Hyers, de 1987[43]. Este autor sostiene que los procedimientos literarios cómicos no son ajenos a la Biblia. Aclara, como muchos otros, que no siempre son fáciles de reconocer por razones lingüísticas y culturales. Hay diversos ejemplos explicados como para lectores poco convencidos del asunto.

En 1990 se publica otra obra importante sobre este tema: *Del humor y lo cómico en la Biblia Hebrea*[44]. Este libro de varios autores explora aspectos generales del humor y también textos bíblicos específicos[45]. Los editores sostienen que el humor bíblico

---

Biblica 39, N° 3 (1958), Luis Alonso Schökel, "Erzählkunst im Buche der Richter", *Biblica* 42 (1961), Luis Alonso Schökel, *Estudios de poética hebrea* (Barcelona: Juan Flors, 1963), Luis Alonso Schökel, *Hermenéutica de la Palabra I, Hermenéutica bíblica* (Madrid: Ediciones Cristiandad, 1986), Luis Alonso Schökel, *Hermenéutica de la Palabra II: interpretación literaria de textos bíblicos* (Madrid: Ediciones Cristiandad, 1987), Luis Alonso Schökel, *Hermenéutica de la Palabra, vol. III: interpretación teológica de textos bíblicos* (Bilbao: Ega-Mensajero, 1991).

42 Casimiro García, *El humor en la Biblia: síntesis festiva del Antiguo Testamento* (Córdova: Arcopress, 2008).

43 Conrad Hyers, *And God Created Laughter: The Bible as Divine Comedy* (Atlanta: John Knox Press, 1987).

44 Radday y Brenner, *op. cit.*

45 Hay obras anteriores importantes pero dedicadas a un tema del humor en un libro específico del Antiguo Testamento, pero por no ser estudios generales, los consideraremos en los capítulos donde tratemos tales textos. Un ejemplo

es una forma de agresión y también se parece a la persona que dice algo chistoso con la cara seria[46].

De 1990 también, destacamos una tesis doctoral dedicada al estudio del humor en los profetas literarios del Antiguo Testamento, es decir, desde Isaías hasta Malaquías: "La naturaleza y función del humor y lo cómico en los profetas literarios del Antiguo Testamento"[47]. Esto lo trataremos en la última sección de este capítulo.

El artículo sobre humor en *The Anchor Bible Dictionary*, uno de los diccionarios bíblicos más completos en inglés, nos recuerda que la palabra "humor" no aparece en el Antiguo Testamento. Sin embargo, como el humor y la risa son elementos esenciales y constitutivos de la naturaleza humana, en la Biblia tampoco pueden faltar. En las Escrituras hay personas que se ríen y existen relatos contados humorísticamente. Los primeros en reírse fueron Abraham y Sara, la pareja de la gran promesa (Gn 18.9–15). Podemos preguntarnos por qué se rieron. Lo más probable es lo hicieron por la incongruencia oyeron: hombre anciano y mujer pasada de años y de la menopausia serán padres[48]. No necesitaban sino reírse para decir todo lo que pensaban: "¡No creemos!". O, como diríamos alguno de nosotros: "¡Un hijo! ¡Cómo no!". Mas adelante dedicaremos un capítulo corto respecto de esta historia

El artículo del mencionado diccionario hace un recorrido por los diferentes tipos de humor en el Antiguo Testamento y su relación con las literaturas de las naciones vecinas del antiguo Israel. En síntesis, desde cualquier punto de vista que se lo mire, el humor en la Biblia no es ni nuevo ni extraño.

---

de esto es Lillian R. Klein, *The Triumph of Irony in the Book of Judges*, Bible and Literature Series, vol. 14 (Atlanta: The Almond Press, 1988).

46 Radday y Brenner, *op. cit.*
47 Tubbs, *op. cit.*
48 Edward L. Greenstein, "Humor and Wit (Old Testament)", en D. N. Freedman (editor), *The Anchor Bible Dictionary* (New York: Doubleday, 1992).

En 2002 Whedbee publica su "Anatomía de la comedia bíblica", fundamentada en la crítica literaria contemporánea. Este autor busca las características recurrentes de la comedia en la literatura cómica clásica con el fin de ensamblar un modelo útil para el estudio de la Biblia. Para su análisis, Whedbee clasifica las historias en cuatro grupos: la trama, caracterización de tipos básicos, estrategias lingüísticas y estilísticas, y funciones e intenciones.

Whedbee afirma que el humor y la comedia son "estrategias para la supervivencia en medio del exilio y la opresión"[49]. Esto es cierto, pero si uno considera la historia de la humanidad y la de Israel, la cual nos ocupa, se puede suponer que no esperaron hasta el exilio para producir textos humorísticos. El sufrimiento no empezó allí. No es cuestión simplemente de comprometerse con fechas tempranas para los escritos bíblicos, sino de ver la realidad del humor en todo momento. De todas maneras, Whedbee añade que "la comedia bíblica contiene el poder tanto para subvertir como para transformar las estructuras políticas, religiosas y sociales"[50].

Así, entonces, para Whedbee el humor ocupa un lugar central en la fe bíblica. Si esto es exactamente así o no, es cuestión de debate. Por el momento, sí podemos decir que el humor ocupa en la Biblia un papel tan importante como lo ocupa en la sociedad en general y en la literatura que produce; ni más ni menos[51]. Como se puede ver, las obras sobre el humor en la Biblia abundan en las últimas décadas.

---

49 Whedbee, *The Bible and the Comic Vision* (Minneapolis: Fostress, 2002).

50 *Ídem*. También han aparecido en idioma inglés otras obras dedicadas al humor en la Biblia en relación con las mujeres. Véase, por ej., Athalya Brenner (editor), *Are We Amused?: Humor about Women in the Biblical Worlds* (London: T&T Clark International, 2003), E. Fuchs, *Laughing with/at/as Women: How Should We Read Biblical Humor?*, JSOT (Sheffield: Sheffield University Press, 2003).

51 Tubbs, *op. cit.*

De 2003 a 2009 no aparecen muchos estudios generales sobre el humor en el Antiguo Testamento, pero sí estudios de textos específicos donde se observa principalmente la ironía y la sátira. Digamos de paso que en lo que a la Biblia se refiere, existen más estudios sobre el humor en este que en el Nuevo; las razones son obvias: el texto del Antiguo Testamento es mucho más extenso y literariamente más variado que el Nuevo Testamento[52].

Introducción al humor en el Antiguo Testamento

Si hubo una época en la cual se negaba el humor en la Biblia, ahora otros se han ido al extremo de afirmar que toda ella es una comedia y que libros enteros, como Génesis, son un chiste[53]. Se necesita una definición excesivamente amplia y única de "chiste" para hacer semejante afirmación[54]. Sin embargo, se puede

---

52 Un par de muestras relacionadas con el Nuevo Testamento serán suficientes por ahora: Cuando Jesús recita lo que parece ser un dicho popular: Os tocamos flauta y no bailasteis; os entonamos canciones de duelo y no llorasteis (Mt 11.17). Más sobre el humor en el Nuevo Testamento puede encontrarse en Earl F. Palmer, *Jesus Laughed: Sources of Humor in the Bible* (Vancouver: Regent College, 2000).

53 Véase, Landy. Es posible que Landy tenga razón en varias de las observaciones que hace del libro de Génesis como humorísticas (pp. 15–18); eso lo han reconocido muchos otros autores. Pero decir que todo el libro de Génesis es un chiste, nos parece reduccionista. Autores como Ryken y Wilhoit afirman que "la comedia es la forma narrativa dominante en la Biblia… La trama cómica es la estructura profunda de la narrativa bíblica. Es la historia implícita en los libros proféticos del Antiguo Testamento, los cuales predicen un juicio terrible, pero invariablemente terminan con escenas de restauración y celebración. Es la historia de la redención del individuo librado del mal y el castigo y entregado a la salvación". Leland Ryken y Wilhoit, James (editores), *Dictionary of Biblical Imagery* (Downers Grove: InterVarsity Press, 1998). Pero esto es diferente a decir que toda la Biblia es un chiste.

54 Tal vez una palabra más apropiada para toda la Biblia sería "drama", donde cabrían todas las otras categorías del teatro y de los géneros de la literatura. Para una ampliación de estas ideas, véase Kevin J. Vanhoozer,

afirmar que en las Escrituras sí hay comedia y no sólo comedia, sino comedia poética y poesía burlesca. Se ha argumentado, por ejemplo que el libro de Eclesiastés está fundamentado en la comedia y la tragedia, o la paradoja entre la risa y el llanto[55]. Jueces 4 y 5, los cuales trataremos en el capítulo 10, muestran cómo Israel se burla de sus enemigos cuando sale airoso de una batalla.

Ahora sí, y por fin, el humor en el Antiguo Testamento. En esta sección nos ocuparemos de las generalidades sobre el humor en el Antiguo Testamento. Los capítulos que siguen están dedicados integramente al estudio detallado de casos específicos, hasta llegar al último capítulo, donde reflexionaremos sobre el humor en la predicación.

Empecemos con una cita que resume bien lo que distintos autores han afirmado sobre nuestro tema:

> La Biblia está llena de juegos de palabras basados en asonancias y sutilezas, muchas de las cuales, aun cuando son entendidas (tal vez sólo parcialmente), son difíciles de comunicar con una traducción tersa. La apreciación de este problema aumenta a medida que aprendemos más de los idiomas y literaturas semíticos. Los juegos de palabras y el humor serio, a veces muy terrenal (*earthly*), son una característica vital de la Biblia y un desafío para las futuras generaciones de traductores e intérpretes[56].

Cinco cosas vale la pena resaltar de esta cita porque son las pautas generales que orientarán nuestro estudio: 1) la Biblia está llena de juegos de palabras y sonidos; 2) muchos de estos efectos se pierden en la traducción; 3) el estudio comparativo con idiomas semitas ayuda a la apreciación del fenómeno; 4) el

---

The Drama of Doctrine: A Canonical-linguistic Approach to Christian Theology (Louisville: Westminster John Knox Press, 2005).

55 Véase Tubbs, *op. cit.*

56 David N. Freedman (editor), *The Anchor Bible Dictionary* (New York: Doubleday): 1997, 1992.

humor bíblico es serio y con frecuencia bastante terrenal; y 5) el humor es una parte vital de la constitución de la Biblia.

Otro autor añade que lo más difícil de traducir son "las expresiones humorísticas y los contextos que las hacen humorísticas", especialmente porque las notas explicativas, sea en paréntesis o al pie de página, no hacen otra cosa que matar el humor[57]. De modo, pues, que la tarea de explicar el humor en la Biblia es casi autodestructiva. Por eso la gran tentación de algunos es querer explicar todo de manera humorística para ganar credibilidad. Pero, entendida la dificultad, podemos seguir.

Es necesario advertir que el estudio del humor no es una ciencia exacta y mucho menos en el caso de la Biblia. No será, pues, extraño encontrar especialistas que hablan de cuán humorístico es la promesa de un hijo a Abraham, y más tarde encontrar a otro decir que tales textos no tienen nada de humorísticos[58], que el intérprete anterior los ha malinterpretado por confusión de géneros literarios, o por desconocimiento del idioma o la cultura o alguna otra razón. Así las cosas, nos limitaremos a aquellos textos del Antiguo Testamento donde existe suficiente evidencia para concluir que el texto en cuestión es de hecho humorístico.

Tipos

Dos aclaraciones son necesarias en este momento. En primer lugar, son inevitables las clasificaciones de los procedimientos y recursos literarios, pero debemos cuidarnos del exceso. En segundo lugar, un mismo relato puede contener más de un procedimiento literario. Por ejemplo, en la sátira puede haber ironía, sarcasmo, caricaturización. Así, el hecho de que se mencione uno u otro recurso literario, no significa que se excluyan los demás. Usaremos dos categorías grandes y en estas incluiremos algunos casos representativos. Los ejemplos de esta sección están

---

57 Hyers, *op. cit.*
58 David M. Gunn, "The Anatomy of Divine Comedy: On Reading the Bible as Comedy and Tragedy", *Semeia* 32 (1985).

divididos en dos grupos: 1) estrategias lingüísticas y estilísticas; y 2) relatos humorísticos. En el primer grupo, nos ocupamos de diversos procedimientos literarios humorísticos; en el segundo, del humor en la narrativa.

1. Estrategias lingüísticas y estilísticas

En este grupo se pueden incluir los juegos de palabras, distribución de ciertos términos, alteración de palabras, parodia, hipérbole, ironía, sátira, sarcasmo, discrepancia, inversión de la suerte, redundancia, repetición y ridiculización[59].

Un caso de ridiculización lo encontramos en Éxodo, donde se ridiculiza al faraón egipcio. La primera plaga que trajo Moisés contra los egipcios fue la conversión del agua en sangre. Ante tal desgracia, uno esperaría que los magos de ese pueblo hicieran lo contrario, convertir la sangre en agua otra vez. Pero no, ¡deciden mostrar su poder haciendo lo mismo! (Éx 7.17ss)[60]. Es como si en una guerra alguien atacara una ciudad y destruyera parte de esta ¡y luego los atacados decidieran mostrar su poder destruyendo el resto de su propia ciudad! Y eso no es todo, cuando Moisés les trajo las ranas, no hacen algo para acabarlas, sino que ¡usan sus poderes mágicos para producir más ranas! Sin duda, el relato es humorístico en tanto que se burla de la ineptitud de los ayudantes del faraón.

Alteraciones de palabras y apodos, hay muchas en el Antiguo Testamento. Podemos citar el nombre de un enemigo de Israel en el libro de Jueces: Cushan-rishataim, "Cusita Remalo"; Eglón, "becerro gordo". En esto, el Antiguo Testamento no es ni el primero ni el último. A Tiberius Claudius Nero le pusieron el

---

59 Whedbee. *cf.* Athalya Brenner, "On the Semantic Field of Humour, Laughter and the Comic in the Old Testament", en Yehuda Thomas Radday, Athalya Brenner (editores), *On Humor and the Comic in the Hebrew Bible* (Sheffield: Almond Press, 1990).

60 La observación viene de Radday, quien dice haberla encontrado en un comentario de B. Jacob, *Das zweite Buch der Tora*. Véase Brenner, "On the Semantic Field of Humour".

apodo de "Biberius Caldius Mero", que significa "bebedor caliente de vino"[61]. Llamar a alguien "Cusita Remalo" o "becerro" es una forma de burlarse del enemigo. Igualmente, se puede lograr un toque humorístico al llamar a unas señoras "vacas de Basán"; es una metáfora, una burla, una caricatura, un sarcasmo contra los opresores (Am 4.1)[62]. Para los hombres, el título de "toro" (no "toro gordo" como Eglón) implica autoridad. El correspondiente femenino de toro es vaca, pero no se usaba para las mujeres de autoridad, como sí lo era "toro". Al llamarlas "vacas de Basán", Amós se refiere a la gordura que es producto de la opresión de los pobres[63].

Un ejemplo de inversión sorpresiva de la suerte se encuentra también en Amós 1-2. El profeta da todo un rodeo geográfico para declarar el castigo de Dios para los enemigos de Israel. Pero, mientras el israelita se deleita escuchando la destrucción de los enemigos, no advierte que la estocada final, el clímax del oráculo cae sobre él mismo[64]. Israel también será castigado. Una estrategia de sorpresa parecida puede verse en algunas parábolas y relatos de Jesús.

Como hemos visto ya, en el Antiguo Testamento es común la burla. Además de dirigirla contra los enemigos, en el AT hay burla de los ídolos: tienen todo lo que posee un humano, pero ni a humano llegan; además, están hechos de leña; ¿qué dioses pueden ser? (Is 44.12-20; Sal 115.4-8). En 1 Reyes 18, Elías se burla de Baal y sus adoradores. Invita a los profetas de Baal a que griten más duro porque quizá su dios esté dormido, se fue de viaje o ¡está en el baño! Y no precisamente bañándose. Proverbios,

---

61 *Dictionary of Phrase and Fable:* 1898.

62 Otras clasificaciones pueden verse en Benjamin R. Foster, "Humor and Wit in the Ancient Near East", en Jack M. Sasson (editor), *Civilizations of the Ancient Near East* (New York: Charles Scribner's Sons; Macmillan, 1995), Friedman, Greenstein, Tubbs.

63 Luis Alonso Schökel y J. L. Sicre Díaz, *Profetas* 2, 2ª ed. (Madrid: Ediciones Cristiandad, 1987).

64 Oseas 6.3-4; 2 Samuel 11.1-12.23.

por su parte, se burla del perezoso, quien da vueltas en la cama como la bisagra de una puerta y dice que no va a trabajar porque [...] *hay un león afuera* [...] (Pr 22.13; 19.24, BLA).

La sátira y el sarcasmo se parecen en que ambos son igualmente fuertes. La sátira es un escrito más extenso que puede utilizar muchas otros recursos literarios, incluyendo la ironía, el sarcasmo y otros. Es común en la literatura universal[65], incluyendo el Antiguo Testamento. Se usa para exponer y persuadir. La sátira ridiculiza y rechaza la necedad y el mal de manera cruda. Es literaria cuando el medio para comunicarla es una historia, un relato o una metáfora. Puede dirigirse a un objeto o a varios. Caricaturiza, sea por la exageración o la simplificación extrema[66]. Según Ryken y Wilhoit, la literatura satírica en la Biblia es comparable a la literatura de burla de esclavos. Un ejemplo de esto se encuentra en Éxodo 1–2, donde los egipcios se empeñan en acabar a los israelitas, pero estos últimos no hacen sino multiplicarse; los egipcios ordenan que maten a los varones neonatos y las mismas parteras egipcias no hacen caso. Aquí, el de abajo logra salirse con la suya y las órdenes del poderoso no se cumplen.

La ironía es una figura retórica[67] que se puede definir como "decir una cosa para significar lo contrario"[68]. O, como dijo otro autor, "dar a entender lo contrario de lo que se dice"[69]. Por

---

65 Thomas S. Kane, *The Oxford Essential Guide to Writing* (New York: Oxford University Press, 2000).

66 Tubbs, *op. cit.*

67 Algunos autores distinguen la ironía del humor, pero en general se entiende como parte de lo humorístico. Algunos autores separan la ironía del sarcasmo, otros sostienen que es lo mismo. La distinción sería de todas formas muy sutil en el sentido de que el sarcasmo se considera más fuerte y es menos ambiguo que la ironía. Good, *op. cit.*

68 R. Drew Griffith y Robert B. Marks, *A Funny Thing Happened on the Way to the Agora: Ancient Greek and Roman Humour* (Kingston: Legacy Books Press, 2007): 107.

69 Casares: 185.

ejemplo, un niño derrama la sopa sobre el mantel y su cariñosa madre le dice: "¡Pero qué bien la has hecho esta vez!". Y para qué decir que estaban en casa de unos amigos y que el mantel era blanco, de algodón y nuevo. ¿De qué habrá sido la sopa?

La ironía en su forma oral va acompañada de una cierta entonación (llamada "retintín"), cosa que en el texto escrito es imposible representar. La siguiente historia me ocurrió a mí en julio de 2008. En los alrededores de la universidad de Harvard en Estados Unidos, no hay dónde estacionarse. Busco un espacio con mi hermana mayor y su familia para buscar una dirección. Se me acerca un controlador del espacio público y me informa lo que ya sabíamos, que no podemos estacionarnos allí porque el vehículo no tiene permiso de residente. Le digo: "Sólo será un momento, mientras busco una dirección en el mapa". "Puede quedarse —dice el controlador— por sólo 40 dólares que cuesta la multa".

Greenstein clasifica la ironía en tres grupos: sarcasmo (Gn 37.9), ridiculización (Jue 9.53-54; 2S 11.21; 1R 18.27), sátira (Is 44.9-20), parodia (Jon; Est 1-3), relato picaresco (Gedeón, Sansón) y el ingenio verbal (*verbal wit*, Gn 40.19)[70]. También se habla de la ironía dramática, la cual consiste en darle al lector información que uno de los personajes en el relato no sabe.

Dada la riqueza retórica y estilística de sus escritos, hay varios estudios especializados en el humor de los profetas literarios del Antiguo Testamento. Presentamos aquí una muestra. Nos servimos de la tesis doctoral de F. C. Tubbs sobre el humor y lo cómico en los profetas. Nos interesa la misma pregunta que interesa a Tubbs: de qué manera contribuye la comprensión de la forma y la función del humor en los profetas a nuestra comprensión del mensaje de estos.

Ese mismo uso de la ironía visto en la literatura y el uso corriente, se da también en los libros de los profetas. Amós 4.4 (NVI) dice: *Vayan a Betel y pequen; vayan a Guilgal y sigan*

---

70 Greenstein.

pecando. Ofrezcan sus sacrificios por la mañana, y al tercer día sus diezmos (cf. Am 5.5).

Otro parecido: *¿Dónde están, Judá, los dioses que te fabricaste? ¡Tienes tantos dioses como ciudades! ¡Diles que se levanten! ¡A ver si te salvan cuando caigas en desgracia!* (Jer 2.28, NVI). Compárese con las mismas palabras dichas sin el recurso retórico: *Entonces las ciudades de Judá y los habitantes de Jerusalén irán a clamar a los dioses a los que quemaron incienso, pero ellos no podrán salvarlos cuando llegue el tiempo de su calamidad* (Jer 11.12, NVI).

Estos casos de ironía tienen su componente de burla, por lo cual se podría decir que también son sarcásticos. Se debe añadir que la ironía no siempre resulta cómica para todos. Depende de qué lado esté uno:

> La ironía, por tanto, se reduce a exaltar el contraste entre lo que se ve o se sobreentiende y el simulacro de arquetipo que le ponemos por delante; es una forma de comparación que, como tal, puede ser ingeniosa, divertida o risible, o bien simplemente odiosa y maligna, sin que entre en ella ningún elemento de índole cómica[71].

En Jeremías encontramos otros casos de ironía. Así le dice el profeta a Israel: *¡Asna salvaje que tiras al monte! Cuando ardes en deseos, olfateas el viento; cuando estás en celo, no hay quien te detenga. Ningún macho que te busque tiene que fatigarse: cuando estás en celo, fácilmente te encuentra;* y *a un trozo de madera le dicen: 'Tú eres mi padre', y a una piedra le repiten: 'Tú me has dado a luz'* [...] (Jer 2.24, 27, NVI).

Isaías 5.22 llama a cierto grupo de hombres "los valientes para beber vino". Ante todos estos casos, uno se pregunta si hay en la ironía profética un componente de superioridad y agresión, como el que propuso Hobbes. Tubbs responde que no, puesto que el profeta no se pone como superior a ellos. Recordemos que

---

71 Casares: 185.

los profetas bíblicos sufren con el pueblo las calamidades que vienen como consecuencia del pecado. No están por fuera ni por encima. Su propósito, no es aplastar a la gente, sino levantarlos, sacarlos de la idolatría[72].

Es muy posible que la explicación que le da Aarón a Moisés sobre la "aparición" del becerro de oro sea cómica: [...] *yo les dije: "El que tenga oro, que se lo quite". Y me lo dieron, y lo eché al fuego y salió este becerro* (Éx 32.24, BLA). Es casi como el futbolista que comete una falta y ante la evidencia encoge los hombros, levanta las palmas de las manos, inclina la cabeza hacia un lado, hace una leve mueca con la boca y levanta las cejas, para decir "no hice nada, no fue mi culpa".

Friedman sostiene que muchos de los castigos impuestos por Dios iban al tenor de la falta cometida. Los egipcios fueron ahogados en el mar por ahogar niños en el río. Miriam, irrespeta a Moisés, su hermano, por haberse casado él con una cusita (etíope), es decir, una mujer de piel oscura; como castigo, a Miriam se le puso la piel blanca como la nieve (Nm 12). Cuando los israelitas se quejan del maná y piden carne recordando las delicias que comían en Egipto, el castigo de Dios fue darles carne hasta que les saliera por las narices y les produjera náuseas; mueren con la carne todavía entre los dientes. Como quien dice, "¿querían carne?" (Nm 11).

Por esa misma línea, podemos citar el caso cuando el pueblo apóstata en tiempos de los Jueces le pide ayuda a Dios, y Él sarcásticamente les responde: "vayan y llórenle a los dioses que ustedes mismos han escogido" (Jue 10.14).

En la Biblia no hay chistes propiamente dichos. Sin embargo, existen algunas expresiones que se acercan. La inescapabilidad del día del Señor, por ejemplo, se describe como un hombre que "huyó de un león y se encontró con un oso" (Am 5.19)

---

[72] Tubbs: 107. ¿Podemos decir lo mismo de Elías cuando habla a los sacerdotes de Baal?

Algunos ejemplos de proverbios humorísticos, uno femenino y otro masculino para el equilibrio: *Como argolla de oro en hocico de cerdo es la mujer bella pero indiscreta* (Pr 11.22, NVI). *Como el que toma un perro por las orejas, así es el que pasa y se entremete en contienda que no es suya. Como el enloquecido que lanza teas encendidas, flechas y muerte, así es el hombre que engaña a su prójimo, y dice: ¿Acaso no estaba yo bromeando?* (Pr 26.17-19, BLA).

2. Humor en la narrativa bíblica

Del humor en la narrativa nos ocuparemos detalladamente en los capítulos que siguen. Por ahora daremos solamente unos ejemplos reconocidos por muchos autores.

La historia de Balaam en Números 22 es cómica porque el "vidente" no puede ver lo que su burra sí ve. La historia de David que no puede caminar con la armadura de Saúl resulta cómica (1S 17.38-39) si se piensa en un joven pastor de ovejas tratando de meterse en una armadura de un hombre grande como Saúl. Hace parte del cuadro de inferioridad física de David, de la cual Goliat luego se burla. La muerte de Sísara a manos de Jael es un relato cómico de alguien que se mete en la cueva del león (o leona en este caso) sin saberlo. Le ofrecen atenciones muy amables, sólo para clavarle una estaca en la sien (Jue 4-5). El guerrero cae como un corderito en manos de una mujer muy atenta.

La ridiculización de personas poderosas es común en el Antiguo Testamento. Cuando Saúl se molesta con el estribillo que le cantan a él y a David ("Saúl mató mil y David diez mil") dice: "Lo único que le falta es ser rey". Esto lo dice Saúl cuando ya David ha sido ungido, cosa que el primero no sabe, pero el lector sí. De esta forma, el escritor hace al lector su cómplice para burlarse de Saúl.

Igualmente sucede cuando David se refugia en territorio filisteo y queda al amparo de Aquís. David incursiona en territorio filisteo al sur, hace sus estragos y luego le cuenta a Aquís haciéndole creer que ha estado en Judá; Aquís como un tonto responde seguro y orgulloso, [...] *"Seguramente se ha hecho odioso a su pueblo Israel y será mi servidor para siempre"* (1S 27.12, BJ). Pero el lector sabe que David ha sido ungido rey de Israel y Judá, que no será siervo de ningún filisteo, que David está atacando a los mismos filisteos de los cuales Aquís es parte y que Aquís es un idiota.

Otra historia tanto dramática como cómica es la manera como Samuel relata todos los intentos de Saúl de matar a David. A Saúl todo le sale mal. Cuando ya lo tiene cercado, David se escapa, Saúl aborta la misión. Cuando ya va a caerle encima, le avisan que los filisteos han atacado (1S 23).

Dentro de los relatos, se encuentran los llamados pícaros agradables y divertidos. El humor en estos se relaciona con el carácter de la persona que a pesar de usar una serie de tretas para lograr sus propósitos, logra sacarnos por lo menos una sonrisa[73]. Los relatos bíblicos de esta naturaleza reconocidos por muchos, son los de Jacob y Labán en Génesis 24-30. Para algunos, estos son los de más rico contenido en humor. De hecho, Jacob no tiene nada que envidiarle a los pícaros de la literatura española: "Cuando se une a su tío Labán, quien no es menos pícaro, las chispas saltan en una batalla de ingenio y malicia"[74]. Sansón también es incluido en este grupo[75], aunque tiene un final que mezcla victoria con tragedia (Jue 13-16).

En Jueces 9 encontramos una fábula. Curiosamente, esta fábula o *mashal* (para la literatura hebrea), se pronuncia desde un monte teológicamente importante, Gerizim. Desde allí se pronunciaron bendiciones para los israelitas (Dt 27). El *mashal* es una comparación o analogía que le comunica a los lectores situaciones reales de manera metafórica.

En este *mashal*, los árboles del campo salen a buscar quien reine sobre ellos. Empiezan por los árboles más dignos, el olivo, la

---

73 Ryken, Wilhoit y Longman III, *op. cit*.
74 Ídem: 432.
75 Ídem.

higuera, la vid, y terminan con el más inservible, que en realidad ni árbol es: la zarza. Todos los árboles rechazan la oferta porque consideran más importante producir su fruto para el beneficio de la humanidad. Pero la zarza no. La zarza, el espino, acepta; y no sólo esto, sino que invita a sus solicitantes a refugiarse bajo su sombra. ¿Cuál sombra?, se pregunta uno. Susan Niditch sugiere que es una forma de referirse a la monarquía como un mal necesario donde "muchos reyes son inútiles, pero tal arreglo político, con sus imperfecciones y todo, tiene la posibilidad de funcionar si ambas partes entran al acuerdo de buena fe"[76]. Otros autores piensan que es más fuerte, una crítica al liderazgo inepto.

Sea como fuere, es una fábula cómica con el fin de ridiculizar a Abimelec. La moraleja: somos gobernados por los más inservibles; pero ellos se creen gran cosa. Cualquier parecido con realidades actuales no será pura coincidencia.

Función del humor en el Antiguo Testamento

Algunos se han referido al humor de los judíos como "púas cubiertas de miel"[77]. Sin pretender ser sociólogo, estamos usando la palabra "función" en un sentido ligeramente técnico, pero sencillo. Queremos responder esta pregunta: ¿qué función social cumple el humor en la Biblia? Y no lo hacemos "por cumplir", ya que somos cristianos, sino porque la única manera de leer la Biblia es, en mi opinión, como una historia teológica. De paso, pretendemos mirar la función teológica, sin casarnos con el funcionalismo de las décadas del 50 y 60. Entonces, si miramos el humor, debemos pensar en la función que cumple tanto en lo social como en lo teológico.

---

76 Susan Niditch, *Judges* (Louisville: Westminster John Knox Press, 2008): 116.

77 Alleen Pace Nilsen y Don L. F. Nilsen, "Humor", en Maryanne Cline Horowitz (editor), *New Dictionary of the History of Ideas* (Detroit: Thomsom Gale, 2005): 1063.

¿Humor para qué? Como ya se ha dicho, el humor bíblico no consiste en chistes. Si eso es todo lo que entendemos por humor, no vamos encontrarlo en las Sagradas Escrituras. Más que para reír, el humor bíblico sirve para hacernos pensar. La razón es que el humor bíblico en cierta manera confunde, nos mueve el piso. No sabemos qué hacer con una historia humorística de un asesinato, u otra de unos árboles hablando entre sí, o con la de un profeta andando (semi)desnudo por las calles, o con la de otro profeta quejándose porque Dios es misericordioso, o la de un hombre que, deseando ahorcar a otro, hace el nudo para él mismo. Todo eso es humorístico, pero ¿acaso es para que nos riamos?

Los ejemplos vistos y los que vienen demuestran que el humor bíblico en ocasiones puede producir risa, pero en general no se presta mucho para la carcajada a pierna suelta; es humor serio; para reflexionar. O, como diría Radday, es humor cuyo acceso demanda un serio esfuerzo y cuyo propósito es educativo. Hasta puede ser perturbador y asustador[78]. En otras palabras, el humor bíblico es un asunto demasiado serio como para tomárselo a risa. Cuando mucho, puede provocar una risa ahogada o una risita entre dientes[79].

Lo que ocurre es que "la Biblia se divierte a expensas del orgullo, la pretensión, el egoísmo, la codicia y un sinfín de pecados humanos de los cuales carne y espíritu son herederos"[80]. "El intérprete literalista, especialmente dotado de poca imaginación, se pone una camisa de ultraseriedad y no ve nada de esto. El literalismo reduce el significado a lo que las palabras dicen nada más y lo aplana a sus dimensiones de superficie"[81].

---

78 Radday.
79 Landy.
80 Hyers: 6-7.
81 Ídem: 13.

Conclusión

El humor bíblico es sutil.

La dificultad mayor del estudio del humor en la Biblia está en lo que Herion llama las "convenciones culturales del momento"[82]. No podemos ignorar la distancia cronológica, lingüística, geográfica y cultural que nos separa del Antiguo Testamento. Si a lo cultural se le suma lo personal, quedamos en una posición bastante precaria para defender la idea del humor en la Biblia. Fácilmente, podemos terminar hablando de relatos humorísticos en las Escrituras, cuando en realidad lo que hacemos es imponerle nuestro propio sentido del humor[83]. Por ello, la determinación del humor en la Biblia se puede convertir en algo parecido al estudio de la belleza: está en los ojos del que mira.

A lo anterior, hay que sumarle, además, el efecto que tal humor haya tenido en el primer lector o escucha de los relatos que hoy consideramos humorísticos. No es ciencia exacta.

Según Hershey Friedman,[84] existen cuatro elementos indispensables para determinar cuándo un texto es o no humorístico:

---

[82] Gary A. Herion, "Humor and Wit", en *The Anchor Bible Dictionary* (New York: Doubleday, 1992): 326.

[83] Me ha parecido muy honesta y muy válida esta advertencia; por eso la recogemos aquí. Véase Edmund S. Meltzer, "Humor and Wit (Ancient Egypt)", en *The Anchor Bible Dictionary* (New York: Doubleday, 1992).

[84] Hershey H. Friedman, "Is There Humor in the Hebrew Bible? A Rejoinder", *Humor: International Journal of Humor Research* 15, N° 2 (2002). Es decir, después de la tragedia del pecado de Adán y Eva relatada en Génesis 3, no se puede decir que es chistoso ver a Dios como "sastre" haciéndole ropa a Adán y Eva, donde "coser" en algunas versiones viene del verbo "hacer" en hebreo, el cual se usa para muchas otras cosas (*cf.* Éx 25-27). Para más detalles, véase Brenner, "On the Semantic Field of Humour". Curiosamente, Radday afirma que los "abrigos" que Dios les hizo a la pareja no fueron para cubrir su desnudez, porque ya ese problema lo tenían resuelto. Se trataba más bien de un acto en el cual Dios, ya que Adán y Eva conocían el bien y el mal, los ponía en una categoría por encima de los animales.

1) lectura del texto en hebreo o en una traducción que procura preservar la retórica original del texto hebreo; 2) expectativa del lector; 3) familiaridad con la Biblia (contexto, intención del autor), y 4) voluntad para buscar el tipo de humor que castiga a los idólatras y a los perversos.

Estas afirmaciones presuponen varias cosas: 1) que en la Biblia sí hay ejemplos de humor, 2) que el humor no siempre es tan evidente, y 3) que es útil conocer y entender el humor del Antiguo Testamento para la interpretación y la predicación[85]. Es decir, el esfuerzo por entender el humor en el Antiguo Testamento enriquece la lectura bíblica.

Aparte de los impedimentos propios del lector para siquiera aceptar si existe el humor en las Sagradas Escrituras, nos encontramos con las dificultades propias del texto bíblico mismo. Según Landy, el humor en la Biblia tiene dos características fundamentales que acompañan la narrativa bíblica: es tanto sofisticado como especializado[86]. Esto no quiere decir que sólo el académico puede entender la Biblia. Pero sí implica que en algunos casos las sutilezas que permiten un mayor disfrute y comprensión del texto sólo se pueden percibir después de mucho estudio y reflexión[87]. A ese tipo de humor no estamos muy acostumbrados.

Vale la pena escuchar la advertencia de Gunn sobre el uso de categorías literarias y aplicarlas *in toto* a la Biblia: "[...] percibo la

---

85 Esta es una variación de las presuposiciones "tácitas" de otros autores. Véase Yehuda Thomas Radday, Athalya Brenner, "Between Intentionality and Reception: Acknowledgement and Application (A Preview)", en Yehuda Thomas Radday y Athalya Brenner (editores), *On Humor and the Comic in the Hebrew Bible* (Sheffield: Almond Press, 1990).

86 Landy.

87 Algunos inclusive piensan que el humor en la Biblia no es simplemente sutil, sino "extremadamente sutil y encubierto". Véase Yair Zakovitch, "Humor and Theology or the Successful Failure of Israelite Intelligence: A Literary-folkloric Approach to Joshua 2", en Susan Niditch (editor), *Text and Tradition: The Hebrew Bible and Folklore* (Atlanta: Scholars Press, 1990).

necesidad de tener reservas, cuando se trata de aplicar rótulos tan amplios de géneros literarios tales como la comedia y la tragedia a textos bíblicos específicos, ni qué decir de toda la Biblia, sea judía o cristiana". Más adelante, Gunn añade que debemos evitar que cualquier modelo o género literario en particular, sea de la literatura griega clásica, del Renacimiento o moderna, determine nuestra perspectiva del texto bíblico, especialmente porque no tenemos seguridad de que las convenciones literarias de unos y otros sean las mismas[88]. Por ello, como han recomendado otros, en los estudios comparativos se deberá observar tanto las semejanzas como las diferencias[89].

El humor como medio para la reflexión

Buena parte del humor en la Biblia es autocrítica. O sea, la única forma de exhortar al pueblo y a sus líderes no es por medio de la condenación, el mandamiento o la conminación explícita. Es decir, requiere reflexión la palabra de Dios que viene por medio del humor de algunas historias.

Así como ocurre en la literatura, el humor bíblico es una invitación a la reflexión, su fin último no es el entretenimiento. Tan importante es el humor en la humanidad, que en todas las épocas, filósofos y grandes pensadores han intentado entenderlo y explicarlo, al tiempo que, sin pedir disculpas, lo han utilizado como medio favorito para la literatura.

En el humor bíblico tiene lugar tanto la burla de otros como la autocrítica. Una vez hecha la reflexión, el humor hace cosas:

---

88 Gunn. *cf.* Tubbs.

89 Véase especialmente William W. Hallo, "Biblical History in Its Near Eastern Setting: The Contextual Approach", en C. D. Evans, W. W. Hallo y J. B. White (editores), *Scripture in Context: Essays on the Comparative Method* (Pittsburgh: Pickwick Press, 1980) y K. Lawson Younger, Jr., "The 'Contextual Method': Some West Semitic Reflections", en William W. Hallo y K. Lawson Younger Jr. (editor), *The Context of Scriptures: Canonical Compositions from the Biblical World* (Leiden: E. J. Brill, 2002).

capta la atención del público, ayuda a la interpretación, saca a la luz el pecado e invita al cambio[90].

El humor en la Biblia hay que tomarlo en serio. Este es un asunto que han reconocido ya muchos autores. Al estudiar el humor en la Biblia no pretendemos trivializar lo que dicen las Escrituras ni tampoco afirmar que estas trivialicen asuntos serios[91]. Es todo lo contrario. Cuando en la Biblia aparece el humor, es porque los escritores tomaron muy en serio los asuntos de los cuales estaban hablando. Si utilizaron el humor fue porque consideraron que su uso era legítimo. Cuánto riesgo corrieron al ridiculizar el liderazgo nacional, por ejemplo, es asunto difícil de determinar por la incertidumbre que reina en la datación exacta de muchos libros del Antiguo Testamento.

El humor bíblico permite el disfrute del texto

Ha quedado claro que la Biblia no es un libro para entretener gentes en las noches de tiempos pasados cuando no había energía eléctrica ni televisión. Sin embargo, también es cierto que un lector podrá disfrutar del texto en la medida en que tenga ojos para la retórica, en esa medida podrá disfrutar el texto; es decir, apreciará mejor lo que el escritor bíblico hace como acto de habla.

La Biblia en cada uno de sus libros se propone comunicar un mensaje y cada autor utiliza los medios que mejor lo ayuden para tal fin. Siendo el humor un recurso literario cultural extremadamente efectivo para la comunicación de un mensaje, no nos debe sorprender su presencia en la Biblia.

Si tomamos la Biblia como texto inspirado por Dios y al mismo tiempo afirmamos que en ella puede haber secciones humorísticas, entonces estaríamos afirmando que Dios mismo tiene algún sentido o, más bien, un buen sentido del humor. Si la intención de la Biblia es "el mejoramiento moral del mundo",

---

90 Véase Tubbs.
91 Véase, por ej., Brenner, "On the Semantic Field of Humour".

dice Radday, entonces no es inconcebible que se usen todas las "armas verbales" disponibles para lograr tales propósitos. Una de estas armas es, obviamente, el humor[92].

Afirmar que Dios tiene un buen sentido del humor y que éste quedó plasmado en las Escrituras, puede resultar ofensivo para algunas personas. En otras épocas (y quién sabe si en las actuales también) el argumento se ha llevado a extremos que manejan una lógica cuestionable, la cual funciona más o menos así: El Nuevo Testamento no afirma en ninguna parte que Jesús se haya reído[93]; si no lo afirma, es porque Jesús no se rió. Y, si se hubiera reído, ¿para qué lo iban a registrar? De todas formas, si Jesús no se rió, entonces nosotros tampoco debemos hacerlo, porque debemos ser imitadores de Él.

No será el argumento más contundente, pero debemos añadir dos cosas: primero, el verbo "reír" existe en el léxico hebreo del Antiguo Testamento (Génesis); y, en segundo lugar, uno de los sujetos de ese verbo es Dios mismo (Sal 2.4; 37.13; 59.8).

Pero una cosa es que algún personaje en la Biblia considere algo como humorístico y otra que haya textos bíblicos que usen el humor como medio para comunicar un mensaje. El estudio de Athalya Brenner revela con claridad las limitaciones de los estudios de términos en el análisis de textos literarios como la Biblia. En el Antiguo Testamento existen verbos para reír, bromear, jugar, burlarse[94]. Pero, en el caso del humor, como en muchos otros temas bíblicos, la ausencia de una terminología específica no significa ausencia de estos; así pues, la presencia del término "risa" no significa necesariamente que el texto sea

---

92 Ídem.
93 Este tema se trata extensamente en la novela de Umberto Eco, *El nombre de la rosa*. Según van Heerden, no es asunto de novela nada más: "Refleja una línea de tradición que realmente existe en el cristianismo —desde Juan Crisóstomo hasta Bernardo de Claraval y Hugo de San Víctor— de la denuncia cristiana de la risa, especialmente en círculos monásticos durante la Edad Media". Van Heerden: 83.
94 Véanse los detalles en Brenner, "On the Semantic Field of Humour".

humorístico; así como tampoco se debe necesariamente descartar el elemento humorístico o cómico porque nadie se esté riendo en un texto.

Lo anterior justifica la tesis defendida por los proponentes de la nueva crítica literaria en cuanto a que el estudio de textos literarios es productivo en la medida en que se estudien como un todo. Los términos y las palabras sí tienen significado, pero en el contexto. Sabemos que tanto en la literatura como en la cotidianidad, un simple "sí" puede significar "no"; un "ahora", puede significar "más tarde", y así por el estilo. En un estudio literario y retórico, siempre hay que ir más allá del diccionario y el léxico.

¿De quién nos estamos riendo? La *Divina comedia* no es una obra sobre el humor en la Biblia, pero sí "una expresión de la comedia de la redención cuando inmortalizó la visión bíblica y teológica en su gran poema medieval"[95]. El que a la obra de Dante no se le haya puesto cuidado en este sentido es muestra de la distancia que ha existido entre los estudios críticos y los estudios literarios de la Biblia. Northrop Frye consideró fundamental la perspectiva de Dante, y propuso la lectura de la Biblia como una gran comedia, pero en el sentido de un drama en el que hay grandes tragedias: la caída, el exilio, la crucifixión; pero que al mismo tiempo "la divina comedia tiene la última palabra"[96].

Hemos visto ya que si la Biblia posee algo que la hace única y singular, no es precisamente la ausencia del humor. Al contrario, el Antiguo Testamento lo usa con frecuencia tanto por su riqueza literaria y cultural como por su componente humano. Los capítulos que siguen están dedicados al estudio

---

[95] Whedbee: 3.

[96] Citado por Whedbee. Llama la atención en la Divina Comedia el papel fundamental que juegan las estructuras basadas en el número tres: "The entire work, then, foreshadows its culminating vision of the Trinity". Michael Ferber, *A Dictionary of Literary Symbols* (Cambridge: Cambridge University Press, 1999): 142.

detallado de historias completas. Veremos que en el Antiguo Testamento existe hasta humor étnico, humor de espías, humor de leprosos, humor en promesas, humor de superstición y humor escatológico.

El nombre de la risa:

La promesa en clave humorística

Introducción

No es raro escuchar a algunas personas decir: "Dios debe tener un sentido del humor", por algo especial que les ha acontecido, en lo cual ven la providencia divina. Según la Biblia, es posible afirmar que de hecho Dios tiene un sentido del humor. Una de las promesas más importantes de toda la Biblia le produce risa a la pareja que la recibe: Abraham y Sara. Ambos se ríen cuando Dios les dice que van a tener un hijo. ¡Y no era para menos! La clave del humor está en la incongruencia entre lo prometido y los involucrados. Si no fuera porque viene de Dios, sería un chiste cruel.

El nombre de Isaac se menciona por primera vez en la Biblia en Génesis 17.19: Abraham tendrá un hijo y le pondrá por nombre *Isaac* (hebreo: *yitshaq*). La razón del nombre se explica en Génesis 21.6: [...] *dijo Sara, Dios me ha hecho reír; todo el que lo escuche se reirá* (*yitsaq*) *conmigo*. Es decir, *se reirá* el que oiga cómo Dios me ha hecho reír al darme un hijo en la vejez. Sabiendo ya que el nombre Isaac viene de la raíz hebrea (*tsahaq*) que significa reírse, es más fácil ver cómo los capítulos 17 al 21 contienen el tema de Isaac y la risa[1].

---

[1] La raíz hebrea *tsahaq* tiene otras acepciones; también se traduce como "jugar", "acariciar", "bromear" o "divertirse" (Gn 19.14; 26.8; 39.14, 17; Éx 32.6; Jue 16.25). Hay un estudio interesante según el cual el Abimelec de Génesis 20 es una "figura cómica", pero desafortunadamente no tenemos

Pero si miramos con cuidado, encontraremos que "Isaac" aparece antes de Génesis 17.19 y varias veces en los capítulos 17 al 21[2]. La estrategia retórica que utiliza el escritor bíblico para el relato de Isaac se conoce con el nombre de "palabra clave" (*keyword* en inglés; *leitwortstil* en alemán). Este recurso estilístico es muy común en todo el Antiguo Testamento. Consiste en utilizar una palabra o raíz verbal y hacerla sonar sutilmente en el transcurso del relato. Sirve para recordar, para hacer el relato interesante y para comunicar un mensaje. La dificultad de este recurso literario es que solamente se puede apreciar en el idioma original, cualquiera que sea. Acompañaremos la exposición con transliteraciones de la raíz hebrea clave para mayor claridad.

Abraham, el primer hombre en reírse en la Biblia

La primera persona en reírse en la Biblia es Abraham. La reacción de Abraham cuando Dios le promete que van a tener un hijo es la risa: "Abraham cayó rostro en tierra y se rió" (vay*yitsaq*, Gn 17.17). ¡Y no era para menos! Abraham se recuerda a sí mismo su edad y la de su mujer: 100 y 90. Note que allí ya se escucha el nombre de Isaac. Como vemos, el nombre de Isaac comienza a sonar dos versículos antes que se lo anuncie y varios capítulos antes de que se lo pongan. Tenemos aquí una promesa que produce risa. La gente se está riendo desde antes que Isaac nazca.

Normalmente cuando la Biblia dice que alguien "se postró [o cayó] rostro en tierra", lo que viene luego es algo muy reverente: "Abraham cayó rostro en tierra y Dios le habló" (Gn 17.3); Mefiboset se postra rostro en tierra ante David y le dice [...] *he aquí tu siervo* (2S 9.6, RV60); una mujer de Tekoa se postra ante

---

espacio para tratarlo aquí: Tzvi Novick, "'Almost, at Times, the Fool': Abimelekh and Genesis 20", *Prooftexts* 24, N° 3 (2004).

2 Uno de los nombres que se le ha dado a esta forma de narrar es "palabra guía". *cf.* Yairah Amit, "Progression as a Rhetorical Device in Biblical Literature", *JSOT* 28, N° 1 (2003).

el rey para pedir auxilio (2S 4.4); Absalón se postra ante David para recibir el perdón (2S 14.33); Abdías se postra rostro en tierra para decirle a Elías [...] *mi señor* (1R 18.7, BJ); cuando Elías vence a los adoradores de Baal, la gente se postra rostro en tierra y dice "sólo Yavé es Dios" (1R 18.39); el rey Nabucodonosor se postra rostro en tierra ante Daniel para rendirle homenaje (Dn 2.46); pero Abraham al escuchar esta gran y sublime promesa, quizá la más importante de toda la Biblia, se postra rostro en tierra ¡para reírse! Esto es algo absolutamente extraordinario.

Es cierto que Abraham es el hombre de fe por excelencia. Pero como humano, también fue un hombre sin fe y con debilidades. Usó a Sara para salvar su pellejo; le pide que diga que es su hermana (Gn 12.10-20). No se trata de desfigurar al gran personaje bíblico; es más bien cuestión de tener en cuenta todo lo que la misma Biblia dice de él[3]. A nadie le hace bien, incluyendo los niños, tener imágenes distorsionadas de los personajes bíblicos. Reconozcamos la fe por la que son exaltados, sin olvidar las pifias que nos recuerdan su humanidad. Es decir, a los personajes bíblicos no necesitamos maquillarlos ni componerlos.

Sara, la primera mujer en reírse en la Biblia

Cuando Sara escucha la promesa de que van a tener un hijo, reacciona igual que Abraham: "se rió[4] (vat*itshaq*) para sí misma". Se

---

[3] Véase más detalles en Victor P. Hamilton, *Handbook on the Pentateuch* (Grand Rapids: Baker, 1999; 17).

[4] Quienes ven los libros del AT como unidades literarias completas han sacado a la luz algunas de las falencias de la Hipótesis Documental. Por ejemplo, se afirma que la fuente E se caracteriza por expresar emociones, mientras que J no lo hace. Whybray ha observado que en Génesis 18.9-15 (supuestamente J), Sara primero se ríe y luego miente motivada por el temor. Estas acciones, dice Whybray, "no parecen ser menos cargadas de emoción que el relato de la desesperanza de Hagar en E cuando estaba abandonada con su hijo en el desierto (Gn 21.14-16)". Véase R. N. Whybray, *The Making of the Pentateuch: A Methodological Study*, JSOT (Sheffield: Sheffield, 1987). Whybray no está defendiendo la autoría de

podría decir que se rió disimuladamente. Pero al ser confrontada con su risa, no lo admite. En este intercambio, la risa aparece varias veces (18.12, 13, 15). El diálogo entre Sara y el ángel es en sí mismo chistoso. Ella dice: "No me he reído", y el ángel del Señor contesta: "No digas eso, que sí te has reído"[5].

Después de reírse, Sara no declara la edad suya ni la de su marido (parece que esa tradición es de vieja data), pero sí dice algo que indica lo mismo. Traducido literalmente, Génesis 18.12 quedaría: "Sara se rió disimuladamente y dijo: Después de estar yo ya acabada[6], habrá para mí placer (sexual) con mi anciano marido". Si Abraham dijo exactamente los años, Sara no expresó menos con la descripción de su realidad física[7].

El nombre de la risa

Génesis 19 relata la destrucción de Sodoma y Gomorra. Al lector le parece que el tema de Isaac, la risa y la promesa se han abandonado; sin embargo, la esencia del nombre de Isaac sigue allí con el recurso retórico de la palabra clave. *Y salió Lot y habló a sus yernos que iban a casarse con sus hijas, y dijo: Levantaos, salid de este lugar porque el Señor destruirá la ciudad. Pero a sus yernos les pareció que bromeaba* (Gn 19.14, BLA). Aparentemente aquí no hay nada, pero la raíz verbal de la palabra risa vuelve a sonar en el término "bromeaba" (kim*tsaheq*). En Génesis 21 por fin aparece la explicación del nombre, la que mencionábamos al comienzo. Pero en ese mismo capítulo (v. 9) Ismael hace algo que a Sara no le gusta: Ismael se *burlaba* (me*tsaheq*) o *jugaba*

Moisés del Pentateuco, sino la dificultad de defender "fuentes" a partir del estilo.

5   Chávez (1992): 4181; Alonso Schökel (1994): 1229.

6   También según John Morreall, "Sarcasm, Irony, Wordplay, and Humor in the Hebrew Bible: A Response to Hershey Friedman", *Humor: International Journal of Humor Research* 14, N° 3 (2001): 298–299.

7   Más detalles sobre el tema pueden encontrarse en Hershey H. Friedman, "Is There Humor in the Hebrew Bible? A Rejoinder", *Humor: International Journal of Humor Research* 15, N° 2 (2002).

con Isaac. Y aquí está otra vez el mismo verbo del nombre de la risa, Isaac. Sucede en su gran fiesta de destete[8].

Más adelante (Gn 26.8), Isaac también dice que Rebeca es su hermana, y Abimelec lo descubre cuando nota que Isaac "acaricia" (*tsahaq*) a Rebeca. Continúa apareciendo el verbo de la risa. El nombre de Isaac, pues, no sólo se anticipa antes de su nacimiento, sino que continúa después[9].

Unos datos adicionales tal vez servirán a los escépticos. De las doce veces que la raíz aparece como verbo en toda la Biblia hebrea (es decir, no como el sustantivo *Isaac*), diez están en Génesis; ocho de éstas entre los capítulos 17 al 26. La última vez que la raíz aparece en Génesis es cuando la mujer de Potifar, después de fracasar en su intento de seducir a José, dice que José vino a [...] burlarse (*tsahaq*) *de mí* (Gn 39.14, 17, BLA). Bien podría traducirse como que quiso sobrepasarse con ella o que pretendió acariciarla. Es exactamente la misma forma verbal que se usa en la historia donde Abimelec se queja al ver que Isaac "acaricia" a su mujer.

Fuera de Génesis, el verbo *tsahaq* sólo aparece dos veces más. En un caso se traduce como "alegrarse" (Éx 32.6) y en otro "entretener" (Jue 16.25). Después de Jueces, no vuelve a aparecer[10].

Humor, suspenso y teología

Génesis 21.1–8 es, pues, parte de una larga cadena de eventos que comienzan en Génesis 12.1 y terminan en 22.18. Notemos los elementos de suspenso en la historia. Génesis 12-25 narra la

---

8   cf. Babylonian Talmud: Tractate Baba Mezi'a 87ª. Responde a la posibilidad de que Abraham y Sara hayan recogido a este niño de la calle y después inventaron que había sido hijo de Sara.

9   Autores como Kaminsky llevan el tema del humor en Isaac por el resto de su vida. Es decir, lo humorístico no está solamente en la risa de Abraham y Sara, sino que sigue con Isaac mismo.

10 Abraham Even-Shoshan, *A New Concordance of the Old Testament*, 2ª ed. (Grand Rapids: Baker, 1990).

historia de Abraham; 12.1–7 describe la promesa que Dios le da a Abram (tierra, descendencia y bendición) y por creerla se convierte en el padre de la fe y precursor del evangelio (Gá 3.7–14). De aquí en adelante encontramos el relato de cómo se cumple el inicio de todas esas promesas. La historia está tan bien contada que quien la lee por primera vez se pregunta todo el tiempo cómo y cuándo se cumplirán las promesas. Hay sorpresas, peligros y rivalidades[11].

El lector de esta historia con frecuencia tendrá la impresión de que el cumplimiento de la promesa está en peligro. ¿Será Sara la madre del hijo? Ese es el primer enigma. Sara no es solamente estéril, sino que tanto a ella como a Abraham ya se les pasó la fecha de vencimiento en sus funciones de procreación. Sin embargo, Sara es una mujer hermosa y en un par de ocasiones Abram teme perderla o perder su vida por causa de ella. Estos son obstáculos que se deben superar. El elemento humano en todo el relato es muy prominente. Abraham también se preocupa de que las riquezas no sirven si no hay quien las herede (cap. 15). Sara primero se ríe, luego quiere acelerar el cumplimiento de la promesa y fracasa. Pero en cada ocasión Dios les reitera la promesa.

¿Será Lot el heredero? La posibilidad de que esto sea así desaparece dos veces. Primero están juntos, pero se separan; luego Abram lo rescata de manos de Quedorlaomer y sus aliados. En el capítulo 15 hay otra posibilidad: Eliezer[12]. En esta oportunidad,

---

11 Para una visión general de los métodos recientes basados en la crítica literaria y lingüística desde una perspectiva evangélica, véase H. H. Klement, "Modern Literary-critical Methods and the Historicity of the Old Testament", en V. Philips Long (editor), *Israel's Past in Present Research* (Winona Lake: Eisenbraun, 1999), T. Longman, "Literary Approaches and Interpretation", en W. VanGemeren (editor), *The New International Dictionary of Old Testament Theology and Exegesis* (Carlisle: Paternoster Press, 1997).

12 "Según un texto legal cuneiforme, la costumbre hubiera exigido la adopción de Eliezer como hijo para que pudiera ser heredero de Abraham (Gn 15.3) y para que los hijos de Hagar, Bilah y Zilpa participaran en la

Dios le dice directamente a Abraham que "este" tampoco será el heredero.

La promesa sí se cumplirá, pero ¿cómo? "Reiteradamente, la promesa se hace ante una secuencia de eventos que parecen imposibilitar su cumplimiento"[13]. Bueno, a Sara se le ocurre la idea de tener descendientes por medio de Hagar, la esclava egipcia. Tal parece que Sara no será la madre del heredero, sino Hagar. Pero no. Hay una promesa y la posibilidad de Hagar se disipa en el capítulo 16 cuando Sara la maltrata y esta tiene que escapar. Aquí Dios da a Hagar su propia promesa en una palabra directa del Señor: será madre de un pueblo por medio de Ismael. Pero la historia regresa a Abram y Sara. La edad de Abram sigue avanzando y la condición de Sara tampoco ha cambiado.

En el capítulo 17 el nombre de Abram es cambiado por Abraham cuando se le reitera la promesa. Abraham ahora tiene un nombre más largo, y una vida también más larga: 90 años. Y uno se pregunta: ¿cómo se cumplirá la promesa? Para colmo de males, en Génesis 20, Abimelec se lleva a Sara. Si se queda con ella, volvemos a Ismael. Pero no, Sara es devuelta y con ella regresa la esperanza.

Por fin nace Isaac en el capítulo 21: el hijo de Abraham y Sara. Ahora Hagar es expulsada definitivamente y con ella se va Ismael, quien efectivamente se convierte en un pueblo. Los dos hijos de Abraham se convierten en dos pueblos.

La historia bíblica sigue con Isaac, pero vuelve la amenaza sobre la promesa cuando el mismo Dios le pide a Abraham que sacrifique a su hijo. La certeza de que Isaac es cumplimiento de la promesa y que será el heredero, solamente llega en Génesis 22.11, cuando el ángel del Señor detiene la mano de Abraham. Así concluyen once capítulos de incertidumbres salpicados de las reiteradas promesas de Dios.

---

herencia de Abraham y Jacob (Gn 16.1–4; 30.1–13; cf. 21.1–10)". Véase *The New Bible Dictionary* (Wheaton: Tyndale House Publishers): 1962.

13 Graeme Goldsworthy, *According to Plan*: 121.

Una promesa divina con humor

En Abraham y Sara está tal vez la metáfora de futuros lectores a quienes les parecerán cómicas las promesas de Dios (por increíbles), pero no pueden admitirlo[14]. Hubo otro anciano que recibió una promesa similar a la de Abraham, mujer estéril y ambos de edad avanzada, ¡pero no pudo reírse ya que éste se quedó mudo! (Lc 1). Zacarías, Abraham y Sara, individuos de fe, recibieron promesas más allá de su alcance mental y reaccionaron como simples humanos, con incredulidad. Sin embargo, esta incredulidad no fue capaz de ponerle freno a los planes de Dios y se impuso la gracia.

Es la historia de la fe y la falta de fe. Abraham y Sara tienen fe, pero son humanos. Dios tiene que abrirse camino entre la fe y la falta de esta. La historia nos invita a ver las acciones divinas y las humanas juntas y por separado. A veces parece como si cada vez que una persona tiene una idea, se pusieran en peligro los planes de Dios. Pero, por otro lado, la intervención humana termina siendo parte del plan de Dios.

Se debe reconocer que es posible engañar a la gente apelando a lenguas desconocidas por la mayoría. En el caso de Isaac, estamos en terreno bastante seguro por varias razones. Primeramente, el verbo reír no es muy común en la Biblia. En segundo lugar, el nombre de Isaac va ligado a toda una experiencia familiar que a ambos padres les ha causado risa. Es decir, no se puede separar el nombre de la historia.

Abraham y Sara responden humanamente. Dios responde divinamente. Más allá de la risa y la duda, Dios actúa según su promesa, "de una manera majestuosa, más allá de todo entendimiento"[15].

---

14 Joel S. Kaminsky, "Humor and the Theology of Hope: Isaac as a Humorous Figure", *Interpretation* 54, N° 4 (2000).

15 Claus Westermann, *Génesis 12-36* (Minneapolis: Augsburg, 1985): 268–269. También se puede encontrar aquí una explicación del nombre Isaac.

Conclusión

El autor bíblico trabajó para escribir su historia. El resultado es una historia pulida, fácil de recordar y con un mensaje poderoso. El relato de Isaac nos muestra cómo una historia real puede ser contada de manera humorística sin que le quite ni la seriedad ni el contenido. Es decir, el humor puede ser vehículo para la verdad teológica. Y, por lo que muestra la historia, Dios mismo lo usa al dar una promesa incongruente con la realidad.

Así, el nombre "Isaac" nos recuerda que, por más chistosas que parezcan las promesas de Dios, Él es poderoso para cumplirlas. La historia de Isaac es sólo el comienzo. No debemos olvidar que al final de Génesis, "Israel" está en Egipto. El cumplimiento del resto de la promesa (tierra y bendición) requerirá fe para creer, otra vez, lo imposible.

Pero estas historias de fe son útiles no sólo para la ocasión, sino para demostrar a todas las generaciones futuras que Dios es capaz de obrar en medio de la incapacidad e impotencia humanas. Esa es una lección para todos.

Algunos autores contemporáneos[16] ven una falsa dicotomía entre historicidad y belleza literaria. Si una raíz hebrea es explotada en una historia, entonces no es fáctica. Si hay estilo o juego de palabras, tiene que ser ficción. ¿Quién creerá en cien años que cuando un presidente de Texas participaba en discusiones sobre el futuro de Palestina, explosionó un transbordador espacial y muchos de los pedazos cayeron en Texas cerca a un pueblo llamado Palestina? ¿O que hubo una mujer soldado de apellido

---

16 Véase, por ej., Roger Syrén, *The Forsaken First-born: A Study of a Recurrent Motif in the Patriarchl Narratives*, JSOT (Sheffield: Sheffield Academic Press, 1993). A propósito, el apellido de este autor se podría usar artísticamente si uno escribiera una historia en inglés, en la que participara una ambulancia. Pero el clásico ejemplo de la imposibilidad de la historia contada artísticamente es R. Alter. Véase Robert Alter, *The Art of Biblical Narrative* (New York: Basic Books, 1981). Este autor llama a la historia bíblica "ficción historizada" o "historia ficcionalizada".

England sentenciada a prisión por abusar de prisioneros en una guerra de un país cuyo principal aliado se llamaba England (Inglaterra)? ¿Y quién creerá esto, lo último de que tenemos noticia, más increíble todavía? Al señor Bernard Madoff se le acusa de haber estafado a miles de personas por la suma de 50 mil millones de dólares. Una cifra nada despreciable. El caso es que el nombre de este señor se pronuncia *meidof*, lo cual suena exactamente igual al verbo "made off" (*meid of*), que significa nada más y nada menos que la acción compuesta de "robar y escapar". Por fin lo han capturado, pero ¿ya para qué? Fueron 40 años que Madoff "made off". ¿Qué le parece? ¿Quién creerá en cien años que ese era realmente el apellido del delincuente?

El texto Bíblico está allí, a la espera de predicadores, escritores y teólogos apasionados por la palabra de Dios, por la literatura y por la teología, sin que esto se convierta en licencia para quitarle a la Biblia su cualidad de Palabra inspirada por Dios. Estamos urgidos de predicadores y teólogos que puedan ver la belleza sin perder la reverencia; predicadores y teólogos que puedan hablar al público no especializado ser simplistas solo porque el público especializado no es capaz de entender.

5

Dos espías secretos en Josué 2[1]
El éxito de un fracaso

Introducción

La práctica de enviar espías a inspeccionar un territorio próximo a ser invadido es normal en las costumbres de las guerras, sean militares, económicas o de cualquier índole. Se espera que los espías no sean descubiertos mientras cumplan su misión. Su éxito estará determinado por su capacidad de entrar, recorrer el territorio y salir sin ser detectados. En Josué 2, sucede todo lo contrario: Los dos espías son descubiertos el mismo instante en que llegan y tampoco realizan su misión porque permanecen escondidos. Sin embargo, su misión es exitosa. ¿Por qué? Porque en la Biblia "los propios recursos de los espías y el éxito en su misión no es garantía del éxito en la batalla"[2].

Hay una multiplicidad de temas que se desprenden de esta historia. Uno de ellos es la misma Rahab. De ella se discuten varias cosas: su profesión, si se acostó con los espías o no, si mintió a los emisarios del rey, y su conversión al yavismo. Algunos autores se concentran en problemas de otra naturaleza: las relaciones de poder, las relaciones hombre-mujer, las ideologías dominantes, los grupos oprimidos, los poderes imperialistas.

---

1 Una versión de este capítulo será publicado en la *Revista Kairós*.
2 Yair Zakovitch, "Humor and Theology or the Successful Failure of Israelite Intelligence: A Literary-folkloric Approach to Joshua 2", en Susan Niditch (editor), *Text and Tradition: The Hebrew Bible and Folklore* (Atlanta: Scholars Press, 1990): 79.

Sin duda son temas que vale la pena explorar[3], pero se salen del propósito de este estudio. En este momento nos interesa de Rahab su contribución al humor en relación con los espías[4]. Sin embargo, digamos algo breve con respecto a si mintió o no. La historia se debe leer en el contexto de la guerra. Es decir, una cosa es mentir para salvar el pellejo, como hace Rahab; y otra mentir para esconder pecados, como hace David en el caso de Betsabé. En la Biblia, el uno es celebrado y el otro condenado[5].

Consideraciones históricas

En esto nos limitaremos a los datos que nos ofrece el texto y exploraremos los que nos sean indispensables para entender el humor en el relato. La fecha de la composición final del libro de Josué es asunto de debate entre los académicos. La arquitectura de la muralla de Jericó y la localización de la vivienda de Rahab con respecto a esta se pueden consultar en los libros y revistas de arqueología bíblica.

En Deuteronomio encontramos algunas descripciones de los pueblos que Israel debe enfrentar: son numerosos, algunos gigantes, y otros muy poderosos militarmente. Pero de Israel, dice que es [...] *el más pequeño de todos los pueblos* (Dt 7.7, BLA).

---

3   La literatura es abundante. Puede consultarse algunos artículos recientes, por ej., Elie Assis, "The Choice to Serve God and Assist his People: Rahab and Yael", *Biblica* 85, N° 1 (2004), David M Howard, Jr., "Rahab's Faith: An Exposition of Joshua 2:1-14", *Review and Expositor* 95 (1998), Judith E. McKinlay, "Rahab: A Heroine?", *Biblical Interpretation* 7 (1999), Gary A. Rendsburg, "Unlikely Heroes: Women as Israel", *Bible Review* 19, N° 1 (2003). Peter Barnes, "Was Rahab's Lie a Sin", *Reformed Theological Review* 54 (1995).

4   El humor en este relato ha sido reconocido por varios académicos. Véase, por ej., L. Daniel Hawk, *Joshua*, Berit Olam (Collegeville: The Liturgical Press, 2000): 35–51.

5   De todas formas, en las palabras de Rahab se constituyen en un acto de fe y contienen el tema central del libro de Josué: la conquista de la tierra. Más detalles en Richard S. Hess, "Studies in the Book of Joshua", *Themelios* 20, N° 3 (1995).

El Señor no lo escogió por ser numeroso, lo que significaba la posibilidad de tener un ejército muy grande y poderoso; lo escogió por amor (Dt 7.8).

Cronológicamente, lo relatado en Josué 2 ocurre después de los preparativos generales para entrar a la Tierra Prometida (Jos 1) y antes del cruce del río Jordán (Jos 3). Indirectamente, este relato muestra que militarmente, Israel no tiene mucho en qué confiar, esto, obviamente, si se consideran varios elementos acumulativos: su ejército no es numeroso[6], no tienen entrenamiento militar ni armas (Éxodo 5 relata que su labor era el de fabricar ladrillos), algunas de sus estrategias militares son poco convencionales (dieron vueltas alrededor de Jericó y gritaron para que sus muros cayeran, Josué 6), la inteligencia militar no es la mejor (fueron engañados fácilmente por los gabaonitas, Josué 9) y el mismo texto dice que Dios es quien les da la victoria.

El término "espías" (heb. *meragelim*) no es muy frecuente en la Biblia, pero tampoco aparece aquí por primera vez. José acusa a sus hermanos de espías cuando estos vienen a Egipto a buscar alimento (Gn 42). En Jueces 1 también aparecen espías enviados a realizar una tarea similar a la que hacen los dos de Josué. Gracias también a unos espías, David supo que Saúl venía al acecho (1S 26.4). También se usa en el sentido de mensajeros secretos. Es decir, personas que no van a averiguar algo, sino a comunicar algo, pero a escondidas (2S 15.10)[7].

---

6 Véase los estudios recientes sobre el tema, Colin J. Humphreys, "The Number of People in the Exodus from Egypt: Decoding Mathematically the Very Large Numbers in Numbers I and XXVI", *Vetus Testamentum* 48, N° 2 (1998), Colin J. Humphreys, "The Numbers in the Exodus from Egypt: A Further Appraisal", *Vetus Testamentum* 50, N° 3 (2000), Gary A. Rendsburg, "An Additional Note to Two Recent Articles on the Number of People in the Exodus from Egypt and the Large Numbers in Numbers I and XXVI", *Vetus Testamentum* 51, N° 3 (2001).

7 E. H. Merrill, "rgl," en Willen VanGemeren (editor), *New International Dictionary of Old Testament Theology and Exegesis* (Grand Rapids: Zondervan, 1997).

Desde el advenimiento de los estudios literarios comparativos, del mito y el folclor[8], la actitud general de los académicos de la Biblia es dar poco valor a lo histórico cuando se reconocen en un relato bíblico características de la literatura y el folclor universal. En el caso del texto que nos ocupa, se puede observa en Rahab las características del engañador que suele salirse con la suya gracias a su astucia y a la ingenuidad de quienes la rodean.

Para el análisis del relato de Josué 2, partimos de dos presuposiciones metodológicas, a saber: 1) los textos bíblicos sí son composiciones literarias altamente estilizadas y elaboradas; y 2) en todos los relatos, a menos que haya clara evidencia de algo diferente, se observa un esfuerzo por relatar hechos que sí ocurrieron. A última hora, la gente astuta y la gente ingenua existen; hay hombres cobardes y mujeres emprendedoras; si unos espías o fugitivos son acogidos por una mujer, probablemente es porque ella es quien está en la casa; en la vida cotidiana ocurren cosas que al ser contadas resultan altamente divertidas; el suspenso es una realidad de la vida; existen historias que se parecen a otras y en períodos largos, lo extraño sería que todo lo que ocurre fuera absolutamente nuevo y que sucediera por primera y única vez. En otras palabras, lo literario de ninguna manera elimina ni tiene por qué poner en duda lo histórico. De todos modos, cada relato bíblico se debe examinar por sus propios méritos.

---

8 Algunos de los estudios más importantes para el Antiguo Testamento son Dan Ben-Amos, "Folklore in the Ancient Near East", en David Noel Friedman (editor), *Anchor Bible Dictionary* (New York: Doubleday, 1992), Frank Moore Cross, *Canaanite Myth and Hebrew Epic: Essays in the History of the Religion of Israel* (Cambridge: Harvard University Press, 1973), Hermann Gunkel, *The Folktale in the Old Testament* (Sheffield: Sheffield Academic Press, 1987), Patricia G. Kirkpatrick, *The Old Testament and Folklore Study*, JSOT (Sheffield: Sheffield, 1988), Susan Niditch, *Underdogs and Tricksters: A Prelude to Biblical Folklore* (San Francisco: HarperCollins, 1987).

Consideraciones Literarias

El libro de Josué ha sido clasificado como un relato de conquista antiguo[9]. Como tal, exhibe algunas características comunes a otros relatos del mundo del Antiguo Testamento. Tal vez la diferencia fundamental es que el relato bíblico pareciera complacerse en relatar las debilidades del ejército israelita y los errores que cometen. Sin embargo, estos son precisamente algunos de los componentes humorísticos del texto y los que se aseguran de dos cosas: que no quede duda en cuanto a quién es el que da la victoria a Israel y que Israel es un pueblo inclinado al mal[10].

El estudio de la Biblia en el último medio siglo se ha preocupado más por la lectura del texto en su forma final. Gracias a la crítica canónica[11], la crítica retórica[12] y la nueva

---

9 Véase el excelente estudio comparativo de este tipo de relatos del Medio Oriente antiguo en K. Lawson Younger, Jr., *Ancient Conquest Accounts* (Sheffield: Sheffield, 1990).

10 Aunque a Josué normalmente se le ve como un líder ejemplar, aparentemente no es del todo sin falta: "La historia de Rahab es un ejemplo de desobediencia por parte de Josué, al enviar los espías, y por parte de los espías, al hacer un pacto con Rahab". Véase, Hess: 12. Pero, obviamente, otros autores no lo ven de esta manera. Según Hawk, esta es una forma irónica de como "Rahab, no los espías, le da a Josué el reporte y la seguridad de la promesa divina que señala el comienzo de la campaña para tomar Canaán". Hawk: 51.

11 Defendida y argumentada principalmente por Childs. Véase, principalmente, Brevard S. Childs, *Introduction to the Old Testament as Scripture* (Philadelphia: Fortress, 1980), Brevard S. Childs, Paperback (editor), *Old Testament Theology in Canonical Context* (Philadelphia: Fortress, 1989), Brevard S. Childs, *Biblical Theology of the Old and New Testaments: Theological Reflections on the Christian Bible* (Philadelphia: Fortress, 1993).

12 Entre muchas obras, se puede consultar, David M: Howard, Jr., "Rhetorical Criticism in Old Testament Studies", *Bulletin for Biblical Research* (1994), Roland Meynet, *Rhetorical Analysis: An Introduction to Biblical Rhetoric* (Sheffield: Sheffield, 1998), Stanley y Porter, and Thomas H. Orbicht, *The Rhetorical Analysis of Scripture. Essays from the 1995 London Conference,*

crítica literaria[13], principalmente, los académicos de todas las orientaciones teológicas se han interesado en entender el mensaje del texto tal y como está[14]. Es decir, se busca entender la relación entre la forma y el contenido, entre las partes y el todo. La base hermenéutica sobre la cual se trabaja es más o menos esta: el texto bíblico en su forma final es un texto literario altamente elaborado. Se caracteriza por el uso de diversos procedimientos

---

JSOT (Sheffield: Sheffield, 1997), Martin Warner (editor), *The Bible as Rhetoric: Studies in Biblical Persuasion and Credibility* (London y New York: Routledge, 1990).

13 La literatura es excesivamente abundante. Damos una pequeña muestra de algunas obras importantes: Luis Alonso Schökel, "Hermenéutica a la Luz del Lenguaje y la Literatura", en José Domínguez Caparrós (editor), *Hermenéutica* (Madrid: Arco Libros, 1997), Robert Alter, *The Art of Biblical Poetry* (New York: Basic Books, 1985), Robert Alter, y Frank Kermode, *The Literary Guide to the Bible* (Cambridge: Harvard University Press, 1987), Simon Bar-Efrat, *Narrative Art in the Bible*, JSOT (Sheffield: Sheffield, 1985), David A. Dorsey, *The Literary Structure of the Old Testament: A Commentary on Genesis-Malachi* (Grand Rapids: Baker, 1999), J. Cheryl y David J. A. Clines Exum (editor), *New Literary Criticism and the Hebrew Bible*, JSOT (Sheffield: JSOT Press, 1993), Juan Flors (editor), *Los géneros literarios de la Sagrada Escritura* (Salamanca: Pontificia Universidad Eclesiástica, 1957), Jan Fokkelman, *Reading Biblical Narrative: A Practical Guide* (Leiden: Deo Publishing, 1999), Armando Levoratti, "Los Géneros Literarios (1ª parte)", *Traducción de la Biblia* 7 (1997), Armando Levoratti, "Los Géneros Literarios (2ª parte)", *Traducción de la Biblia* 7 (1997), Armando Levoratti, "Los Géneros Literarios (3ª parte)", *Traducción de la Biblia* 8 (1998), Tremper Longman, *Literary Approaches to Biblical Interpretation*, Foundations of Contemporary Interpretation 3 (Grand Rapids: Zondervan, 1987), Daniel Marguerat, Yvan Bourquin, *Cómo leer los relatos bíblicos: iniciación al análisis narrativo* (Santander: Sal Terrae, 2000), Víctor Morla Asencio, *La Biblia por fuera y por dentro: literatura y exégesis* (Estella: Verbo Divino, 2003), Salvador Muñoz Iglesias, *Los géneros literarios y la interpretación de la Biblia* (Madrid: Casa de la Biblia, 1968), Meir Sternberger, *The Poetics of Biblical Narrative: Ideological Literature and the Drama of Reading* (Bloomington: Indiana University Press, 1985), José Pedro Tosaus Abadía, *La Biblia como literatura* (Estella: Verbo Divino, 1996).

14 Un estudio breve, pero muy útil sobre el libro de Josué es, Hess.

o estrategias literarias con las que el lector debe familiarizarse para la comprensión del mensaje.

Según Hawk, el capítulo 2 de Josué es el texto "más ricamente tejido" en todo este libro[15]. Hay más diálogos que información del narrador. Lo más extenso de lo ocurrido son los viajes de ida y vuelta de los espías, pero de eso poco se cuenta. El relato se centra en lo que ocurre en Jericó en casa de Rahab y principalmente en lo que ella dice.

Josué 2 se lee normalmente como la historia de Rahab, la prostituta[16] que escondió a los espías, pero que gracias a su conocimiento de Yavé, por lo que había oído, logró hacer una negociación con los espías, parte en su casa, y la otra parte cuando ellos estaban colgados de una cuerda recibiendo las instrucciones de la mujer de cómo salvar sus propias vidas.

Dos espías secretos en Josué 2

Dado que Josué 2 contiene varios diálogos, mezclados con comentarios narrativos, los comentaristas han propuesto diversas estructuras literarias para representar la composición del texto. Esta es una posibilidad:

Narrador: Josué envía los espías (1)
Diálogo 1: Rahab con los emisarios del rey en la puerta de la casa (2–5)
Narrador: Rahab sube al techo (6–8)
Diálogo 2: Rahab con los espías en el techo de la casa (9–14)

---

15 Hawk: 35.

16 La mayoría de autores sostienen que si el texto dice que era una prostituta, pues eso es lo que era. Kitchen, sin embargo, afirma que Rahab probablemente no era una prostituta, sino simplemente la administradora de una especie de hospedaje. Véase K. A. Kitchen, "The Old Testament in its Context: from Joshua to Solomon", en *Theological Students' Fellowship Bulletin* 61 (1971). Zakovitch, citando autoridades rabínicas, dice que "no hay diferencia entre una prostituta y la administradora de un hospedaje: ambas se entregan a cualquiera y a todo el mundo".

Narrador: Rahab los descuelga por la ventana de su casa (15)
Diálogo 3: Rahab negocia con los espías (16–21)
Narrador: Retorno de los espías a Josué con informe favorable (22–24)

Esta manera de representar la composición, sin ser la única, muestra sencillamente la forma como se cuenta la historia intercalando diálogo con narración[17]. El marco de la historia, formando una inclusión, es Josué, pues se menciona al principio cuando envía a los espías y al final cuando estos le traen el informe de la misión que les encomendó. No cabe duda que este relato es una historia de espías, con un principio y un final. Pero ¡el personaje central de la historia es Rahab, no ellos! Nótese que Rahab tiene nombre, mientras que no sabemos como se llaman los espías. Miremos ahora los detalles humorísticos de esta historia.

Narrador 1

El relato empieza como cualquier otra historia de espías: los comisionados y las instrucciones. La introducción a esta historia la encontramos obviamente en el versículo 1: comisión y ejecución: "Envió Josué, hijo de Nun, desde Sitim dos hombres a espiar secretamente; les dijo: vayan, miren la tierra y a Jericó. Fueron y entraron a la casa de una mujer prostituta cuyo nombre era Rahab y se hospedaron allí".

La primera parte de la introducción es totalmente normal; la segunda lo es menos. ¿Cómo es que los espías en cumplimiento de una misión de *observar* una tierra y una ciudad se meten en casa de una prostituta? La pregunta no se hace por malicia. Sin duda, este primer versículo es chocante. Hay un contacto de israelitas con una persona que es mujer, cananea y prostituta. Las preguntas normales deben ser, ¿qué es esto?, ¿esto para dónde

---

[17] Un modelo parecido con la misma secuencia narrador-diálogo se puede constatar también en Josué 7.

va? No debemos permitir que nuestra supuesta familiaridad con la Biblia nos prive de sorprendernos y disfrutar las sutilezas del relato.

Mucho se ha especulado con esto de la llegada a casa de Rahab. En especial, muchos han comentado sobre el uso del verbo "entrar" en este relato, pues cuando se usa con un hombre y una mujer, equivale a tener relaciones sexuales. Algunos, entonces, sugieren que eso sucedió[18]. Pero hay otra alternativa. Simplemente llegaron al sitio más apropiado para obtener información de una ciudad antes de atacarla.

Además, la sintaxis de la oración no permite la sugerencia de que los hombres hayan tenido relaciones sexuales con la mujer. Entre el verbo "entrar" y Rahab hay un sustantivo "casa". Richard Hess dice que lo que se debe afirmar en cuanto a la sexualidad es que "el texto cuidadosamente evita la implicación de una relación sexual entre los espías y su anfitriona". Existe una expresión hebrea común para entrar en edificios de toda especie (*cf.* Jue 9.5; 2S 12.20; 2R 19.1). No implica relación sexual con una prostituta. Si la intención hubiera sido implicar una relación sexual, no existiría una frase intermedia ("la casa de"), como ocurre cuando Sansón "entró a pasar la noche con ella" (Jue 16.1)[19].

Si no entraron a casa de una prostituta para hacer lo que normalmente allí se hace, entonces, ¿a qué fueron? Según Hess, la casa de Rahab no era tanto un prostíbulo, sino una especie de albergue o un hostal donde se pasaba la noche. Existe evidencia de su uso por parte de las caravanas de viajeros y los mensajeros reales entre los siglos XIV y XII a. C.[20], es decir, nada tiene de extraño que este haya sido también el caso. Así, se puede deducir

---

18 Véase, por ej., Hawk. *cf.* Richard D. Nelson, *Joshua: A Commentary* (Louisville: Westminster John Knox 1997): 43.

19 Richard Hess, *Joshua: An Introduction and Commentary*, Tyndale Old Testament Commentary, vol. 6 (Downers Grove: InterVarsity Press, 1996): 83. Lo mismo dice Zakovitch. Véase, Zakovitch: 82–83.

20 Hess, *Joshua*. Véase más bibliografía en Hess.

que era un sitio ideal para obtener información y descansar después de una larga travesía (unos 25 km de Sitim a Jericó cuesta arriba en terreno escarpado y a pie). De todos modos, la mujer era una prostituta.

Diálogo 1: ¿Espías secretos? (2–5)

Los siguientes cuatro versículos dan cuenta de la conversación de Rahab con los emisarios del rey de Jericó. Como hemos mencionado, observaremos aquí los componentes humorísticos. El primero de ellos tiene se relaciona con las condiciones en las cuales esta misión debía llevarse a cabo: secretamente. Estos espías apenas si han llegado a la casa de Rahab y ya el rey está enterado de su presencia. Según los versículos 2–3, el rey de Jericó sabe dónde están o estuvieron los espías (en casa de Rahab), sabe también quiénes son (israelitas) y sabe a qué han venido (a espiar la tierra). ¡Lo sabe todo!

En otras palabras, a estos espías algo les ha salido trágicamente mal y ahora sus vidas están en peligro. La clave del humor en estos tres primeros versículos se encuentra en la palabra "secretamente"[21]. Los han enviado secretamente, pero el secreto no ha durado absolutamente nada. Un espía digno de tal título, no debe dejarse descubrir tan fácilmente. ¿Por qué, entonces, en el relato se los llama "espías secretos"?

El segundo detalle humorístico es que los espías, en vez de estar llevando a cabo la misión descrita por Josué (¡y por los mismos emisarios del rey de Jericó!), se hallan escondidos. Y no lo están porque ellos mismos hayan sido capaces siquiera de

---

21 La palabra que se traduce aquí como "secretamente" (*jeresh*) aparece sólo una vez así en toda la Biblia Hebrea. Otras palabras de la misma familia igualmente dan la idea de guardar silencio (*cf.* Jue 18.19; 2 S 13.20). Véase Malcolm J. A. Horsnell, "hrs," en Willen VanGemeren (editor), *New International Dictionary of Old Testament Theology and Exegesis* (Grand Rapids: Zondervan, 1997). Puede traducirse también como "sigilosamente". Véase Luis Alonso Schökel, *et ál.*, *Diccionario bíblico hebreo-español* (Madrid: Trotta, 1994).

esconderse, sino porque la mujer, Rahab, los escondió. Hasta el momento, lo único que estos espías han hecho "bien", en cuanto a su misión, es llegar a Jericó.

En este corto diálogo, existen otros detalles cómicos que vale la pena observar. Los enviados del rey tienen la información correcta: los hombres vinieron a casa de Rahab, razón por la cual le solicitan a ella que los entregue. Rahab contesta que sí habían estado allí, que no sabía quiénes eran y que ya se habían ido, pero no sabía a dónde. Parte de esta respuesta es verdad y parte no; mejor dicho, la mayor parte es mentira. Sin embargo, los emisarios del rey simplemente toman la palabra de la mujer, a pesar de su profesión (¿investigadores?), y le creen todo.

El relato adquiere un poco de suspenso cuando llegan los agentes del rey, pero dura muy poco porque estos tipos, al igual que los espías secretos, tampoco hacen su trabajo; no se toman la molestia de realizar lo más elemental: revisar la casa de la mujer. ¿Suponen que este es un sitio de estadía breve[22] como argumenta Kitchen?[23] Encima de todo, ¡ella es quien les da las instrucciones para perseguir a los espías! "Váyanse de prisa y los alcanzarán". Pero Rahab había escondido a los israelitas en el techo. Con estas últimas palabras contadas por el narrador, Rahab deja de ser una cananea enemiga y de profesión cuestionable, para convertirse en protagonista de la historia[24].

El efecto indudable de todo esto es aumentar la estatura de autoridad que Rahab ya tiene. Lo que ella dice, se hace. Es decir, no solamente realizan mal su trabajo los espías enviados por Josué, sino también los emisarios enviados por el rey de Jericó. El centro de la historia es ahora Rahab, por causa de todos los hombres del relato que no saben lo que están haciendo. Aquí hay indicios de ridiculización a los militares y su inteligencia militar.

---

22 Nelson.
23 Kitchen.
24 Hawk: 42.

Los emisarios del rey, por no ser tontos (por no pensar que los espías se hallan escondidos sin hacer su trabajo) terminan siendo los tontos (porque los israelitas de hecho se encuentran escondidos y no están haciendo su labor). Es decir, los espías tienen éxito gracias a que los agentes del rey piensan que si alguien llega a un sitio como la casa de Rahab es sólo de paso, no para quedarse ahí. En otras palabras, a los espías no los encuentran precisamente porque los agentes del rey no hacen bien su trabajo. Ellos saben bien a qué han venido los israelitas, pero no se imaginan que no han podido hacer nada.

> La forma como Rahab engaña a los perseguidores de los espías introduce otra categoría de picardía donde el engaño se hace para asegurar la seguridad o el bienestar de una persona. Aquí se podría mencionar el caso de Abraham cuando hace pasar a Sarai por su hermana en dos ocasiones (Gn 12.10-13; 20.1-18) y el engaño similar de Isaac cuando el hambre lo obligó a él y a Rebeca a buscar refugio entre los filisteos (Gn 26.7). Más tarde, David buscó asilo entre los filisteos. En una ocasión, con el fin de salvar su vida, engañó al rey y a sus siervos haciéndolos creer que estaba loco (1S 21.10-15). Un caso de engaño por causa del bienestar o provecho personal se puede ver en la forma como Tamar engañó a Judá, haciéndolo creer que ella era una prostituta, con el fin de obtener lo que por derecho era suyo (Gn 38.13; *cf.* Jub[25] 41.23-26)[26].

El engaño y la picardía no se usan solamente para la obtención de beneficios personales, como se observa en la novela picaresca española de los siglos XVI y XVII, sino también en las estrategias militares. El conocimiento de este personaje, del pícaro, y su función en la literatura "puede ser útil y en algunos

---

25 *Jubileos* de la literatura judía (pseudepígrafa apocalíptica).
26 Richard D. Patterson, "The Old Testament use of an Archetype: The Trickster", *Journal of the Evangelical Theological Society* 42, N° 3 (1999).

casos crucial" para la comprensión de personajes como Rahab y su "mentira"[27].

Narrador 2

Rahab sube al techo (6-7). Estos dos versículos amplían el versículo 4 y terminan la intervención de los emisarios del rey de Jericó. El versículo 6 complementa al versículo 4 añadiendo que Rahab había escondido a los israelitas en el techo de su casa entre los manojos de lino que ella había puesto allí. Mientras Rahab se deshace de los agentes del rey de Jericó, los flamantes espías están escondidos debajo de manojos de lino. El verbo que se usa es "enterrados"; es decir, han venido a "excavar" (vv. 2 y 3), pero están "enterrados" (v. 6). El humor aquí es evidente[28]. Así es cómo se encuentran llevando a cabo su misión. Y el versículo 7 también describe a los otros hombres que andan en una misión especializada, ellos son los emisarios del rey de Jericó; quienes fueron a perseguirlos, por el camino del río Jordán, a los espías quienes aun se encontraban escondidos en el techo de la casa de Rahab.

De esta manera, el relato junta a todos estos hombres en estos dos versículos y nos invita a reírnos de todos ellos. Los agentes de seguridad de Jericó corren a toda prisa detrás de unos hombres que no se han movido de la casa a donde llegaron. Los agentes tuvieron cerca a los israelitas, quienes seguramente los escucharon; pero los hombres del rey salen y persiguen a unos espías, que en vez de espiar, están escondido entre manojos de lino en el techo de la casa de una prostituta. Todo es obra de Rahab, la prostituta.

El versículo 8 simplemente sitúa a los dos espías y a Rahab en el techo de la casa y en la noche. Se supone todo ya oscuro y tranquilo, sin agentes de seguridad y sin más interrupciones.

---

27 *Ídem.*

28 Nelson.

Diálogo 2: Rahab con los espías en el techo de la casa (9–14)

Las palabras iniciales de la mujer (9–11) forman una estructura quiástica que vale la pena observar[29]:

> A Yavé les ha dado la tierra
>   B Gran temor ha caído sobre nosotros
>   B' Todos los que viven en este país se derriten de miedo por ustedes
>   C Las grandes obras de Yavé
>   B'' Nuestros corazones se derriten
>   B''' Terror en Jericó
> A' Yavé es Dios en el cielo y en la tierra

En la primera parte de esta sección no hay diálogo propiamente, más bien un monólogo. Rahab pronuncia un discurso de teología y los espías limitan a escuchar esta gran declaración de fe. Como han notado varios autores, este es uno de los discursos ininterrumpidos más largos que haya pronunciado una mujer en toda la Biblia. Sorprende que ella sepa tanto y tan bien. Pero, con lo que dice, confirma la presencia de Yavé en Israel[30].

A primera vista, no existe nada de humor en semejantes palabras tan ortodoxas. Pero sí resulta irónico que en todo este capítulo la teología yavista deuteronómica salga de la boca de una mujer cananea prostituta llamada Rahab, y no de los hombres espías israelitas sin nombre.

Ahora se comprende en el relato por qué la mujer se ha portado de esa manera y también la propuesta que enseguida les hace a los espías: pide que la traten con "misericordia" (*hesed*), así como ella los ha tratado (*cf.* Rt 1.8–9). Esto da a entender que ella sabe que a Jericó le sucederá lo que a Egipto y los amorreos, como que mencionó en el versículo 10.

---

29 Otro modelo parecido puede consultarse en Hess, *Joshua*.
30 Hawk.

Cuando los por fin espías hablan, no es de su propia iniciativa, sino para responder a la propuesta de Rahab, a lo cual ellos contestan que sí, pero con una condición, la cual tal vez revela que todavía están nerviosos: [...] *con tal de que tú no digas nada de este asunto* [...] (Jos 2.14, DHH). Es posible que este sea otro elemento de humor, porque el *asunto* espiar la tierra, realmente no lo hicieron. Nótese es la tercera vez que aparece el tema de la misión de los espías, y, por el relato, esta no ha pasado del techo de una casa. Por otro lado, el *asunto* es cuestión que el rey de Jericó ya sabe. Además, una vez marchados los espías, de nada serviría que ella los delatara. Es decir, si no lo hizo cuando los tuvo en sus manos, ¿qué objeto tiene pedirle ahora que no lo haga?

Lo que Rahab propone, es en esencia, un tratado de reciprocidad. A los espías no les resta más que aceptar para así salvar sus vidas. El compromiso adquirido no es pequeño. Se trata de un pacto con una mujer cananea de profesión ya conocida.

Narrador 3: Renegociación en la cuerda

El versículo 15 pone el escenario para el siguiente diálogo: los espías colgados de una cuerda desde la ventana de la casa hablan con la mujer. No es del todo certero, pero narrativamente es posible verlos descendiendo por la pared mientras conversan con la mujer en la ventana.

Diálogo 3: Rahab negocia con los espías (16–21)[31]

Ahora Rahab les da instrucciones de cómo escapar, pero ellos le responden con otro asunto. "Váyanse, escóndanse, y luego

---

31 Algunos autores piensan que como el versículo 22 es continuación de la acción indicada en el versículo 16, los versículos 17–21 fueron añadidos después. Véase, por ej., Zakovitch. Por otro camino, el del "retraso" en el relato, se puede argumentar lo contrario y preservar así la unidad de la narración. Si el argumento de Zacovitch fuera cierto, todas las historias que se escriben en el mundo, reales o ficticias, quedarían reducidas a nada. Hawk propone un quiasmo para los versículos 17b–20, pero no es del todo convincente.

váyanse", dice ella. Los hombres le contestan, ya fuera del dominio de la mujer, que ella debe seguir ciertas instrucciones para quitarles a ellos toda responsabilidad por la vida de Rahab y la de su familia, la cual aparentemente tiene. Y en el versículo 20 vuelven a mencionar que todo se hará así, si no dice nada a nadie. Ella responde que así lo hará. Ellos se van y Rahab ata el cordón escarlata en la ventana. Por fin, los espías dicen una cosa que la mujer hace. Así, entre la ventana y la muralla, hay una especie de renegociación del tratado. Ahora los espías, seguramente fuera del control de la mujer, añaden unos detalles que la obligan a realizar algo más de lo que ya ha hecho.

Como bien lo ha observado Nelson, la mujer controla los dos primeros diálogos y los hombres el último[32]. Sin embargo, terminan haciendo nuevamente lo que la mujer les manda, incluyendo destino y tiempo: escondidos en las montañas por tres días. Es decir, salen de un escondite para otro y siguen sin realizar la misión a la cual los mandaron.

Lo que a Rahab le toca hacer nos devuelve al relato de la Pascua. Es decir, la mujer será auténticamente salvada si cumple con las instrucciones, tal y como sucedió con el pueblo de Israel cuando salió de Egipto (Éx 12). Los espías cumplieron su palabra en Josué 6.23.

Nótese el paralelo de este episodio con la escapada de David en 1 Samuel 19.11-18. David sale por la ventana por sugerencia de una mujer (Mikal); los emisarios del rey vienen a buscarlo para darle muerte; Mikal dice que David está enfermo, pero lo que ha hecho es poner un ídolo con pieles de cabra en una cama. Cuando le preguntan por qué ha engañado a su padre dejando escapar al enemigo, ella dice que David la había amenazado de muerte, lo cual no es cierto. Al igual que en el caso de los dos espías en Josué, él es salvado por una mujer y hay un rey que envía emisarios... Al final, David va donde Samuel y le cuenta lo sucedido.

---

32 Nelson.

Narrador 4: Retorno de los espías a Josué con informe favorable (22-24)

Tres personas tienen poder en esta historia: Josué, el rey de Jericó y Rahab. Son los tres personajes que "envían" o mandan a otros a hacer algo. Josué manda a los dos espías a reconocer la tierra, el rey envía órdenes a Rahab para que los entregue, y Rahab los manda de vuelta. Finalmente, toda la acción recae sobre los espías, pero ellos mismos aparentemente no deciden mucho. Sin embargo, lo poco que deciden es fundamental, aunque, si no lo hacían, sus vidas corrían peligro. En la conclusión de la historia, los espías siguen las instrucciones de la mujer y también los agentes de seguridad, con el resultado evidente: los espías escapan y los agentes no los encuentran. La única persona que ha dado órdenes en esta historia y ha sido obedecida es Rahab. A ella la obedecen los espías de Josué y los agentes del rey de Jericó; mientras que los espías no obedecen a Josué, ni los agentes al rey de Jericó[33].

Al regresar donde Josué, le contaron *todo* lo que les había pasado y le dijeron: "Ciertamente Yavé nos ha entregado en nuestras manos toda la tierra; y también todos los habitantes de la tierra se derriten (de miedo) delante de nosotros". Esta es probablemente la parte más cómica de toda la historia. Su fracaso ha sido su éxito. En ninguna parte del relato existe un registro de que hayan cumplido la misión de observar la tierra. Estos tipos simplemente repiten lo que la mujer dijo, y a medias. En otras palabras, quien le da a Josué un informe favorable y "la seguridad de la promesa divina que señala el comienzo de la campaña para tomarse Canaán" es Rahab, no los espías[34]. En ningún momento vieron ellos la tierra y mucho menos temblar a nadie de miedo. Todo el tiempo estuvieron o escondidos o

---

33 K. L. Younger, "Notas de Clase Advanced Hebrew Exegesis" (Deerfield: Trinity Evangelical Divinity School, 2001).

34 Hawk.

huyendo y con temor de que los delataran. Sin embargo hablan como si hubieran llevado a cabo su misión. ¿Qué es *todo* lo que cuentan? Lo más importante, la verdad teológica por encima de la verdad militar: los cananeos tiemblan porque Dios le ha dado la tierra a Israel[35].

Teología y humor

1. Cuando hablamos de la teología de un texto, nos preguntamos por el mensaje que un relato comunica en relación con el libro del cual forma parte. Además, como nuestra responsabilidad insoslayable es hacer teología de toda la Biblia, también nos preocupamos por el lugar teológico que ocupa el texto en relación con la totalidad del canon bíblico.

Antes de decir lo que pensamos, es bueno comentar lo que afirma por lo menos otro autor. Puesto que el texto no dice que los espías hayan hecho el trabajo de *observar* la tierra y Jericó, Hess, basado en el caso de 1 Samuel 15.10, sostiene que la misión de los espías no es averiguar nada, sino informar a la mujer lo que viene, la destrucción[36]. Como hemos visto, esta alternativa no es imposible desde el punto de vista puramente léxico. Y si Hess tiene razón, entonces no habrá mucho humor de que hablar en este relato. Sin embargo, la historia relatada en Josué 2 no da lugar a la propuesta de Hess, pues en realidad quien habla de lo que va a suceder por acción de Yavé es Rahab, no los dos espías.

Sostenemos, entonces, que la misión de los espías es la que dice Josué 2.1: observar la tierra y Jericó para luego (2.21-22), informar lo visto a quien los comisionó. Siendo esta una historia militar (espías infiltrados en territorio enemigo y enemigo cuidándose de los espías), queremos saber cuál es el beneficio obtenido para los propósitos de la conquista. Si la misión de los espías se lleva a cabo satisfactoriamente (observar toda la tierra sin ser detectados), y de vuelta reportan y sugieren estrategias

---

35 *cf.* Zakovitch.
36 Hess, *Joshua*.

de ataque, entonces diremos que Israel se encuentra en una posición militarmente favorable para atacar.

Lo que sucede a favor de la incursión de Israel en territorio cananeo no se relaciona en nada con lo que han realizado los espías ni Israel en contra de sus enemigos. Más bien, se relaciona con lo que ha hecho Yavé. Sólo a eso se refiere Rahab y por ello precisamente los habitantes de Jericó están llenos de miedo. Es decir, lo sucedido en este relato es para Israel un descrédito militar. Pero en lo que tiene que ver con los propósitos de Dios con Israel y en el libro de Josué, por la forma como suceden las cosas, Rahab es quien afirma esos propósitos.

Este relato humorístico en este lugar del canon sirve para recordar lo que Israel y todo el pueblo de Dios tiende a olvidar con demasiada frecuencia: quien da la victoria en todo es Yavé, cosa que los Salmos y otros textos también afirman[37]. Los espías constataron las palabras de Deuteronomio: los enemigos de Israel se acobardarán por causa de Yavé (Dt 2.25; 11.25). Pero eso lo hicieron sin que los espías hubieron hecho nada, pues su misión no pasó del techo de la casa de una prostituta, donde sólo se escondieron y siguieron las instrucciones de la mujer.

Las pistas que nos da el texto son suficientes para estar seguros de que su mensaje se da de manera humorística. Los espías *secretos* son *descubiertos* inmediatamente. La *misión* la realizan *escondidos* entre manojos de lino en el techo de la casa de una prostituta de nombre Rahab.

2. Un caso similar al de los espías, aunque acompañado de palabras desafiantes, es el de David frente a Goliat. El mismo Goliat se ofende por la forma como David viene a hacerle frente, quien ni siquiera fue capaz de caminar con la armadura de Saúl. En ese relato, David declara que Yavé no salva ni por la espada ni por la lanza (1S 17.32-54). Es como si dijera que las armas y las estrategias son lo menos importante. Las victorias las da Dios. Por esa convicción teológica es que Israel se da permiso como

---

37 Salmos 20, 27, 29, 33, 40, 98, 112, 147.

pueblo de ponerse en situaciones ridículas a la vista de otros. Y las historias son contadas para que el pueblo recuerde que Dios es el Señor de la historia, no los poderosos ejércitos de este mundo.

La historia de Josué 2 es, pues, una prueba de lo que afirma Deuteronomio (9.1-6): las promesas de Dios se cumplen a pesar de la ineptitud de dos espías que reciben de una cananea una clase de teología y otra de sagacidad. La mujer afirma inequívocamente quién es Yavé y qué se propone; la mujer logra una excepción a la regla de no hacer pactos con cananeos, esto gracias a la única condición bíblica para tal excepción: la fe. Tenemos, pues, en Josué la historia de un fracaso exitoso. Los que no saben de espionaje logran cumplir su misión gracias a la astucia de una mujer cananea que parece conocer de Yavé más que los mismos espías israelitas. Para salvar sus vidas, la mujer debe traicionar a su propio rey (*cf.* Jue 1.23-26) y los israelitas, para salvar las suyas, deben pactar con una mujer que está en la lista de los prohibidos. Así, el propósito de Josué al enviar a los espías sí se cumple, pero de una manera poco ortodoxa.

Dada la innegable centralidad de Rahab en este capítulo, hay lugar para varias observaciones. En primer lugar, aquí no sólo se da una perspectiva de los cananeos, así como en el capítulo 1 ocurre respecto de Israel, sino que Rahab, como lo afirma Hess, "corresponde a la persona fiel entre su pueblo, la cual es escogida para conducirlos a la salvación, o por lo menos para ofrecerla a quienes estén interesados"[38].

De este modo, en Rahab se empieza a cumplir la promesa dada a Abraham de bendecir a las naciones de la tierra. Historia que, curiosamente, ¡aparece en uno de los libros supuestamente más nacionalistas de toda la Biblia![39]. Esta mujer cananea llega a formar parte del pueblo de Dios. Y no es una mujer cualquiera. El texto no hace el más mínimo esfuerzo por ocultar su identidad

---

38 Hess, *Joshua*: 80.
39 *Ídem*.

y no necesita hacerlo porque "ella tiene una visión del futuro que Dios está creando, un futuro que ella puede deducir de la situación presente"[40] (cf. Is 56.3-7).

> Pero todavía queda una ironía en la escogencia de Rahab como ejemplo. No se trata aquí de la comunidad abierta a los de afuera, sino del triunfo de la misericordia a tal extremo que alguien de afuera —una gentil prostituta— que exhibe el carácter misericordioso, tal y como lo hace el samaritano en la parábola de Jesús. El tipo de buena obra que Cristo ha venido a iniciar trastoca todas nuestras expectativas sociales: al hambriento ha saciado y al rico ha devuelto con las manos vacías (Lc 1.53)[41].

3. Los cristianos leemos la Biblia como palabra de Dios. Es decir, no nos acercamos a ella con interés anticuario ni por mero gusto literario. Creemos que las Escrituras contienen un mensaje para el pueblo de Dios en todo tiempo y lugar. Por eso, al explorar la historia, la literatura y la teología de un texto, también nos esforzamos por entender el mensaje para la iglesia en el día de hoy.

El primer párrafo del Nuevo Testamento menciona a Rahab. La genealogía en Mateo 1 establece la legitimidad de Jesús como Mesías judío por ser parte del linaje de David y de Abraham[42]. Pero para hacerlo, incluye personajes cuyo pedigrí y genealogía no son muy "legítimos"[43]. Y no lo son, no porque realmente no lo sean, sino porque con frecuencia los cristianos pretendemos ser más "bíblicos" que la misma Biblia y creamos leyendas que no se ajustan al relato bíblico. En la genealogía de Jesús aparecen

---

40 Nelson: 47.
41 William Dyrness, "Mercy Triumphs Over Justice: James 2.13 and the Theology of Faith and Works", *Themelios* 6, N° 3 (1983): 14.
42 Craig L. Blomberg, *Jesus and the Gospels: An Introduction and Survey* (Nashville: Broadman and Holman, 1997).
43 Una explicación bastante detallada de esta genealogía puede leerse en Christopher J. H. Wright, *Conociendo a Jesús a través del Antiguo Testamento* (Barcelona: Andamio, 1996).

cinco mujeres: Tamar, Rahab, Rut, Betsabé y María[44]. De todas hubo sospechas por algún tipo de "irregularidad marital"[45]. Justificadas o no, pero hubo sospechas. Además, las cuatro primeras no son de origen israelita/judío. Sin embargo, todas gozaron de la bendición de Dios y todas son dignas de pertenecer a la genealogía del Mesías[46]. Así que, si de porcentajes étnicos se trataba, Jesús habría tenido que hablar de ancestros moabitas, hititas y cananeos.

Hutchison dice que el énfasis no está en las mujeres en sí, sino en las cuatro conocidas historias del Antiguo Testamento que ellas encarnan[47]. Sí, pero esto es precisamente lo que le resulta problemático al purista étnico[48].

---

44 Matriarcas más "dignas" hubo en la genealogía de Jesús, pero Mateo las excluyó. Historias de inclusión de hombres como parte de la historia de Israel hay muchas. Un caso prominente en Josué, por ej., es la historia de Caleb, el quenita. Siempre fue "el quenita", pero disfrutó de privilegios porque creyó la palabra de Dios.

45 R. T. France, *Matthew* (Leicester: InterVarsity Press, 1985): 74.

46 A Tamar, por ej., se le declara justa porque expone la maldad de un hombre aparentemente ejemplar en Israel (Gn 38.1–30). Tamar desafía la estructura social patriarcal, pero no debemos olvidar que hay hombres también en la historia de la preservación del texto bíblico. Es decir, los hombres aprueban la crítica que la mujer hace a la sociedad y a ellos mismos. Este es un aspecto olvidado en estudios que intentan defender la posición de la mujer en la sociedad, lo cual es admirable. Sin embargo, no es necesario recurrir a análisis parciales y parcializados como se hacen tanto en la literatura especializada como en la popular. Véase, por ej., Yairah Amit, "The Shunammite, the Shulamite and the Professor between Midrash and Midrash", *JSOT* 93 (2001), Barbara Kantrowitz, Anne Underwood, "The Bible's Lost Stories: Fueling Faith and Igniting Debate, a New Generation of Scholars Is Altering Our Beliefs about the Role of Women in the Scriptures", *Newsweek*, Diciembre 2003.

47 John C. Hutchison, "Women, Gentiles, and the Messianic Mission in Matthew's Genealogy", *Bibliotheca Sacra* 158 (2001).

48 Lo cual deja sin fundamento bíblico a quienes usan estas creencias para justificar, por ej., acciones deplorables contra los palestinos.

Las cuatro representan la teología bíblica de la inclusión de todos los pueblos, cosa que no es novedad en el Nuevo Testamento. En términos bíblicos, no se es parte del pueblo de Dios por la etnia, sino por la fe en Dios, la cual, en incontables ocasiones, el mismo "pueblo de Dios" no tiene. La etnia no importa, el pasado tampoco; quiénes son los padres y cuáles fueron las circunstancias de la concepción de un individuo es indiferente para Dios. Si el Mesías puede venir de una genealogía así, también puede ser el redentor de toda clase de personas, aun de los que tengan un pasado "cuestionable"[49]. Y esto es parte fundamental de la agenda teológica de los evangelistas. En conclusión, en la historia de la salvación se participa por la fe y la gracia, no por lo glamoroso de la cuna. Así como los propósitos de Dios en Josué 2 no se logran por inteligencia militar de punta, la base sobre la cual se construye la identidad del pueblo de Dios en la Biblia tampoco es por etnia ni geografía ni lengua, sino teológica, fundamentada en la fe en Dios.

En Josué, tanto Rahab como los gabaonitas llegan a ser parte del pueblo de Dios simplemente porque reconocen quién es Dios y qué hace. Todo lo demás que estas personas sean o hayan sido es secundario. En ambos casos, los individuos se valen de la astucia propia y de la inexperiencia de los israelitas para lograr su objetivo: ser parte del pueblo de Dios.

Como bien lo ha sugerido Hawk, la historia de Rahab debe leerse junto a la de los gabaonitas y el relato de Acán. En las historias hay coincidencias tanto temáticas como literarias. Son historias de inclusión y exclusión basadas en la astucia que explota tal vez la inexperiencia[50].

¿Se viola la norma de no hacer tratados con los cananeos? ¿Decimos como Hawk que en estos relatos se da una extensión de las fronteras más allá del "inflexible idealismo deuteronómico"?[51]

---

49 Traducción adaptada de Blomberg.
50 Véase los detalles en Hawk.
51 *Ídem*: 31.

Hawk mismo reconoce que estos individuos han reconocido la supremacía de Yavé. ¿No se permite eso en Deuteronomio? La exclusión de Acán muestra que la pertenencia al pueblo de Dios no es por etnia, sino por fe y ética.

Deuteronomio (7.2-4) sí prohíbe explícitamente dos cosas que ocurren en este relato: pactos con cananeos y relaciones con sus mujeres. Pero, el texto dice también explícitamente las razones: [...] *Porque ellos apartarán a tus hijos de seguirme para servir a otros dioses; entonces la ira del Señor se encenderá contra ti, y él pronto te destruirá* (BLA). Eso no es lo que ocurre en Josué 2; todo lo contrario. Esta mujer es quien mejor declara en el capítulo quién es Yavé y cuáles son sus obras. Nótese, por ejemplo, que el texto bíblico sí condena al rey Salomón porque hizo las dos cosas que prohíbe Deuteronomio, y con los resultados descritos también en el mismo lugar.

Conclusión

Empecemos con un asunto que no resolveremos aquí pues requiere más reflexión: ¿Tenía necesidad Josué de enviar espías? Varios autores concluyen que no y se basan en la respuesta de Rahab y en el hecho de que los espías lo único que hicieron fue repetir lo que ella dijo, lo cual Josué ya debería saber de sobra. Si esto es cierto, entonces añadimos otro elemento más al humor: Josué envía espías para recorrer la tierra y lo único que obtiene son las palabras de una mujer, prostituta, cananea, quien le dice lo que Dios mismo ya le ha dicho a él. Pero tampoco queremos alargar la lista de quienes ven en Josué el mal líder responsable de la gran debacle de Israel en Jueces. Digamos, entonces, algunas conclusiones un poco más certeras:
1. El autor bíblico ha tomado los hechos ocurridos y se sienta a componer su historia. Utiliza los elementos culturales y lingüísticos y nos cuenta dos cosas: cómo Dios lleva a cabo sus planes y cómo llegó Rahab a ser parte del pueblo de Israel. El resultado es una historia inolvidable de fe contada con humor.

2. Para que el humor de esta historia pueda funcionar es imprescindible que tanto el autor como los lectores y oyentes estén dispuestos a aceptar que son un pueblo débil. La debilidad radica en que Israel se ha embarcado en una misión militar para la cual no está preparado. Por consiguiente, y como el mismo libro de Josué lo declara, Israel sin la intervención de Yavé está perdido. En la medida en que reconozca este dato fundamental, será un pueblo que puede glorificar a Dios por sus obras al tiempo que se ríe de sí mismo.
3. Aunque la historia se cuente de manera humorística, el mensaje que comunica es tan serio que para Israel representa la diferencia entre ser y no ser el pueblo de Dios. ¿Por qué? Porque no se debe olvidar que Yavé escogió a Israel por débil, no por fuerte. Cuando este confía en carros, caballos, es decir en ejércitos, es decir, en poder humano, está perdido. Basta leer el libro de los Reyes para constatarlo y los Salmos para recordarlo.
4. El mensaje de este relato es relevante para todos los tiempos. La historia que siempre se debe contar del pueblo de Dios debe ser una con más de un desatino. Si a este las cosas le salen bien porque sus miembros son los más inteligentes y dominan los medios de comunicación, y porque son los más poderosos y tienen los mejores líderes, entonces ese pueblo debe preguntarse qué necesidad tiene de Él. La historia del pueblo de Dios es de muchas maneras historia de la obra de Dios a pesar de nosotros.
5. El humor en la historia de los espías es un vehículo excelente para la comunicación de verdades bíblicas y teológicas fundamentales. Dios es poderoso para cumplir sus promesas a pesar de nuestras imperfecciones.
    a. La astucia salvó a la Rahab que creyó en Yavé porque hubo dos espías ineptos.
    b. Los dos espías del pueblo de Dios tienen éxito en su fracaso profesional: Dios igual los usa. Pero no sólo para

la ocasión, sino para demostrar que Él es capaz de obrar en medio de la incapacidad e impotencia humanas. Esa es una lección para todos.

   c. "Esta historia fue seleccionada para aparecer al comienzo de los relatos de los hechos salvíficos de Dios para Israel, con el fin de que todo israelita sepa que no hay sabiduría ni heroísmo aparte de Dios"[52].

6. Algunos autores contemporáneos[53] ven una falsa dicotomía entre historicidad y arte literario y retórico. Nos parece, como lo han dicho los teóricos del humor hasta la saciedad, que la vida está llena de situaciones cómicas. ¿Por qué habrían de estar ausentes en la Biblia?

7. Por último, nos preguntamos qué predicadores y teólogos necesitamos para América Latina.

   a. Predicadores y teólogos apasionados por la literatura sin sentir que esto les da licencia para quitarle a la Biblia su cualidad de Palabra inspirada por Dios.

   b. Predicadores y teólogos que puedan ver la belleza, el arte y el humor en la Biblia sin sentir que están autorizados para perderle la reverencia a las Escrituras.

---

52 Zakovitch: 96.

53 Como se ha señalado en una nota anterior, el ejemplo clásico de la imposibilidad de la historia contada artísticamente es R. Alter (*The Art of Biblical Narrative*, New York: Basic Books, 1981), para quien la historia bíblica es "ficción historizada" o "historia ficcionizada". Una aplicación de esta forma de pensar a la historia de los espías en Josué 2, puede verse en Zakovitch.

El secuestro del arca
Del símbolo al ídolo y del ídolo a la palabra

Introducción

En la película *National Treasure* (2004), Benjamin Gates, interpretado por Nicholas Cage, secuestra el documento original de la Constitución de Los Estados Unidos con el fin de que unos ladrones extranjeros no se lo roben. Después de muchas peripecias y de pasar por manos de los extranjeros, el tesoro es recuperado y conduce a otro gran tesoro que ellos ni imaginaban. En la Biblia hay una historia parecida. Existe un tesoro nacional que es secuestrado por extranjeros. La pérdida del arca que se ha usado como un amuleto se convierte en un mensaje para descubrir algo más grande: a Dios mismo.

Samuel es un libro fascinante y difícil. Sin entrar en los temas de crítica textual, hay asuntos teológicos bastante problemáticos como el de la bruja de Endor y el mismo tema del arca. Pero también es un libro lleno de drama. El secuestro del arca de Yavé es una de esas historias tanto increíble como apasionante. Esta historia se encuentra en 1 Samuel 4-7.

Esta sección de Samuel es conocida en los estudios bíblicos con un nombre muy lógico: los relatos del arca. Aparentemente, estos relatos "celebran el poder del arca de Yavé, el gran símbolo sagrado de Israel" y lo invitan a "cuidar mejor el arca". Pero el problema no es tanto el poder del arca ni su cuidado, sino la superstición, la reducción de Dios a objetos. Es decir, un asunto de cosmovisión, de teología.

Se discute entre los académicos cuáles son las secciones en las que es posible dividir los libros bíblicos. En esto compiten los modelos sincrónicos con los diacrónicos[1]. Asimismo, se debate la datación de la edición final de los textos. No es este el lugar ni tenemos el espacio para discutir tales cuestiones, por importantes que sean. Por ello, presentamos a continuación las decisiones tomadas, basadas en una lectura canónico-literaria del texto bíblico. El primer libro de Samuel contiene relatos claramente demarcados, por lo menos en los bloques más grandes: 1-3[2] (nacimiento e infancia de Samuel), 4-7 (secuestro y rescate del arca), 8-11 (institución de la monarquía). 13-15 (inicio del reinado de Saúl), 16-31 (descenso de Saúl y ascenso de David). El segundo libro de Samuel se ocupará estrictamente del reinado de David.

Los dos libros de Samuel, junto a Génesis, Rut y Ester, quizás sean los más estudiados en la narrativa bíblica bajo la sombrilla de la nueva crítica literaria y la crítica retórica.

El inicio del primer libro de Samuel está en clara continuidad con el libro de los Jueces. Al igual que (¿y toda la Biblia?) muestra la piedad imperfecta de algunas personas (por ej., Ana es piadosa, pero su hogar no es realmente modelo de familia pues ella es *una* de las *dos* mujeres de Elcana) en medio de la crisis teológica, moral y social que vive Israel (por ej., los hijos

---

[1] Aunque, recientemente se ha argumentado que esas no son las únicas alternativas. Bill T. Arnold, "Review of The Turn of the Cycle: 1 Samuel 1-8 in Synchronic and Diachronic Perspectives", by Serge Frolov. BZAW. Berlin: Gruyter, 2004, *Journal of Biblical Literature* 124, N° 3 (2005). Serge Frolov, *The Turn of the Cycle: 1 Samuel 1-8 in Synchronic and Diachronic Perspectives*, BZAW 342 (Berlin: Gruyter, 2004).

[2] Como ejemplo de estas discusiones, puede consultarse la obra de Fokkelman, quien opina que la sección primera es 1-4. Jan Fokkelman, *Reading Biblical Narrative: A Practical Guide* (Leiden: Deo Publishing, 1999).

de Elí y luego los del mismo Samuel abusan de su posición en el andamiaje religioso). Nótese la incómoda costumbre de los escritores bíblicos: el primer caso (la familia de Ana) no es evaluado teológicamente, pero el segundo (la conducta de los hijos de Elí y Samuel) sí.

Con la llegada de Samuel, se inicia la esperanza de un orden para el caos reinante. Samuel fue pedido a Dios en oración desesperada; su madre lo consagra a Dios; el sacerdote Elí lo recibe para formarlo en los oficios sacerdotales. Pero, para que el nuevo orden comience, los incorregibles hijos de Elí deben hacerse a un lado. Así, entonces, la primera palabra que recibe Samuel de Yavé es comunicarle a su jefe que Dios condena su casa por no haber corregido a sus hijos a sabiendas de sus perversidades (1S 3.13-14). La palabra de Dios escaseaba en esos tiempos, pero cuando llegó fue inequívoca y puso a prueba la obediencia de Samuel.

Los capítulos 4 al 7 de Primera de Samuel relatan los inicios del nuevo orden: el descenso de la figura sacerdotal y el ascenso del profeta. Si esto no es lo que ocurre en la totalidad de la identidad de Israel como nación, debemos reconocer, por lo menos, que es una impresión que el libro deja por lo que relata y la forma como lo hace. Otra transición, mucho más transparente, es el cambio del modelo de liderazgo, el cual pasa de juez a rey; pero con la incómoda presencia de los profetas. Veamos, entonces, el texto del secuestro y rescate del arca de Yavé.

Secuestro del arca

Esta primera parte nos cuenta cómo el arca de Yavé pasó de manos de Israel a la de los filisteos.[3] En esta escena es importante

---

[3] Los filisteos forman parte de los llamados "pueblos del mar". Aparentemente son originarios de la isla de Creta (Jer 47.4). Llegaron a territorio cananeo más o menos al mismo tiempo que los israelitas. Los hallazgos arqueológicos muestran que en tiempos de Samuel tenían más poder económico y militar que Israel. Véase Amélie Kuhrt, *The Ancient Near East*, vol. 2 (London y New York: Routledge, 1995). Rodney Castleden,

observar los presupuestos teológicos sobre los cuales operan los israelitas para la manipulación del arca.

En tiempos de los inicios de la monarquía en Israel, allá por los años 1000 y 900 antes de Cristo, uno de los enemigos serios de Israel eran los filisteos. En una ocasión los dos ejércitos se enfrentaron en un sitio llamado Eben-ezer (piedra-ayuda), pero Israel, el pueblo de Dios, perdió esta batalla y sufrió unas cuatro mil bajas (1S 4.1-2).

En los relatos bíblicos es común el patrón narrativo *problema-solución*[4]. Pero, para pasar del uno al otro, el recorrido a veces es largo y con desvíos. En esta primera parte, el *problema* es una derrota de Israel a manos de los filisteos. A pesar de haberse ubicado Israel en un sitio histórica y teológicamente significativo, fueron derrotados.

Ante la derrota, la solución planteada por los ancianos, es decir, las personas más sabias, es traer el arca (1S 4.3). En otras palabras, concluyen que les había faltado el arma principal; de modo que con esta en las filas militares, no los podrían derrotar los filisteos. La descripción del arca es muy precisa: arca del pacto de Yavé. Tal vez recordaban lo que había pasado en épocas anteriores (Jos 3-4, 6) cuando los levitas llevan el arca, las aguas se abren y el pueblo cruza el río; el "arca poderosa" no podía fallar (Sal 132.8; sin embargo, *cf.* Jer 3.16).

Si comparamos estos hechos con los citados de Josué, notaremos que en Josué hay una ceremonia de purificación y una palabra de Dios. En cambio en esta ocasión el procedimiento es mecánico. El pensamiento de ellos con respecto al arca es:

Minoans: *Life in Bronze Age Crete* (Londres: Routledge, 2001). Para un estudio más amplio y crítico, véase Israel Finkelstein, "The Philistines in the Bible: A Late-monarchic Perspective", *JSOT* 27, N° 2 (2002). No se puede criticar a la Biblia por no decir más de los filisteos. Dice lo que le interesa y no más.

4   Para detalles y ejemplos de este modelo interpretativo, véase Robert C. Culley, *Studies in the Structure of Hebrew Narrative* (Philadelphia y Missoula: Fortress y Scholars Press, 1976).

"si funcionó antes, debe funcionar ahora también; ¿por qué no? sigue siendo el arca del pacto de Yavé" (*cf.* Nm 10.33-36).

Dicho y hecho, llevaron el arca desde Silo hasta Eben-ezer, 'piedra-ayuda'. Debemos poner cuidado a los detalles que nos aporta el escritor bíblico. En el versículo 4 comienza la ejecución de la *solución* planteada. El arca se describe como "arca del pacto de Yavé de los ejércitos que habita entre querubines" (*cf.* Sal 99.1)[5]. Como quien dice, "nadie nos podrá hacer frente con semejante arca". Pero, inmediatamente aparece un dato que relativiza la definición del arca y pone una semilla de duda en el lector: "y allí estaban los dos hijos de Elí con el arca del pacto de Dios, Ofni y Finees". De modo que la conjunción hebrea *vav* de "y allí" hasta podría traducirse "*pero* allí" porque, como se verá enseguida, ellos son parte esencial del problema. Para quien no conoce a Ofni y Finees, todo va bien, pero como el lector ya ha sido informado en el capítulo anterior sobre la calaña de los hijos de Elí, queda la duda con respecto a semejante solución.

De todas maneras, a las credenciales dadas, se añade la gran emoción que produce la presencia del arca en el campamento. Hasta la tierra tembló por semejante alboroto. La felicidad llega por la certeza que produce la presencia del arca en el momento de la batalla. Esta reacción muestra el grado de confianza que tienen en ella. Pero hay un problema: "Confiaron en el arca del Señor en vez de confiar en la palabra del Señor"[6]. Tienen tanta confianza en el arca que están seguros de poder revertir los desastrosos resultados de aquel día con la presencia del arca, como si esta fuera una varita mágica[7]. Hasta aquí el relato no tiene nada de humorístico.

---

5   Nótese que en este salmo también hay una especie de "temblor de tierra" por causa de la presencia de Yavé.

6   Tsumura: 193.

7   Bill T. Arnold, *1 & 2 Samuel: The NIV Application Commentary from Biblical Text...to Contemporary Life* (Grand Rapids: Zondervan, 2003).

Pero la cosa se pone todavía más emocionante a partir del versículo 6 porque los filisteos se asustan cuando oyen el alboroto y se enteran de que el arca de Yavé está en el campamento: [...] *Dios ha entrado en el campamento. ¡Ay de nosotros, que nunca nos ha pasado algo así! ¡Ay de nosotros! ¿Quién nos va a librar de las manos de dioses tan poderosos, que en el desierto hirieron a los egipcios con toda clase de plagas?* (1S 4.7-8, NVI). Pero, en medio de tales palabras de derrota (¡confesión negativa!), ellos mismos se dan ánimo y arengan al ejército con la amenaza de ser esclavos si son derrotados: [...] *¡ármense de valor y luchen como hombres!* (v. 9). Esta expresión existe en una de las cartas de Amarna[8].

Hasta los mismos filisteos reconocen lo que el arca es capaz de hacer y se asustan. De modo que el lector está preparado para ver una gran victoria de Israel. Si antes habían sido derrotados fue por causa de la ausencia del arca; ahora con el arca del pacto de Yavé de los ejércitos que vive entre querubines, la victoria está asegurada. Pero, los filisteos los atacaron como la vez anterior, y entonces, los derrotaron. La diferencia es que ahora fue peor. Los muertos aumentan de cuatro mil a treinta mil. Y ocurren dos tragedias, la primera de las cuales es impensable, los filisteos capturaron el arca de Dios y mataron a Ofni y Finees, los dos hijos de Elí, quienes estaban a su cargo. Sin duda es una tragedia nacional.

Pero así se empieza a cumplir la palabra que el Señor le había dado a Samuel: [haré] *algo que a todo el que lo oiga le quedará retumbando en los oídos* [...] *por la maldad de sus hijos he condenado a su familia para siempre; él sabía que estaban blasfemando contra Dios y, sin embargo, no los refrenó* [...] *¡ningún sacrificio ni ofrenda podrá expiar jamás el pecado de la familia de Elí!* (1S 3.11-14, NVI).

---

[8] David Toshio Tsumura, "The First Book of Samuel", en Robert L. Hubbard Jr. (editor), *The New International Commentary on the Old Testament* (Grand Rapids: Eerdmans, 2007).

Sus acciones de todas maneras son producto de la relación entre la historia y la teología, pero con serias deficiencias: "Los ancianos y el pueblo de Israel anhelan la victoria, aparentemente piensan que pueden recrear las circunstancias de la guerra santa tan eficazmente usada en los días de Josué. Desafortunadamente ven el arca como un talismán infalible o un paladio bélico que asegura la victoria. Así, no se percatan de que si Dios deseara la derrota para su pueblo, mil arcas no lograrían la victoria"[9].

Arca perdida, sacerdote muerto y gloria perdida

La segunda parte de 1 Samuel 4 (vv. 12-22) narra una cadena de desgracias producto de la pérdida del arca. Elí está en su casa preocupado por el arca de Dios. Un soldado llega del campo de batalla y se arma un alboroto, el segundo alboroto; el primero de alborozo y el segundo de desgracia. El ruido es todo lo que Elí percibe, porque por sus casi cien años no puede ver. Recibe la trágica noticia: tus dos hijos han muerto y el arca ha sido capturada. Al escuchar la noticia, Elí se va de espaldas y se desnuca, pues además de viejo (98 años) es pesado (hebreo *kabed*)[10]. La progresión narrativa es evidente: campo de batalla-alboroto-derrota-muerte de los hijos de Elí-arca perdida[11].

Pero el secuestro del arca cobra otra muerte. La esposa de Finees, embarazada, al oír la noticia del secuestro, de la muerte de su suegro y de su esposo, da a luz prematuramente. Por todo ello, nombra al niño Icabod (heb. *ikabod*), que significa "sin gloria"[12].

---

9 Arnold, *1 & 2 Samuel: The NIV Application Commentary from Biblical Text...to Contemporary Life*: 95.

10 ¿Indica la gordura de Elí que es cómplice de los abusos de sus hijos? Puede ser (*cf.* Jue 3.8-30; Am 4.1). Gordura y abuso con frecuencia van juntos en la Biblia.

11 Yairah Amit, "Progression as a Rhetorical Device in Biblical Literature", *JSOT* 28, N° 1 (2003).

12 En el Ciclo canónico de Baal (KTU 1.6 IV 1-5) aparece "¿Dónde está Baal, el Todopoderoso, dónde el príncipe [*izebel*], Señor de la tierra". El lamento

139

Acto seguido, muere. La mujer interpreta lo ocurrido como la pérdida literal de la gloria de Israel; sin arca no hay gloria, no hay Dios, no hay nada. Una peor tragedia en Israel en esos momentos sería inimaginable.

El arca del encarte

En esta sección se encuentran los elementos humorísticos de esta extraordinaria historia. Los capítulos 5 al 7 relatan los periplos del arca y contienen otra lección que apunta a la raíz del problema, el cual va más allá de las cuestiones militares. Si preguntáramos qué es lo más importante en Israel en tiempos de Elí, la respuesta habría sido sin titubeos: "el arca". Eso es lo que demuestra el capítulo 4. El arca se tenía como garantía de seguridad nacional. Su pérdida se interpreta como la pérdida de la gloria de Dios en Israel. Era casi como quedar sin Dios porque el objeto que garantiza su presencia ha sido secuestrado. Si uno lo piensa, es como si Dios se hubiera dejado secuestrar, porque el arca hasta el momento era un símbolo legítimo de su presencia.

Lo que sigue en este relato es totalmente desconcertante. El arca pasa de símbolo de la presencia de Yavé, a trofeo de guerra y termina siendo un verdadero y absoluto encarte. Lo que empezó como la solución para ganar batallas, se convierte en un peligro para todos.

Como el escritor bíblico sabe que el lector probablemente está de parte de Israel, le cuenta la historia del arca en manos de los filisteos de una manera divertida. Los planes le salieron mal a Israel con su arca, pero a los filisteos no les fue mejor. A ambos les salieron las cosas al revés.

Los filisteos trasladan su gran trofeo militar, el arca de Dios, del campo de batalla en Eben-ezer al templo de Dagón[13]

---

es producto de una sequía y sus consecuencias. Véase Gregorio del Olmo Lete, *Mitos, leyendas y rituales de los semitas occidentales* (Barcelona: Trotta, 1998). Tsumura.

13 Dagón es un dios semita adorado inicialmente en las proximidades del Éufrates Medio en el tercer milenio a.C. Se adora en Canaán en la segunda

en Asdod. Teológicamente, era lo más lógico para ellos. Si con un dios ganaron, con dos no habrá quién pueda hacerles frente. Capturar los objetos cúlticos del dios de los enemigos significaba no sólo que se había vencido al enemigo, sino que su dios había sido vencido y conquistado también. De ahí las preocupaciones de Moisés en épocas anteriores con "el qué dirán" si el éxodo de Egipto fracasaba. Es decir, en las derrotas militares de la antigüedad, los primeros perdedores eran los dioses[14]. A partir del encuentro del arca de Yavé con Dagón, comienza Dios a jugar con los filisteos y su cosmovisión, como ya lo ha hecho con Israel y como lo volverá a hacer al final de esta historia.

Al día siguiente de la victoria de los filisteos, la estatua de Dagón en Asdod amaneció en el suelo, frente al arca de Yavé. Es importante notar cómo cayó. Literalmente dice "rostro en tierra delante del arca de Yavé". Así mismo se postraron los hermanos de José ante él (Gn 44.14; *cf.* Gn 37.10; Jue 13.20). Es como si Dagón estuviese adorando a Yavé. De todas maneras, ¿qué hace uno cuando el dios se le cae? Pues lo levanta y lo vuelve a poner en su sitio. Eso hicieron.

Al otro día nuevamente aparece Dagón postrado rostro en tierra, que es distinto a simplemente "boca abajo" (como dice la NVI). Se trata, como hemos dicho, de una descripción teológicamente sugestiva: ¡Dagón está adorando a Yavé![15], lo cual es todo lo contrario de lo que los filisteos se han propuesto. La

---

mitad del segundo milenio a.C., época de este relato en 1 Samuel. Este dios aparece en las Cartas de Amarna y en textos ugaríticos (como el padre de Baal). También se conoce como Dagán. No se sabe a ciencia cierta cuál es la etimología y su significado. Podría referirse a la nubosidad y la lluvia o a (cosecha de) granos. Es patrón del rey y garante de la prosperidad material, como todos los dioses paganos. Véase William W. Hallo y K. Lawson Younger Jr. (editor), *The Context of Scriptures: Canonical Compositions from the Biblical World* (Leiden: E. J. Brill, 1997). Lowell K. Handy, "Dagon", en David Noel Friedman (editor), *Anchor Bible Dictionary* (New York: Doubleday, 1992).

14 Tsumura. *cf.* Hallo.
15 Tsumura, citando a McCarter, dice lo mismo.

diferencia con la caída anterior es que ahora Dagón está desmembrado, la cabeza y las manos por un lado y el tronco por otro. Se supone que estas eran estatuillas pequeñas, pero nótese que es antropomórfica. Hasta aquí Israel se puede reír de los filisteos y su dios Dagón. Se cae solito ante la presencia de Yavé. No hay duda, como ha dicho Gitay, que el asunto para Israel es un chiste y los invita a la risa[16]. La situación es comparable a la burla de Elías hacia los adoradores de Baal, como muchos lectores de la Biblia han notado.

Esto de la cabeza y las manos, es también lenguaje de ciertas prácticas bélicas. No era extraño cortarles la cabeza y las manos a los enemigos derrotados. Lo que ocurre aquí es que Yavé se le ha metido a Dagón en su propia casa y lo ha vencido[17].

Primera de Samuel 5.6 es un comentario del escritor que va más allá de la descripción. Conecta la muerte de Elí con el nacimiento del niño y con Dagón: [...] *la* mano *de Dios se hizo pesada (kabod) sobre Asdod* [...] (BLA). Dios entonces se hace el derrotado, se deja capturar[18], y ahora comienza a hacer estragos,

---

16 Yehoshua Gitay, "Reflections on the Poetics of the Samuel Narrative: The Question of the Ark Narrative", *Catholic Biblical Quarterly* 54, N° 2 (1992).

17 Tsumura.

18 No creo, a la luz de la totalidad del relato, que sea necesario afirmar, como hace Brueggemann, que la nuera de Elí es "mejor teóloga Yavista que los filisteos" porque "sabe que este Dios está expuesto y es vulnerable, que no es genéricamente soberano, sino vulnerable a las vagaries del desafío histórico". Una cosa es que ella lo haya interpretado así y otra, como muestra el relato, que Dios sea así. Me parece que Brueggemann está haciendo teología de un versículo en vez de mirar el relato completo. ¿Vamos a decir también que Dios tiene mala memoria y se olvida de la gente porque alguien así lo experimentó en algún momento de su vida? La historia como un todo pretende más bien mostrar que la mujer ha cosificado a Dios y lo ha reducido al arca. Véase Walter Brueggemann, *Ichabod Toward Home: The Journey of God's Glory* (Grand Rapids: Eerdmans, 2002). Creo que Brueggemann tiene razón cuando él mismo dice que ha hecho una "sobrelectura" (*overreading*) de este texto. Aunque dice que "ha tratado de ser fiel al texto (*text-specific*) y canónicamente

empezando por el mismo dios y con la imagen que Israel ha construido de Dios en su mente.

Además de eso, y en continuidad con la teología del dios caído, Yavé comenzó a hacer estragos en los habitantes de Asdod; hasta los hirió con tumores (¿hemorroides?)[19]. Se dan cuenta los asdoditas que el arca de Yavé es un serio problema y ahora quieren deshacerse de ella. El problema de los filisteos ya no ocurre por la ausencia del arca de Dios, sino por su presencia. Debe ser porque son filisteos. Ellos deliberan y deciden enviarla a otra ciudad filistea, a Gat.

Primera de Samuel 5.8 repite tres veces "arca del Dios de Israel". La repetición de la forma verbal utilizada (*vayyiqtol*) y el acortamiento de las oraciones causan el efecto de desesperación. Pero en Gat ocurre lo mismo: más tumores. Luego la mandan a Ecrón y como ya tiene fama, la gente se pone a gritar. El versículo 10 se parece al 8.

Los filisteos hacen otra reunión (v. 11) y concluyen que no pueden administrar el arca. El versículo 6 comienza con la mano de Dios que se hace "pesada" (*kabod*) sobre Asdod; y el versículo 11 termina con la mano de Dios que se ha hecho "muy pesada (*kabod*) allí". Hay muertos, afectados con tumores y clamor de desesperación.

Con estos hechos se ve que la gloria de Yavé en realidad no se ha perdido: "el aparente exilio del arca no significaba la derrota de Yavé; más bien, Dios reveló su gloria aun en el exilio, como se muestra en los capítulos siguientes. Dios es ciertamente el que hace maravillas fuera de la vista humana"[20].

---

alerta", Brueggemann se ha olvidado del contexto de idolatría, abuso de los ministros y ausencia de la palabra del profeta en 1 Samuel 4-7. Es decir, no se trata de una "deconstrucción del Dios del Éxodo", sino de una deconstrucción del Dios que Israel tiene en su mente, el Dios-objeto, el Dios-arca.

19 Tsumura.
20 *Ídem*.

El humor en este capítulo es bastante evidente y ha sido reconocido por los comentaristas[21]. Lo humorístico radica en el error de los filisteos al pensar que habían vencido al Dios de Israel. Hasta podría tratarse de humor negro, por causa de los tumores[22]. Pero, si el que se ríe es el israelita del exilio o el creyente actual, se llevará su sorpresa también, porque seguidamente la historia se viene en contra de él. Así, filisteos y lectores aprenderán cada uno su lección: a Dios no se le puede manipular.

El regreso del arca perdida

En 1 Samuel 6 encontramos los detalles de cómo regresó el arca. Por fin alguien toma la decisión correcta: dos vacas. Pasados siete meses, los filisteos se dan cuenta de que no bastan los príncipes para tomar decisiones. Necesitan el consejo de sacerdotes y de adivinos. El arca debe regresar a su lugar cuanto antes. En realidad, la pregunta no es si devolverla o no, sino cómo. La teología y la sabiduría de los filisteos indican que se debe devolver con una ofrenda de expiación.

Si tumores tuvieron ellos y fueron causados por ratones (peste bubónica)[23], entonces, en un acto de magia simpatética[24], devolverán el arca con tumores y ratones de oro, uno por cada

---

21 Tsumura, *passim*.

22 Mary J. Evans, *1 and 2 Samuel* (Peabody: Hendrickson, 2000).

23 No se sabe a ciencia cierta cuál es la relación ratón-tumor. Los primeros bien pudieron haber causado los segundos, pero Tsumura dice que no, que están allí por la similitud física con los tumores. De todos modos, esta "plaga" podría ser la forma como se cumple en los filisteos lo que ellos habían mencionado de Egipto. Véase John E. Harvey, "*Tendez* and Textual Criticism in 1 Samuel 2-10", *JSOT* 96 (2001).

24 Véase John B. Greyer, "Mice and rites in 1 Samuel v-vi", *Vetus Testamentum* 31, N° 3 (1981), Michael J. A. Wohl y Michael E. Enzle, "The Deployment of Personal Luck: Sympathetic Magic and Illusory Control in Games of Pure Chance", *Personality and Social Psychology Bulletin* 28 (2002). Meir Bar-Ilan, "Between Magic and Religion: Sympathetic Magic in the World of the Sages of the Mishnah and Talmud", *Review of Rabbinic Judaism* 5, N° 3 (2002).

príncipe filisteo; en total, cinco de cada uno. Los filisteos son aquí comparables a los egipcios que endurecieron su corazón, pero finalmente perdieron.

Ordenan diseñar una carreta nueva para ser tirada por dos vacas. El camino que tomen las vacas determinará si todo ha sido obra de Yavé o fue accidental[25]. El método parece muy científico en el sentido de que esta gente no es como uno cree, que todo se lo atribuyen a alguna fuerza divina. Aquí demuestran que para ellos hay cosas que pasan por accidente, sin que ningún dios tenga algo que ver; pero la manera de averiguarlo está determinada por la decisión que tomen las vacas. Eso no parece muy científico. De todos modos, así lo hicieron y las vacas fueron derecho a Bet-Shemesh, como los mismos filisteos lo constataron.

Si la pérdida del arca causó muertes, adelantó partos y se interpretó como la ausencia de la gloria de Dios, uno puede imaginarse que su regreso fue motivo de regocijo. Había que ver a los segadores con la espalda doblada y la mirada hacia el trigo levantar los ojos, espalda y cuerpo para ver el arca. Se regocijaron al verla (v. 13).

Las vacas se detuvieron junto a una piedra en el campo de Josué. Entre los trabajadores y los levitas bajan el arca y usan la madera de la carreta para ofrecer las mismas vacas en sacrificio a Dios. De lo enviado por los filisteos, sólo queda el arca y los objetos de oro. Así, esta fue tomada de Eben-ezer (piedra-ayuda) y ahora se detiene junto a una gran piedra (*eben*), donde ofrecen un sacrificio a Yavé. Aquí termina esta sección con esta inclusión formada por *eben* (6.18).

---

25 En esta época usaban carretas de dos o cuatro ruedas. Algunas tenían cubierta y eran tiradas por bueyes, asnos o mulos. Hacían recorridos hasta de 45 kilómetros. En los Relieves de Laquis (principios del siglo VI a.C.) del palacio de Senaquerib en Nínive aparece una de estas carretas transportando mujeres y niños deportados. Véase Philip J. King y Lawrence E. Stager, *Life in Biblical Israel* (Louisville: Westminster John Knox Press, 2001).

Cuando parece que todos los problemas del arca se han solucionado y que Israel ahora puede volver a la normalidad, sucede algo absolutamente desconcertante, Dios hirió de muerte a más de 50 mil (*elef*) personas[26] de Bet-Shemesh "por haber mirado dentro del arca".

Además del lamento, surgen dos preguntas, "¿quién es capaz de pararse delante de Yavé, este Dios santo?" y "¿quién subirá de nosotros?". La primera pregunta parece ser teológica y la segunda práctica. Parece que el desconcierto fuera tal que nadie es digno de acercarse al arca. Lo segundo es cuestión de deshacerse de ella. El arca, que se supone ser de bendición, se ha convertido en un problema monumental. La presencia de Dios está matando gente sin que nadie aparentemente haya hecho nada malo. Lo único que se les ocurre es pedir a los de otro pueblo que venga a buscarla y se la lleven.

Ahora los israelitas están igual que los filisteos. Primero se alegraron de capturar el arca y ahora que la tienen están encartados. El arca de Yavé que tanto quisieron tener para su defensa en una batalla contra los filisteos y que los filisteos capturaron pensando que era gran botín, ahora es el problema más grande y que nadie puede resolver.

Si las vacas actúan bajo "divine compulsion", como dice Arnold (p. 121), entonces quiere decir que son las únicas que obedecen a Dios.

Lo que Dios hace en estos capítulos son, después de todo, actos de salvación (Arnold, p. 129).

---

26 Dada la población de Israel y de esa ciudad en esa época es imposible traducir *elef* como 'mil' en este caso. Probablemente se trataba de unas cuatrocientas personas, que de todas formas es una gran cantidad de gente. Para el tema de los números, véase Colin J. Humphreys, "The Number of People in the Exodus from Egypt: Decoding Mathematically the Very Large Numbers in Numbers I and XXVI", *Vetus Testamentum* 48, N° 2 (1998), Colin J. Humphreys, "The Numbers in the Exodus from Egypt: A Further Appraisal", *Vetus Testamentum* 50, N° 3 (2000).

El regreso de la palabra

Una vez el arca en territorio israelita, vino gente de Quiriat-Jearim y se la llevaron a casa de un tal Abinadab, cuyo hijo Eleazar fue consagrado como sacerdote para cuidarla. Allí estuvo veinte años. La gente añora a Yavé.

Todo lo ocurrido en los capítulos 4 al 6 y el problema narrativo de 4.1, se pueden comprender solamente en el capítulo 7. Desde 4.1 Samuel no había dicho una sola palabra. Sólo vuelve a intervenir hasta 7.3.

Primera de Samuel 4.1 tiene una redacción extraña: "Vino la palabra de Yavé a Samuel. Israel salió a enfrentarse en batalla a los filisteos [...]" Al utilizar una fórmula narrativa propia de los profetas, el relato empieza como si nos fuera a contar lo que Yavé le ha dicho a Samuel, pero no dice nada y Samuel desaparece. Sin duda, es una anomalía narrativa, una de esas que los críticos normalmente clasifican como textos de orígenes diversos mal ensamblados. Pero se podría tratar de una anomalía intencional.

La estructura extraña de 4.1 es el reflejo de la situación: a Samuel no lo han dejado hablar, sino hasta ahora. "La ausencia y silencio de Samuel apunta al abandono de Israel del ministerio profético en esta época crítica de su historia [...]. No es insignificante notar que cuando los israelitas están presionados por los filisteos, mandan a buscar el arca, no a Samuel"[27]. Se podría añadir que la "palabra de Samuel era reconocida en todo Israel", pero a la hora de las decisiones importantes, el pueblo no se preocupa por consultarle a Yavé por medio del profeta[28]. En consecuencia, no se trata del problema del "redactor inepto" que los críticos tradicionales ven en la Biblia, sino de la comunicación de un problema teológico con un recurso estilístico

---

27   Victor P. Hamilton, *Handbook on the Pentateuch* (Grand Rapids: Baker, 1999; 17): 224.

28   Tsumura.

que podríamos llamar "interrupción abrupta" de un tema. Esta propuesta seguramente no explicará todos los problemas de redacción en la Biblia, pero sí tiene sentido, por lo menos en este caso.

En Israel interpretan la pérdida del arca como la pérdida de la gloria, pero no se han dado cuenta de que los ausentes son Samuel y la palabra de Yavé. Es decir, Dios quiere darle al pueblo su palabra y el pueblo escoge un objeto que reemplace a Dios[29].

Así que cuando Samuel por primera vez habla del arca en el relato, este tema desaparece y surge uno nuevo: la obediencia. Si el profeta tiene un tema es la obediencia. Más adelante, en 1 Samuel 8 y 12, Israel vuelve a equivocarse pensando que su mayor problema es el sistema de gobierno, pero el profeta otra vez dice que sin obediencia perecerán con todo y su rey. Israel se volvió a equivocar y, como lo muestra el final del libro de Segunda de Reyes, la historia le dio la razón a Samuel.

Por eso, cuando Samuel habla, agarra a Israel con las riendas de la historia y de la teología para decirles: "*Si [...] se vuelven al Señor con todo su corazón, [...] quiten de entre ustedes los dioses extranjeros y a Astarot, y dirijan su corazón al Señor, y sírvanle sólo a Él; y Él los librará de la mano de los Filisteos*" (1S 7.3, NBLH). Lo mismo que le dijo Josué al pueblo en la renovación del pacto (Jos 24). No es cosa de tener el arca, no sean ridículos. Aparentemente, la presencia de Dios en el pueblo de Dios está en la obediencia. No existe otra forma. Creer que es posible de otra forma es cosa para reírse. Si no, diría Samuel, vean lo que acaba de ocurrir. Pero es que el amuleto es más fácil de manejar, y por eso la tentación de los creyentes de todos los tiempos es convertir a Dios y los objetos de culto en amuletos.

La respuesta de Israel ante las palabras de Samuel es comparable a la que hubo en Josué: quitan los ídolos y deciden servir a Yavé. Luego Samuel los reúne en Mizpa y ora por ellos. Así

---

29 Véase Arnold, *1 & 2 Samuel: The NIV Application Commentary from Biblical Text...to Contemporary Life*.

El secuestro del arca

completa las dos cosas que en su discurso de despedida dijo que no dejaría de hacer por Israel: instruirlos y orar por ellos (1S 12.23). Allí, al igual que aquí, volvieron a deshacerse de los ídolos y todo lo demás, y se comprometieron a servir a Yavé.

Los filisteos se enteran de la reunión de Israel en Mizpa y deciden atacar. Israel se entera del ataque y se llena de miedo, pero le pide oración a Samuel; ahora sí. El profeta ofrece un sacrificio y ora; Dios le responde. ¿Dónde está el arca? En Quiriat-Jearim. ¿De qué manera está presente Dios? En el profeta-juez-sacerdote Samuel, que los ha exhortado con respecto a la idolatría y ha orado por ellos. Dios escucha a Samuel sin arca. Ahora la batalla se gana mientras el profeta ofrece sacrificios a Dios. Yavé truena y los llena de miedo; los filisteos huyen.

Para conmemorar los hechos, como era costumbre, Samuel toma una piedra, como en Josué, la pone entre Mizpa y Sen y le pone el nombre de Eben-ezer (piedra-ayuda), porque "hasta aquí nos ha ayudado Yavé". Ahora entendemos por qué se llama así el sitio. Al comienzo de la historia en 4.1 era apenas un nombre. Ahora tiene sentido. La ayuda de Yavé no es ni automática ni respuesta a acciones mecánicas. El nombre del lugar, en este caso, se le pone después de haber aprendido la lección, y para recordarla; no como algo mágico que obliga a Dios a hacer algo. Eso sería otra vez manipulación.

Eben-ezer funciona también como un marcador geográfico para la narración. La guerra con los filisteos comienza en 1 Samuel 4.1 con la mención de Eben-ezer y termina en 1 Samuel 7.12 en ese mismo lugar. Al inicio de esta sección hay derrota y pérdida del arca, y al final, recuperación del arca y victoria. Resulta irónico que Israel acampe en la "piedra-ayuda", y no reciba ayuda de Dios; pero, al final, cuando ciertos asuntos teológicos han sido aclarados, la historia termine en el mismo sitio, en Eben-ezer.

A fin de cuentas, los filisteos no se volvieron a meter con ellos. Una forma provechosa de leer estos capítulos es la siguiente: Dios elige un hombre para guiar al pueblo en tiempo de crisis

(1S 1.1-4.1a); luego viene la crisis (4.1b-7.1); finalmente, se muestra cómo este hombre los saca de la crisis (7.1-17)[30]. Eso en cuanto a la estructura narrativa, pero ¿cuál es la crisis? En la superficie del texto se trata de los filisteos y la derrota, pero el asunto va más allá, como lo demuestran las palabras de Samuel.

La crisis es que Israel ha convertido a los objetos sagrados auténticos en amuletos comparables a los ídolos de la cultura circundante. Es decir, el arca de Yavé, y los objetos de culto de Asherah son igualmente legítimos. Como bien lo dice Hamilton, al pensar que las batallas se perdían o se ganaban por la ausencia o presencia del arca, Israel había convertido un símbolo en un ídolo[31].

Elí no se desnucó por la muerte de sus hijos; se fue para atrás cuando oyó que habían capturado el arca. La nuera de Elí tampoco tuvo un parto prematuro por la muerte de su marido; fue por la pérdida del arca. Cuando esta se perdió, se sintió perdida la gloria de Dios; por eso le pone a su hijo "Icabod". Cuando Samuel reaparece en escena, no menciona nada de esto, sino la idolatría y la obediencia. No se inmutaron ni escandalizaron por lo que era realmente importante.

Teología narrativa con humor

¿Qué le toca hacer a Dios ante la cosmovisión de Israel? Le toca jugar al juego de la manipulación para mostrarles que con Dios no se juega. Los pone a todos en ridículo para que se den cuenta de dos cosas principalmente: que la idolatría y el yavismo no pueden convivir ni en los sitios de culto ni en la mente de ellos; y que lo más importante para el pueblo de Dios no son los ritos ni los objetos, sino la obediencia a la Palabra de Dios hablada por sus profetas.

Pero ¿jugó Dios con ellos? Creo que sí. Una cosa es lo que ocurre, y otra es la palabra de Samuel. ¿Creen que el arca de Dios

---

30 Hamilton.
31 *Ibíd.*

tiene poder? Dios entonces les muestra que así es, tanto a los filisteos como a los israelitas, porque son igual de supersticiosos. Pero el poder los confunde, no saben qué hacer. Todo para mostrarles que así no es la cosa, que la presencia de Dios no la garantizan objetos ni lugares, que somos ridículos cuando creemos esas cosas.

Seguro que a nadie le pareció divertido las batallas perdidas, ni los muertos ni los tumores; pero es el escritor bíblico el que ha tomado los sucesos y los cuenta de manera humorística: un trofeo de guerra que trae mala suerte, un dios caído, luego desmembrado, tumores, unas vacas decidiendo verdades teológicas, un arca de poder que ahora no se puede ni ver.

Conclusión

Relatos como los del arca muestran de manera clara cómo el escritor bíblico predica por medio de la narrativa. La tarea del intérprete bíblico, entonces, es aprender a leer estos libros como "historia kerigmática" o "historia predicada"[32]. Si bien es cierto que se refieren a hechos ocurridos, no son hechos en bruto. Son historias elaboradas retóricamente porque existe la clara intención de comunicar un mensaje. Por eso estos libros (Josué, Jueces, Samuel y Reyes) se clasifican en el canon judío como proféticos. El predicador de la Biblia se puede beneficiar no solamente del contenido, sino de la forma como se predica en la Biblia con historias[33], en este caso con humor.

Este relato de la pérdida y recuperación del arca está conectado con lo que precede y lo que sigue en 1 Samuel. Al perderse el arca, se cumple lo que se había dicho en el capítulo 3: la remoción de Elí y sus dos hijos. Con la restauración del orden, se cumple lo dicho a Samuel en los dos primeros capítulos del libro, ser juez y profeta de Israel hasta su muerte (7.13-17).

---

32 Arnold, *1 & 2 Samuel: The NIV Application Commentary from Biblical Text...to Contemporary Life*: 21-24.

33 Evans.

Si uno lo piensa por un momento, resulta verdaderamente increíble que al pueblo de Dios le secuestren uno de los objetos más importantes tanto de su historia como de su culto. Pero más increíble todavía resulta que el pueblo de Dios lo reduzca a Él a objetos. En el texto parece como si Dios mismo se divirtiera a costas de los filisteos y del mismo Israel. Es un relato realmente fascinante. La forma como suceden las cosas da cuenta de la creatividad del escritor bíblico para hacer teología a partir de lo cómico. Pero dada la seriedad del objeto que está en juego y de los fundamentos teológicos que han sido comprometidos, la historia también es trágica, lo cual convierte este relato en una tragicomedia.

El pueblo de Dios hace el ridículo cuando pone su confianza en el lugar equivocado. En esta ocasión se ha pervertido el uso de un objeto legítimo de culto: Dios ha sido reducido a objeto. El predicador bíblico lo observa y compone su historia cómica, el relato del arca. Dios juega con la cosmovisión de israelitas y filisteos haciéndose el derrotado con el fin de enderezarles la teología. En la historia que sigue, veremos otra lección teológica por medio del humor cinematográfico de cuatro leprosos.

7

De desechos a salvadores
Un ejército de cuatro leprosos[1]

Introducción

La historia que aquí nos ocupa es parte de los relatos del profeta Eliseo. Estos relatos son una colección de historias diversas tanto en extensión como en temática que se pueden agrupar en tres grupos: Relatos de guerra (2R 3; 6.24-7.20), relatos de transformación personal (2R 4.8-44; 2R 5) y breves historias de milagros (el resto).

El contraste que muestran estas historias entre los reyes de Israel y los pobres y marginados en relación con Yavé y el profeta es evidente, especialmente en los relatos de guerras que son dos: la guerra de una coalición (Israel, Judá y Edom) contra Moab (2R 3) y la historia del sitio de Samaria (2R 6.24-7.20). La dirección que toma cada historia está determinada por el papel de alguien históricamente insignificante y literariamente marginal. En cada uno de los relatos de Eliseo, Dios se hace presente, como diciendo "¡aquí estoy!". Para quienes tienen fe o llegan a tenerla, la acción de Dios trae salvación y seguridad; mientras que para quienes no tienen fe ni llegan a tenerla, el milagro ocurre para traer juicio[2]: "El genuino mensaje profético tiene dos facetas

---

1 Una versión de este capítulo se encuentra en Milton Acosta, "The Role of the Poor and Marginal Characters in the Book of Kings: A Rhetorical Analysis of 2 Kings 2-8 and 13:14-21" (Tesis doctoral, Trinity Evangelical Divinity School, 2004).

2 No uso aquí un análisis al estilo Propp, como lo hace Sharon, pero los

que están indisolublemente unidas: es anuncio de salvación y anuncio de perdición. Es algo que tiene razones profundas: la gracia y el juicio se corresponden íntimamente"[3].

La historia de los cuatro leprosos combina muy sutilmente elementos trágicos con humorísticos. La apreciación del humor y la teología en este relato requerirá un poco de paciencia. Imagínese que está leyendo una historia de suspenso cuyo desenlace está a punto de culminar.

Este es sin duda el más largo y más elaborado de los relatos del profeta Eliseo[4]: El sitio y liberación de Samaria (2R 6.24–7.20)[5]. Una vez más, a finales del siglo noveno a.C., los arameos, dirigidos por Ben-Hadad II[6] atacan Israel. Samaria había sido

---

resultados son similares en cuanto a función. Véase Diane M. Sharon, *Patterns of Destiny: Narrative Structures of Foundation and Doom in the Hebrew Bible* (Winona Lake: Eisenbrauns, 2002): 55, 59.

3 Joachim Jeremias, *Teología del Nuevo Testamento* (Salamanca: Ediciones Sígueme, 1974): 149.

4 Véase James A. Montgomery, *A Critical and Exegetical Commentary on the Book of Kings*, The International Critical Commentary (New York: Charles Scribner's Sons, 1951).

5 La mayoría de los estudiosos lo ven como una unidad literaria. Esta es la alternativa adoptada en mi análisis de este texto.

6 El rey arameo en esta sección es identificado como "Ben-hadad". No hay consenso entre los académicos sobre los nombres o las fechas exactas de los reyes arameos. Algunos identifican al rey arameo de esta historia como Ben-hadad III. Véase, por ej., Mordechai y Tadmor Cogan, Hayim, *2 Kings: A New Translation* (New York: Doubleday, 1988). Lipiński, sin embargo, dice que se trata de Bar-Hadad II. En ese caso, los reyes de Israel y Judá habrían sido Joash y Jehoahaz respectivamente. Véase Edward Lipiński, *The Aramaeans: Their Ancient History, Culture, Religion*, Orientalia Lovaniensia Analecta 100 (Leuven: Peeters Publishers, 2000). En la secuencia cronológica de la Biblia, Hazael es quien está en el trono durante la época de Jehú (*cf.* 2R 8.7-15; 2R 10.32-33; 12.17-18). Si ese es el caso, el sitio de Samaria narrado en 2 Reyes 6.24-7.20 tuvo lugar en la última etapa del reino de Jehoram. Para comprender un poco la amenaza de los arameos, véase Yohanan Aharoni, *The Land of the Bible: A Historical Geography* (Philadelphia: Westminster, 1979).

sitiada anteriormente (2R 6.8-23), pero el ataque fue frustrado por el profeta Eliseo gracias a su habilidad de saber lo que el rey arameo dice en los sitios más privados. Aun en ese episodio, podemos apreciar la incapacidad del rey arameo en contraste con la perceptividad de sus siervos, los cuales sí saben qué está sucediendo. Eliseo no sólo es capaz de ver lo que Gehazi ha hecho *dentro de* Israel, sino también lo que los arameos planean hacer *contra* Israel.

El segundo sitio no es frustrado por Eliseo sino por Dios mismo, pero no con grandes ejércitos, sino con un ruido y cuatro flamantes leprosos. El relato está lleno de ironías y contrastes que siguen dos tramas simultáneamente: cómo se puso fin al sitio de Samaria, y cómo se cumplieron las palabras de Eliseo en todos los eventos[7]. La presencia y acciones de los leprosos son resaltadas por la presencia y acciones de quienes desechan las palabras del profeta con respecto al sitio. Todo el ejército arameo viene contra Samaria y el rey de Israel no puede ofrecer esperanza alguna[8]. Presentamos a continuación una lectura de esta historia dividida en sus escenas naturales.

Primera escena: Sitio, hambre, esperanza y misterio (2R 6.24–7.2)

La primera consecuencia de un sitio es la escasez de alimento y el aumento de su precio: "Hubo una gran hambruna en Samaria; estuvo en tal estado de sitio que una cabeza de asno llegó a costar ocho piezas de plata y un cuarto de estiércol de paloma costaba cinco piezas de plata" (2R 6.25)[9]. El precio de la comida (y del

---

7   Ver Burke O. Long, *2 Kings, The Forms of the Old Testament Literature* (Grand Rapids: Eerdmans, 1991). Lo cómico de lo que hacen los leprosos está en la ironía que nos permite apreciar tanto el humor como el humorismo.

8   No es seguro si esta es la misma hambruna que Eliseo predijo en 2 Reyes 8.1 o se trata de otra.

9   Ocho shekels de plata era una cantidad apreciable de dinero. Un *kab* equivale a dos litros. El "excremento de paloma" (*jiryyonim*) aparece traducido de distintas formas en las diferentes versiones de la Biblia.

combustible) se da aquí porque así es cómo la predicción de Eliseo se cumplirá en últimas. La situación alimentaria se puso tan extremadamente severa que el canibalismo se convirtió en una opción para algunos. Las víctimas han perdido su sentido básico de seres humanos[10].

Al rey se le consulta por causa del trato que dos mujeres han hecho con respecto a sus dos hijos. Primero se comerían uno y al día siguiente otro. Las dos mujeres buscan su supervivencia a expensas de sus dos hijos y vienen a reclamar como si tuvieran derecho a ser caníbales[11]. El rey responde: "no, que te salve Yavé. ¿Cómo puedo salvarte yo? ¿De la era o del lagar?" (*cf.* 2R 3.13b).

Una discusión detallada puede encontrarse en Montgomery. *cf.* Cogan. La cabeza del asno era para comer, pero no se sabe exactamente a qué corresponde el "excremento de paloma", si se usaba como combustible, o sal, o si se trataba de un eufemismo para algún comestible barato. Josefo dice que durante el sitio de Jerusalén (principios del siglo VI a.C.) la gente se vio forzada a comer excremento de las alcantarillas. Véase Josephus, *Jewish Wars* (publicado en español como *La guerra de los judíos,* Madrid: Biblioteca Clásica Gredos, 1999). También existe bastante bibliografía sobre el uso de estiércol como combustible, pero no tenemos suficiente información para saber qué es exactamente lo que ocurre en 2 Reyes 6. Véase también N. Miller, "The Use of Dung As Fuel: An Ethnographic Example and an Archaeological Application", *Paléorient* 10 (1984).

10 Si esto se lee en el exilio de Judá, las imágenes del canibalismo todavía estarán frescas en sus mentes. De manera que este relato "del norte" no será tan foráneo para los del sur. *cf.* Lm 2.20; 4.10; Jer 19.9; Ez 5.10. El texto aquí no dice explícitamente que todo esto sea resultado de un castigo, pero es difícil leerlo de otra manera: "Como cumplimiento de una maldición Deuteronómica por la desobediencia (Dt 28.53-57) encaja perfectamente en los propósitos más grandes del narrador" de Reyes. Véase Richard D. Nelson, *First and Second Kings* (Atlanta: John Knox, 1987). A la luz de esto, entonces el canibalismo no es ninguna metáfora, como han sugerido algunos. *cf.* Nancy Cardoso Pereira, "La profecía y lo cotidiano: La mujer y el niño en el ciclo del profeta Eliseo", *Revista de interpretación bíblica latinoamericana* 14 (1993).

11 Luis Alonso Schökel y otros, *Los libros sagrados*, Madrid: Cristiandad, 1973. Un elemento clásico del humor negro es el uso de los niños como alimento, pero tampoco vamos a decir que estamos aquí ante una obra de Jonathan Swift, Tristan Bernard o Robert Bloch. *cf.* Isaías 9.20.

La era y el lagar son como la bolsa de valores en el sentido de que son indicadores de la economía[12].

Acto seguido, el rey rasga sus vestiduras, revelando así que debajo lleva puesto ropas de luto. Luto que en este caso puede significar pérdida total de la esperanza en esta situación[13]. El rey es sincero, como muestran sus ropas, pero sigue siendo impotente, no puede salvar[14]. Decide entonces matar a Eliseo ese mismo día.

Vale la pena resaltar aquí la incapacidad del rey de Israel para responder a las necesidades de su pueblo hasta en la misma capital del reino. Es fácil ver aquí el paralelo con Salomón (1R 3.16-28). Pero, a diferencia de este, el actual rey de Israel es incapaz de administrar justicia a dos mujeres que disputan un niño vivo por uno muerto. Pero todavía nos queda la pregunta, ¿por qué este rey le echa a Eliseo la culpa de lo que está pasando? Dada la consistente representación negativa de todos los reyes israelitas en este libro, es más probable que la causa del problema sea el actual rey de Israel, no el profeta.

Una vez más, Eliseo sabe de antemano que el rey le ha enviado mensajeros y da instrucciones a "los ancianos" que sostengan la puerta contra ellos (2R 6.32)[15]. En ese momento,

---

12 *cf.* Nm 18.27, 30; Dt 15.14; 16.13; Os 9.2. Las dos personas en la era y el lagar indican los lugares claves de la economía donde se experimentan tanto la bendición como el castigo, según lo indican las referencias en Números, Deuteronomio y Oseas.

13 *cf.* J. Robinson, *The Second Book of Kings* (Cambridge: Cambridge University Press, 1976).

14 "Salvación" es la clave hermenéutica que ha usado Moore para leer los relatos más largos de Eliseo. La raíz hebrea de esta palabra se usa en el diálogo entre el rey y una de las mujeres caníbales (2R 7.26-27), en las "victorias" que Yavé le da a Naamán (2R 5.1) y cada vez que aparece el nombre "Eliseo". Véase Rick Dale Moore, *God Saves: Lessons from the Elisha Stories* (Sheffield: Sheffield Academic Press, 1990).

15 La transición abrupta entre los versículos 32 y 33 puede ser un estilo intencional. Véase Cogan. *cf.* 2R 5.3-4. Nótese también aquí la supervivencia de "los ancianos" como institución (*cf.* Esd 10.8-14).

Eliseo se encuentra en su casa y [...] *los ancianos están sentados con él* [...] (2R 6.32, BJ). Por la forma como está expresado, uno debe suponer que juntos, Eliseo y los ancianos, representan la institución de los ancianos en el antiguo Israel. Su presencia con Eliseo tal vez indica el respeto que los ancianos tienen por Eliseo y, simultáneamente, su oposición al rey[16]. Nelson añade que los ancianos aquí "funcionan como testigos de la palabra profética, pero también como una señal humorística de la impotencia del poder real, impedido por unos viejos sosteniendo una puerta cerrada contra ellos!"[17]. Este es, pues, un caso más en el cual el rey es incapaz, mientras unos ancianos sí pueden ejercer su poder contra él.

Eliseo se refiere al rey de Israel como "hijo de asesino"[18]. Su actitud hacia él se mantiene dura (*cf.* 2R 3.13-14). El mensajero[19] llega y habla en los inconfundibles términos del rey de Israel: "Mira, este mal viene de Yavé. ¿Por qué debo yo seguir teniendo esperanza en Yavé?" (2R 6.33b). Así, el rey y sus emisarios reflejan "una profunda impaciencia con Dios"[20]. En respuesta, y echando mano de la clásica fórmula profética[21], Eliseo predice el final del sitio afirmando que al día siguiente bajará el precio de la comida. La manera en que Eliseo hace el anuncio suena como

---

16 Paul R. House, *1, 2 Kings*, The New American Comentary, vol. 8 (Nashville: Broadman & Holman Publishers, 2001).

17 Véase Nelson: 189.

18 Se omite el nombre del rey. Pudo haber sido Joram, porque su padre Acab había matado a Nabot; o Jehú, quien mató a Joram y a muchos otros. Dado que Eliseo fue quien ungió a Jehú, el rey pudo haber sido Joram. Pero hay otras alternativas. Véase Lipiński.

19 ¿Fue el mensajero o el mismo rey? Hay divergencias textuales aquí. Cualquiera que sea el caso, el sentimiento es el mismo. Véase W. Brian Aucker, "Putting Elisha in His Place: Genre, Coherence and Narrative Function in 2 Kings 2-8" (Tesis doctoral, University of Edinburgh, 2000).

20 Montgomery: 386.

21 Terence Fretheim, *First and Second Kings* (Louisville: Westminster John Knox, 1999).

alguien en un mercado gritando los precios a sus potenciales clientes[22]. Pero, como es de esperarse, el mensajero no cree: "Aun si Yavé hiciera ventanas en los cielos, ¿podría suceder algo así?". Y vaya que tiene razón, la baja en los precios no será resultado de abundantes cosechas por lluvias torrenciales. A lo cual Eliseo responde: [...] *lo verás con tus* [...] *ojos, pero no comerás de ello* (2R 7.3, BLA). Esto se convierte en un enigma que los siguientes versos develarán.

La necesidad de poner fin al estado de sitio es, pues, elevada por la historia de las madres caníbales y la incapacidad del rey de resolverles sus graves y tristes problemas. Eliseo, por su parte, solamente habla y predice lo que sucederá. La historia se desenvuelve y otros tendrán la oportunidad de brillar en medio de tan oscuras circunstancias.

Segunda escena: La multiplicación del sonido y los cuatro leprosos (2R 7.3-8)

El primer versículo de esta sección presenta las personas por medio de las cuales se cumplirán las palabras de Eliseo en la sección anterior. Cuatro leprosos parados en la puerta de una Samaria sitiada discuten su futuro y las opciones para su propia supervivencia. Estos cuatro leprosos y su condición ciertamente presentan otra faceta de las implicaciones de un estado de sitio para diferentes grupos de individuos, pero a cualquier lector le desconcierta porque lo que se espera en el momento es el cumplimiento de las palabras de Eliseo por algún medio sobrenatural o la gran hazaña de un personaje heroico. ¿Qué importancia puede tener lo que le pase a cuatro desechables leprosos?

Como veremos, el papel de estos personajes secundarios es tan crucial que esta historia se podría titularse "Cuatro leprosos liberan Samaria". Estos leprosos claramente encajan en la descripción que hace Simon de un personaje secundario: "lo inesperado se pone en contra de lo esperado, lo sobresaliente

---

22 Véase Alonso Schökel.

contra lo normal y lo escrupuloso contra el aventajado"[23]. Así, "la salvación vendrá precisamente por medio de estos incurables leprosos, porque en su situación desesperada física y socialmente, ellos son quienes mantienen la lucidez para deliberar, hasta con refinamiento casuístico. La situación misma les da la fortaleza para correr riesgos, el ultimo riesgo que puede traer la salvación"[24]. Esta es, pues, otra de aquellas historias de la Bíblia donde Dios lleva a cabo su salvación por medio de personajes, no sólo marginados, sino desechados por la misma sociedad objeto de la salvación. Esto es irónico y paradójico. Bien contada la historia, como esta, resulta también humorística.

En los relatos de Elías y Eliseo, y en la Biblia en general, no es extraño encontrar gente en la puerta o entrada de la ciudad. Elías se encontró con la viuda de Zarephath a la entrada de la ciudad (1R 17.7); también escuchó la voz de Dios en la entrada de una cueva (1R 19.13). La mujer sunamita "se paró junto a la puerta" cuando Eliseo la llamó (2R 4.15); Naamán y sus carrozas se paran frente a la puerta de la casa de Eliseo (2R 5.9); ahora cuatro leprosos se paran en la entrada de la ciudad. Para la viuda de Zarephath y para los cuatro leprosos, su ubicación es señal de su marginación social. Mientras la viuda proveyó alimento para Elías, ahora estos cuatro leprosos serán responsables por la supervivencia de una ciudad entera.

---

23 De hecho, Bar-Efrat sostiene que estos personajes secundarios son de tal importancia que resulta difícil decidir si son secundarios o más bien principales. Simon Bar-Efrat, *Narrative Art in the Bible*, JSOT 70 (Sheffield: Sheffield, 1985). Otro autor dice que "el criterio para identificar la protagonista no es proporcional a la cantidad de hechos narrados en el relato, sino el punto hasta el cual su personalidad es objeto de la descripción". Uriel Simon, "Minor Characters in Biblical Narrative", *JSOT* 46 (1990). En este relato, los cuatro leprosos son una especie de personaje colectivo que piensa, toma decisiones, actúa, recapacita y vuelve a actuar, para marcar decididamente el rumbo de la historia.

24 Luis Alonso Schökel. Un Rabino, R. Johanan (Sotah 47ª) identifica a los cuatro leprosos como Gehazi y sus hijos. Véase I. W. Slotki, *Kings* (London: Soncino, 1950).

Volviendo a este curioso diálogo de los cuatro leprosos en la puerta de la ciudad, notamos lo detallado de su deliberación. Un elemento irónico aquí es que a diferencia de los reyes de Israel, cuatro leprosos por lo menos tienen opciones y pueden tomar decisiones[25]. Quedarse donde están o tratar de entrar a la ciudad significan una misma cosa: la muerte. Ir donde los arameos les daba dos opciones: que los arameos los mataran, o que les perdonaran la vida. En un extraño caso de deserción, los cuatro leprosos se la juegan toda y deciden ir donde los arameos. Ir donde el enemigo se constituye en la única posibilidad de sobrevivir. La probabilidad de supervivencia es 50/50. No tienen nada que perder, pero sí todo que ganar. Si uno considera cómo había tratado Eliseo a los arameos, en el relato anterior, es posible esperar que estos tengan compasión de ellos. Pero la esperanza es efímera, porque después de todo, los arameos tienen sitiada a Samaria, y no es precisamente por compasión.

Los leprosos llegan al campamento de los arameos y se encuentran con la sorpresa de su vida: ¡se han ido todos y han dejado todo! porque Yavé los hizo escuchar sonidos de ejércitos que se acercaban (2R 7.6)[26].

---

[25] Irónicamente, mientras el rey está atrapado en su propia ciudad y su propia posición, los leprosos pueden tomar decisiones y hacer lo que quieran; no tienen nada que perder. Véase S. B. Parker, *Stories in Scripture and Inscriptions: Comparative Studies on Narratives in Northwest Semitic Inscriptions and the Hebrew Bible* (Oxford: Oxford University Press, 1997).

[26] Este es un caso bíblico típico en el cual un enemigo de Israel se asusta como resultado de la intervención divina. *cf.* Éxodo 14.24-25; Deuteronomio 7.23. Lipiński dice que lo que oyen los arameos es el ejército asirio. Véase Fretheim, André Lemaire (editor), *Prophètes et Rois: Bible et Proche-orient* (Paris: Cerf, 2001). En cuanto al profeta Eliseo, el cumplimiento de sus palabras lo acredita como auténtico profeta de Yavé (Dt 18.21-22). No hay necesidad de apelar a la dittografía en 2 Reyes 7.17b como lo hace Robinson. La repetición de *diber* dice primero *quién* lo dijo y la segunda *cuando* lo dijo. *cf.* Robinson.

Los arameos escuchan ejércitos y concluyen que Israel ha contratado a los reyes hititas y egipcios[27] para que los ataquen. Esta historia bíblica tiene un paralelo con el sitio anterior de Samaria en 2 Reyes 6.8–23, el cual ha sido bien resumido por Nelson:

> Se hace una conexión cronológica vaga con el 'después' de 6.24. Los temas comunes son las guerras sirias en general, las armas sobrenaturales de Yavé, y la importancia del poder del rey. En un clásico caso de guerra santa, los carros, los caballos [y el] ejército de Yavé (7.6) hacen contrapeso a los de Siria (6.14). En ambos casos, los siervos convencen a su rey para que tome el camino correcto (6.12; 7.13) y se envían emisarios para 'ir a ver' (6.13; 7.14). Ver y comer abarcan el destino tanto de las tropas sirias (6.20, 23) como del capitán (7.2)[28].

Una vez más los reyes son ridiculizados al mostrarlos como incapaces de entender la situación y de tomar las decisiones correctas. Los reyes tienen la virtud de equivocarse consistentemente. El lector debe decir con el escritor sagrado, "¿qué saben estos reyes de nada?".

La gravedad del estado de sitio llega a ser palpable para el lector con la descripción del precio del alimento y del combustible, y con la historia de las madres caníbales. Ya estamos listos para ver a alguien que saque a los arameos de una vez por todas y que termine el estado de sitio. Pero lo que aparece son

---

27 Los "hititas" aquí son "Neo-hititas localizados al norte de Aram-Damasco. Véase Lipiński. Es extraño encontrar aquí "reyes de los egipcios" en plural. Algunos manuscritos dice "musritas" en vez de egipcios. Véase Montgomery. *cf.* Donald J. Wiseman, *1 & 2 Kings*, Tyndale Old Testament Commentaries, vol. 9 (Leicester y Downers Grove: InterVarsity Press, 1993). Cogan. *cf.* Nicolas Grimal, *A History of Ancient Egypt* (Oxford: Blackwell, 1993). El plural podría tratarse de un procedimiento estilístico. Véase Lipiński.

28 Nelson: 188, 190.

cuatro leprosos desesperados. Lo que ha sucedido con ellos se podría llamar "la multiplicación del sonido". El hecho de que los arameos escuchen lo que ellos interpretan como ejércitos al mismo tiempo que los leprosos se levantan para acudir donde ellos, comunica que estos leprosos, sin tener la más mínima idea del alcance de sus decisiones y acciones, están siendo usados por Dios. Además, hay una sátira burlesca contra los arameos, quienes son asustados por un cuarteto de leprosos desarmados y muertos de hambre.

Para poder percibir el humor en esta historia, es preciso hacer dos cosas: primero imaginársela, y en segundo lugar, percibir la simultaneidad entre lo que realizan los leprosos y lo que hace el ejército arameo. Los arameos habían abandonado su campamento al tiempo que los cuatro leprosos se alistaban y emprendían la marcha hacia el campamento arameo al anochecer[29]. Pensando que no tenían forma de hacerle frente a semejantes ejércitos, los arameos abandonan todo, incluyendo sus tiendas de campaña, caballos, alimento, agua, plata, oro y vestidos. El ruido de los ejércitos, el pánico de los arameos, el ruido se acerca, los arameos huyen, se hace un silencio... y aparecen los cuatro leprosos. Allí encontramos el primer dato humorístico de esta historia. ¡Qué ejército de hititas y egipcios ha llegado! Ningún otro que cuatro hambrientos y harapientos leprosos. Dios se ríe de los arameos, no por ser arameos, sino porque para ellos el ejército lo es todo. Y Dios se ríe de todos los que piensan así. Y nos invita a nosotros a reírnos también. El papel del miedo en los ejércitos es como el del miedo en las bolsas de valores. En el año 2008 hemos visto el papel fundamental que ha jugado el pánico en las caídas de las bolsas del mundo[30].

---

[29] Véase Luis Alonso Schökel, *et ál.*, *Diccionario bíblico hebreo-español* (Madrid: Trotta, 1994).

[30] Así lo dijeron analistas económicos en el canal PBS de Estados Unidos, Tom Gallagher y Karen Shaw Petrou el día 11 de julio de 2008.

Retornando al campamento abandonado, ante semejante botín, como habría hecho cualquier otro mortal, sobre todo con hambre crónica, y antes que cualquier otra persona de la ciudad, los leprosos comen y beben y comienzan a recoger y a esconder la enorme despensa que han encontrado. De esta manera, la profecía de Eliseo se cumple; primero en los leprosos.

El texto describe las acciones de los leprosos de manera acelerada con una fila de diez verbos de acción en diecisiete palabras. El propósito es "crear el efecto de un saqueo descontrolado"[31]. Al mismo tiempo, estas palabras logran dos cosas más: por un lado, decepcionan al lector porque los cuatro leprosos comienzan a parecerse a alguien que no queremos recordar, al Guejazi, el secretario de Eliseo que "toma y esconde" (2R 5.24); por otro lado, el lector se pregunta cómo se van a cumplir las palabras de Eliseo con respecto a la ciudad de Samaria. Le toca esperar.

Tercera escena: Leprosos por fuera, pero limpios por dentro (2R 7.9–11)

Esta escena comienza como la primera: los cuatro leprosos hablan entre sí y toman decisiones. A diferencia de Guejazi (2R 5), quien procuró adquirir bienes por medio del engaño y para su propio beneficio, estos leprosos interpretan lo que ha sucedido como "un día de buenas noticias". Así, concluyen que esconder bienes para ellos solos, a los que en cierta manera tienen derecho, no es correcto. Por consiguiente, deciden abandonar todo el botín que les ha sido servido en bandeja, y regresan a Samaria a informarle al rey que la amenaza de los arameos ya no está. Los leprosos parecen estar regidos por otra ética. Pero, no debemos olvidar que este rey al cual van es precisamente la persona que amenazó con matar a Eliseo y cuyo mensajero no creyó la profecía de Eliseo con respecto a los precios de los alimentos.

---

31 Nelson: 190.

Cuarta escena: Incredulidad y sentido común (2R 7.12–15)

Si hay algo que los reyes de Israel demuestran en este libro es consistencia. Consistentemente, o no creen o rechazan las palabras de los profetas. En esta ocasión, el rey de Israel, al recibir las noticias, no cree que los arameos se han ido así tan fácilmente. No, como el rey no es tonto y sabe mucho de cuestiones militares, concluye que se trata de una trampa, de tácticas militares. Cree que los arameos saben que el hambre es insoportable, que los israelitas tarde o temprano se rendirían y ellos los capturarían vivos. Así, el rey termina siendo el tonto por no querer ser tonto. Esto únicamente lo saben los leprosos y los lectores. La escena es chistosa, por lo menos por dos razones: por un lado, ya el lector ha estado en el campamento arameo con los cuatro leprosos y sabe que el rey está equivocado. En línea con el patrón que se observa en los reyes de Israel en estos relatos, la incredulidad del rey retrasa todavía más la liberación de Samaria. La amenaza ya no está, pero, por la incredulidad del rey, el sitio se mantiene sin que haya ejército enemigo. El segundo elemento humorístico es que el lector de Reyes ya está enterado de que este rey de estrategia militar no sabe mucho. En 2 Reyes 3, vemos cómo invita a otros dos para hacerle la guerra a Moab y los lleva por una ruta donde no hay agua. Cuando ve que no tienen salida, le echa la culpa a Dios: "nos ha tendido una trampa"[32].

El lector avisado puede anticipar lo que ocurrirá: un siervo sensato será el consejero del rey. Lo mismo ocurrió en 2 Reyes 3 y 5. En los tres casos, al rey de Israel se lo presenta como aquel que siempre interpreta mal la realidad. En dos de estos casos, es

---

32 Los relatos de estados de sitio no son únicos en la Biblia. Hay varios ejemplos tanto en la literatura como el arte del Medio Oriente antiguo. El levantamiento de un estado de sitio y el retiro de un ejército no es una imposibilidad, pero es raro. Por lo tanto, un evento así sería interpretado como un milagro por intervención divina. Para más detalles, véase Parker.

el siervo sin nombre el que parece tener más discernimiento que el amo. El rey finalmente aprueba la solución propuesta por el siervo y envía una delegación montada para inspeccionar el campamento arameo. Los jinetes regresan y confirman con detalles adicionales lo que los leprosos dijeron: el camino al Jordán está lleno de las pertenencias de los arameos. Sin duda, es una imagen convincente de gente huyendo para salvar el pellejo.

Quinta escena: Cumplimiento de la palabra profética (2R 7.16–20)

Esta escena comienza diciendo que "el pueblo salió y saqueó el campamento arameo". El verbo que se usa aquí para "saquear" es el mismo que en otros contextos para describir la toma del botín enemigo después de una exitosa campaña militar[33]. La liberación del pueblo bajo sitio significa la caída inmediata en los precios del mercado, "según la palabra de Yavé". Aquí se resuelve parte del enigma de las palabras de Eliseo: la forma como bajarían los precios de los alimentos. De hecho, no fue como había pensado el emisario del rey.

Las palabras de Eliseo en 7.1–2 se repiten en 7.18–10, pero en distinto orden. Nelson concluye:

> El narrador utiliza la estrategia de un enorme mazo para señalar el cumplimiento de la palabra de Dios con una venganza. Por medio de un posicionamiento de "énfasis final" de su preocupación y repetición ensordecedora, el tema ideológico del cumplimiento de la palabra de Dios llega a ser más dominante que el tema central del relato, la victoria contra Siria[34].

En síntesis, el papel de los cuatro leprosos en este relato deja de ser marginal para convertirse en central y poderoso. Pero ese poder y centralidad está en lo cómico de la situación.

---

33 cf. Deuteronomio 2.35; 3.7; 20.14; Josué 8.2; 8.27; 1 Samuel 14.36.
34 Véase Nelson: 191.

Precisamente debido a su misma condición de desesperanza, son capaces de liberar toda una ciudad que está muriendo de hambre bajo el sitio arameo. Por medio de estos cuatro leprosos, las predicciones de Eliseo se hacen realidad[35].

Conclusión

Fretheim saca algunas conclusiones importantes que revelan cómo la teología que uno cree afecta las decisiones que uno toma en tiempos de crisis. La reacción del rey tiene tres componentes: culpa a Dios, pierde la esperanza y decide matar al profeta. El representante del rey ante Eliseo duda que de Dios pueda cambiar la situación y utiliza palabras grandilocuentes con la intención de ridiculizar al profeta. Todo por no tener la "imaginación" (ni la fe) que Eliseo o los leprosos tuvieron. Los siervos del rey mantienen el curso de la historia en la dirección que le han marcado los leprosos[36]. Vale la pena notar también que los individuos de más alto rango, el rey y su capitán, consistentemente siembran la duda y malinterpretan la situación; mientras que los siervos, los pobres, y en este caso los leprosos, representan la fe en las palabras del profeta y conducen a otros en la dirección correcta.

Los cuatro leprosos descubrieron el campamento arameo por causa de su situación trágica, pero la liberación de la ciudad es posible gracias a su ética. Cuatro leprosos nos enseñan una de las más hermosas lecciones de solidaridad. Dios ciertamente tiene formas misteriosas de hacer cumplir su palabra. Quién se hubiera imaginado tal liberación de una ciudad en estado de sitio. Esta historia en realidad incomoda al lector: una ciudad es liberada por cuatro hombres cuya presencia esa misma ciudad nunca toleró. Además, esta historia es un caso extraordinario de liberación desde abajo por medios no violentos: "Irónicamente, aquellos que la costumbre relegó al lugar más bajo de la sociedad, los leprosos 'en la puerta' (de la ciudad), se convierten

---

35 *cf.* Fretheim.
36 *Ídem.*

en los mediadores esenciales de rescate y aportan su exiguo conocimiento que finalmente libera de la desesperanza"[37].

Esta historia también confirma que en la Biblia, por lo general, Salvación y juicio van juntos (*cf.* 2R 2; 5). Nuevamente, es cierto que "Dios salva", pero en la Biblia es igualmente cierto que Dios juzga. No debemos perder de vista de quién es salvo y por qué y quién es juzgado y por qué. Aquí, al igual que en el libro de Ezequiel, por ejemplo, Dios es conocido en el cumplimiento de su palabra que se traduce tanto en salvación como en juicio. Da la impresión de que los leprosos de nuestra historia estuvieran al tanto de esta teología. Curiosamente, y como para poner los dos componentes, salvación y juicio juntos, la misma puerta donde los leprosos toman la decisión de "desertar" e irse al campamento arameo, es el mismo lugar donde se anuncia la noticia de la liberación, donde el precio de los alimentos se normaliza[38] y donde los que no creyeron en el profeta murieron. Se cumple así que la puerta de la ciudad es la corte donde se administra la justicia[39].

Una vez más, Nelson nos ofrece un excelente resumen del relato:

> El lugar de la "puerta", el sitio donde los poderosos y la gente común se juntan, reúne todo a partir del versículo 1. Aquí está el mercado donde la dislocación económica es aparente y es revertida. Desde aquí parten los leprosos y aquí traen su informe. Aquí mismo el empleado de la corte con su impresionante título ("el tercer hombre en cuyo brazo se apoya el rey") es pisoteado por la gente común. El rey es el opuesto inútil de Salomón. Su poder puede ser bloqueado por unos viejos empujando una puerta. Su

---

[37] Long: 95.

[38] El precio profetizado indica el fin del estado de sitio, pero no tenemos datos bíblicos con qué compararlos. Véase Cogan.

[39] *cf.* Victor H. Matthews, *Social World of the Hebrew Prophets* (Peabody: Hendrickson, 2001).

piedad (ropa de luto) es vencida por una desesperanza asesina. Es Yavé quien da la victoria, no el ejército. La gente común, del mismo fondo de la estructura social descubre esta Victoria, pero el rey no es capaz de creerlo. Su astuta lectura de las maquinaciones sirias resulta totalmente equivocada[40].

Tanto en los relatos de Eliseo como en los evangelios, los pobres y marginados parecen ser los más sensibles a la palabra de Dios[41]. Pero también hay otras conexiones: la salvación de los gentiles y la condenación de algunos israelitas/judíos (2R 5; Lc 4.16-30); el cuidado de los pobres, la resurrección de muertos. Así, estos relatos muestran, tanto en Eliseo como en Jesús (Lc 4.25-27; 7.11-17; 9.52-55; 9.61-62), que los desechados (gentiles, samaritanos, pobres, leprosos) terminan siendo los incluidos y ejemplares en el reino de Dios, mientras aquellos que dan por hecho su elección (piadosos, ricos, israelitas/judíos por etnia) hasta podrían ser excluidos[42].

Finalmente, esta historia muestra lo que hemos dicho hasta el momento sobre el humor en el Antiguo Testamento. No es en realidad para muchas risas. No hay duda de que el autor ha recogido de una manera cómica y entretenida varios elementos: 1) cómo huyen los arameos ante un sonido de ejércitos y lo que aparece son cuatro leprosos; 2) cómo un oficial del rey se las da de muy lógico y termina siendo juzgado por una estampida de gente hambrienta cuando se cumplen las palabras que él dijo que eran imposibles; 3) cómo se ridiculiza a un rey de Israel que creyéndose un gran estratega militar, queda anulado ante un profeta que lo único que hace es decir unas cuantas palabras.

---

40 Véase Nelson: 191.

41 Thomas L. Brodie, *The Crucial Bridge: The Elijah-Elisha Narrative as an Interpretive Synthesis of Genesis-Kings and a Literary Model for the Gospels* (Collegeville: Liturgical, 2000).

42 Craig A. Evans, "Luke's Use of the Elijah/Elisha Narratives and the Ethic of Election", *JBL* 106 (1987).

La historia de Ejud y Eglón
Humor negro con propósito

Introducción

La reacción ante este capítulo bien podría ser: "¿Humor negro en la Biblia? ¡Suficiente tenemos con el humor!". La verdad es que si no esperamos que haya humor en la Biblia, mucho menos esperaremos el negro. Si no fuera porque el relato mismo es tan convincente, no nos atreveríamos ni a mencionar el tema, pero el texto mismo no nos deja otra salida que entenderlo como humor negro. Tiene todos los componentes.

Pero una cosa es decir que la Biblia contenga humor negro y otra entender la razón. Me parece que el humor es una de las claves principales para comprender el libro de los Jueces. ¿Qué razón tendría un escritor bíblico para hacernos reír con el asesinato de un gordo que parece un becerro? Esa pregunta nos proponemos responder en este capítulo.

La introducción del libro de Jueces, que algunos llaman un "doble prólogo", marca la pauta para la lectura de todo el libro[1]. Jueces 2.11–23 relata la secuencia de los eventos: pecado/opresión/arrepentimiento/clamor/compasión de Dios/juez salvador/paz. En su debido momento, entraremos en los detalles de

---

1   Véase especialmente, Robert H. O'Connell, *The Rhetoric of the Book of Judges*, Supplements to Vetus Testamentum, vol. 43 (Leiden: E. J. Brill, 1996).

esta fórmula realidad/forma literaria[2]; además, hay abundante literatura que se puede consultar sobre el tema[3].

El libro de los Jueces en la superficie parece cíclico, pero un análisis más detallado mostrará que hay varias progresiones que se desarrollan de manera simultánea. A medida que aumenta la extensión de los relatos, también aumenta la depravación moral, religiosa y social en Israel. En Jueces vemos a Israel de mal en peor. Pero de todos los problemas que el libro presenta, el que más incomoda es cómo Dios usa a personas tan poco recomendables[4]. Igualmente incómodo es que el Dios que había prometido dar la tierra por posesión a Israel, ahora empodera al enemigo para que domine a aquel.

Jueces 3.7–31 narra la historia de los tres primeros jueces. Este texto contiene tres unidades naturales pues cada una habla de un juez distinto: Otoniel (7-11), Ejud (12-30) y Samgar (31). Otoniel es el primero de los jueces. Su historia sigue muy de cerca el patrón presentado en Jueces 2.11–23. Después de Otoniel viene Ejud, el juez que presentaremos a continuación. El capítulo 3 termina con Samgar, un juez que mata a cientos de filisteos con una aguijada de buey[5]. Samgar es el primero de los jueces de

---

[2] Puede consultarse a Yairah Amit para el estudio de la relación entre realidad y forma literaria. Véase, Yairah Amit, *Reading Biblical Narratives: Literary Criticism and the Hebrew Bible* (Minneapolis: Fortress, 2001), Yairah Amit, "Progression as a Rhetorical Device in Biblical Literature", *JSOT* 28, N° 1 (2003).

[3] Además del libro de O'Connell, se puede consultar otras obras recientes: D. I. Block, *Judges; Ruth*, The New American Commentary, vol. 6 (Nashville: Broadman y Holman, 1999); V. P. Hamilton, *Handbook on the Historical Books: Joshua, Judges, Ruth, Samuel, Kings, Ezra-Nehemiah, Esther* (Grand Rapids: Baker Academic, 2001); T. Schneider, *Judges* (Collegeville: The Liturgical Press, 2000) y K. L. Younger, Jr., *Judges and Ruth* (Grand Rapids: Zondervan, 2002).

[4] Véase, por ej., Daniel Santos, "Por Que Deus Usa Pessoas Como Sansão?", *Fides Reformata* 1 (2005).

[5] Se refiere a la punta del arado que es tirada por un buey. Nótese en este caso, como otros en Jueces, el uso de armas "no convencionales".

LA HISTORIA DE EJUD Y EGLON

relato brevísimo[6]. El relato de Ejud es el más estilizado y el más largo de los tres jueces en este capítulo.

Por tratarse de una historia poco usual, incluyo a continuación mi propia traducción para facilitar la observación de los procedimientos literarios y humorísticos:

Traducción[7] y estructura

a. Pecado: maldad

12 Una vez más los israelitas desagradaron a Yavé[8];

b. La ira de Yavé: Israel dominado por sus enemigos

entonces Yavé empoderó a Eglón, rey de Moab, sobre Israel; porque habían hecho lo malo ante los ojos de Yavé. 13 Este reunió a los moabitas y a los amalecitas y se vino contra Israel; tomaron la Ciudad de las Palmas. 14 Los israelitas sirvieron a Eglón, rey de Moab, dieciocho años.

c. Israel clama a Yavé

15 Pero los israelitas clamaron a Yavé.

d. Yavé envía un salvador: detalles de la misión

Entonces Yavé levantó un libertador para ellos, Ejud, hijo de Gera, un benjaminita, quien era zurdo. Los israelitas enviaron tributo[9] por mano suya a Eglón, rey de Moab. 16 Ejud se hizo una daga de doble filo y de un codo de largo[10]. La

---

6 Para más detalles de esta estructura, véase Younger.

7 Lo que sigue de esta sección es traducción del autor.

8 En mi opinión, T. J. Schneider saca aquí demasiado del artículo hebreo. Es tan común en el Texto Masorético que resulta difícil inferir connotaciones especiales como para decir que "lo malo" se refiere a matrimonios mixtos ("intermarriages"). Ver T. J. Schneider, *Judges*.

9 Así es como se ha engordado Eglón, del tributo recibido de sus vasallos. ¿Cuál es el país del mundo con más gordos?

10 "Palmo" en la Biblia del Peregrino.

aseguró debajo de sus ropas, en el muslo derecho. 17 Luego le presentó el tributo a Eglón, rey de Moab, quien era un hombre muy gordo. 18 Cuando había terminado de presentarle el tributo, despachó las personas que habían traído el tributo. 19 Pero él se regresó de Los Ídolos[11] [que estaban] junto a Gilgal, y dijo: "Su majestad, tengo un mensaje secreto para usted". El rey dijo: "Silencio", y todos sus siervos salieron. 20 Ejud fue y se le acercó mientras él estaba sentado en su habitación de verano[12], la cual tenía para su privacidad. Ejud le dijo: "Tengo un mensaje de Dios para usted"; así que él se levantó de su trono. 21 Entonces Ejud mandó a su mano izquierda, agarró la daga de su muslo derecho y se la clavó en la barriga. 22 El mango también se metió tras la hoja; la grasa se cerró[13] porque no sacó la daga de su barriga, y se le salieron los excrementos. 23 Ejud salió por el vestíbulo y cerró tras sí las puertas de la habitación de verano y les echó llave[14]. 24 A su salida, los siervos vinieron pero encontraron cerradas las puertas de la habitación de verano; entonces dijeron "Seguramente está haciendo sus necesidades en su habitación de verano. 25 Así que esperaron hasta el punto

---

11 También puede significar "mojón" o "quarries". Kudurru en Mesopotamia: piedras que marcan fronteras, con imágenes grabadas.

12 No hay consenso respecto a la naturaleza de esta habitación. Block y Halpern (*First Historians*) sostienen que es "una habitación sobre las vigas" o "un aposento alto"; L. Alonso Schökel lo traduce como galería privada de verano.

13 La grasa también de la leche. Lenguaje sacrificial. Recuérdese que Eglón es un "becerro". El excremento sale por explosión de los esfínteres anales. Por otro lado, el humor escatológico expresa hostilidad contra la persona que es objeto del humor, en este caso Eglón. Véase Feinberg. *cf.* M. Isabel Morán Cabanas, "Humor e obscenidade na poesia cortesã do Portugal quatrocentista", en Jorge Figueroa Dorrego *et ál.* (editores), *Estudios sobre humor literario* (Vigo: Universidad de Vigo, 2001).

14 Tal vez para enfatizar que está solo y que puede defenderse por sí mismo. Véase Génesis 7.16; Levítico 16.6, 11, 17, 24; 2 Reyes 4.21; Job 1.10; 3.23; Salmo 72.15; Ezequiel 45.22.

de sentir vergüenza[15] y como él no abría las puertas, ellos agarraron la llave y abrieron, y ahí estaba su señor caído en el suelo, muerto[16]. 26 Y Ejud se había escapado mientras ellos se demoraban; y pasó por Los Ídolos, y escapó a Seirá. 27 A su llegada, sonó la trompeta en los montes de Efraín y los israelitas bajaron con él desde las montañas, con él a la cabeza. 28 Él les dijo: "Síganme porque Yavé ha puesto a sus enemigos, a Moab, en sus manos"; así que fueron con él y capturaron los vados del Jordán de Moab y no le permitieron cruzar a ninguno de ellos.

e. Victoria de Israel sobre sus enemigos

29 Derrotaron a Moab en ese tiempo, como diez mil hombres, todos gordos y todos hombres valientes, pero ninguno escapó. 30 En aquel día Moab fue sometido bajo la mano de Israel.

f. Paz en la tierra

31 Y hubo paz por ochenta años.

Lo mismo de siempre en Jueces

La primera parte de esta historia es más de lo mismo en el libro de Jueces[17]. El pueblo de Israel ofende a Dios con su conducta. Él

---

15 L. Alonso Schökel traduce "Esperaron un rato, hasta el aburrimiento". O'Connell piensa que la vergüenza preserva la nota satírica asociada con el incómodo y penetrante olor que emana de adentro. *Rhetoric*, N° 57.

16 Vocabulario muy similar al usado en el capítulo 4 cuando Sísara es encontrado muerto.

17 La estructura de las historias de Otoniel y Ejud siguen el patrón de la introducción (2.11-23). Esta es de hecho la estructura general para todos los jueces hasta 13.1. Este patrón narrativo también se puede apreciar en los relatos de Barac, Gedeón, Jefté y parte de Sansón. Las historias de Otoniel y Ejud al comienzo del libro también instruyen al lector sobre la forma como se debe leer el libro. Se podría decir que el libro de Jueces es teológicamente uniforme, pero narrativamente diverso. Es decir, los relatos aparentemente muestran que la historia es cíclica, pero la variedad

los entrega a manos de enemigos poderosos que los subyugan y hacen sufrir. En este caso se trata de Eglón y sus aliados, quienes por dieciocho años someten a Israel. Los ponen a trabajar duro y les exigen tributo.

El versículo 13 es para Israel el mundo al revés. Este corto versículo contiene cuatro verbos de acción que presentan un estado de cosas totalmente opuesto a "la promesa" (Dt 1.8, 21, 39; 3.20). No es Israel el que va, ataca, y toma posesión de la tierra de Canaán, sino los cananeos (Moab, Amón y Amalec) los que vienen, atacan y toman posesión de la Ciudad de las Palmeras.

El problema está en que la posesión de la tierra y la permanencia en ella ocurrirán solo si Israel escucha y obedece la Ley (Dt 4.1), lo cual, según dice repetidamente Jueces, es precisamente lo que Israel no ha hecho. Así, pues, el Israel que llegó a poseer una tierra es desposeído.

La idea de Dios endureciendo o fortaleciendo a algo o a alguien aparece solamente en Jueces y en el libro del Éxodo[18]. Dios "endurece" el corazón de Faraón de modo que este no deja salir a los israelitas de Egipto, por lo menos temporalmente. Esta expresión se usa en Éxodo y Jueces. Pero hay por lo menos dos diferencias importantes: 1) En Jueces los israelitas están en

---

en los relatos demuestra que hay un desarrollo en la trama principal del libro. En el libro de Jueces este desarrollo es negativo. El libro comienza con Otoniel, un juez intachable y termina con Sansón, un juez éticamente muy cuestionable. Esta es una versión modificada de la tabla en *Josué, Jueces*. El patrón mencionado es el siguiente:

	Introd.	Othniel	Ehud
a. Pecado: Idolatría y desagradar a Dios	2.11, 17, 19	3.7	3.12
b. Ira de Yavé: Israel dominado por enemigos	2.14, 20	3.8	3.12
c. Israel clama a Yavé	2.18	3.9	3.15
d. Yavé envía un salvador (inicia el relato)	2.16	3.9	3.15-29
e. Victoria: el enemigo de Israel es derrotado	2.16	3.10	3.30
f. Paz en la tierra		3.11	3.30

18 Éxodo 9.12; 10.20, 27; 11.10; 14.8.

Canaán y 2) no se "endurece" el corazón de Eglón, sino que se lo "fortalece" militarmente para dominar a Israel.

Relato de un asesinato: un caso de humor negro en la Biblia

De esta historia nos interesa especialmente el asesinato de Eglón. Este relato se podría catalogar de varias maneras: como una tragicomedia, porque se cuenta algo trágico de manera humorística; como relato de un pícaro, pues Ejud engaña a Eglón. Sin embargo, como tiene algunos componentes más específicos, y sin negar los otros, por el tema escatológico entra en la categoría de humor negro. No es propiamente poesía, ya que carece de versos regulares, pero no hay duda de que estamos ante lo que se ha llamado "prosa artística" (*Kunstprosa*)[19]. "Esta es, pues, una historia 'colorida y humorística', caracterizada por la ambigüedad, la ironía, la sátira, la hipérbole y la caricatura"[20]. Estos son elementos indiscutibles de las obras humorísticas.

Dadas las características citadas, no es extraño que la historicidad del relato sea ampliamente cuestionada. Alter, por ejemplo, la clasifica como "prosa-ficción" o "historia ficcionada" (*fictionalized history*). Sin embargo, el mismo Alter ha señalado acertadamente que "la atención detallada que se da aquí a la implementación y la técnica del asesinato, lo cual sería normal en la *Ilíada*, es realmente extraño en la Biblia hebrea"[21]. Lillian Klein piensa que el propósito de tales detalles en la historia es:

> [...] describir de manera colorida lo deshonroso de un rey. La corpulencia de Eglón sugiere apetitos descontrolados que lo hacen más curioso que prudente cuando es tentado por un "mensaje secreto", y su condición final, hecha más

---

19 Luis Alonso Schökel, "Erzahlkunst im Buche der Richter", *Bíblica* 42 (1961): 156.
20 D. Block, *Judges, Ruth*: 156.
21 Robert Alter, *The Art of Biblical Narrative* (Basic Books, 1981). Excepto Génesis 22 y 2 Samuel 18.

vívida por la vacilación de los siervos, lo convierten en objeto del irrespeto[22].

En el estudio de esta relato, le debo mucho al biblista Luis Alonso Schökel[23], quien consideró la historia de Ejud y Eglón (3.12-31) como uno de los relatos más artísticos en todo el libro de Jueces. El relato gira alrededor de tres palabras principales: mano, (lado) derecho y tributo. Asimismo para Alonso Schökel, contiene cuatro partes: preludio (15a-18), asesinato (19-22), descubrimiento (23-25) y epílogo (26-30). Observemos los detalles:

Preludio (15a-18)

En respuesta al desesperado clamor de Israel, Yavé levantó un salvador que los defendiera de la opresión moabita. El primer procedimiento estilístico que observamos es el papel de la mano. Ejud es un benjaminita (*ben-hayemini*), es decir, un hijo de la "mano derecha", pero cuya mano derecha (*yad-mino*) está lisiada (*itter*). El término empleado o expresa literalmente que la mano derecha está lisiada o se trata de una expresión idiomática para indicar que Ejud es zurdo. Es decir, sea por necesidad física, por costumbre, o por entrenamiento, el caso es que es "de la mano derecha", pero no usa la mano derecha. Continuando con la mano, que es casi un personaje con vida propia en este relato, los israelitas envían tributo a Eglón, rey de Moab, "por mano de Ejud". Como se ve, la mano llega a ser un actor (o actriz) central en esta historia; reaparecerá en el clímax del relato.

Siguiendo a Joüon, Alonso nota que la forma gramatical "quittel" (como en *itter*) se usa para adjetivos que se refieren a casos de mutilación o enfermedad. Así, podría ser que Ejud tiene

---

22 *The Triumph of Irony in the Book of Judges*, JSOT (Sheffield: Sheffield Academic Press, 1988): 39.

23 Luis Alonso Schökel, "Erzahlkunst im Buche der Richter", *Biblica* 42 (1961).

una "anormalidad física", un impedimento, además de que no es "juez"[24], lo cual podría ser una forma de mostrar su marginalidad, como en el caso de otros jueces[25]. B. Halpern, por el contrario, sostiene que Ejud es zurdo por entrenamiento, no por deformación física. Por lo tanto, es más bien un soldado profesional, "una especie de James Bond", no un hombre débil que vence al poderoso, como en la literatura de folclor[26]. En conclusión, se discute cómo llegó a ser zurdo, pero no que sea zurdo. Es decir, es un zurdo con propósito.

Además de la mano, es importante notar en este relato los contrastes de los nombres de los personajes principales, Ejud y Eglón. Ejud significa algo así como 'dónde está la gloria?'[27] o simplemente 'gloria' (¿de Dios?)[28]. Eglón, por su parte, es un nombre un tanto curioso por su sonido. Suena a 'becerro' (*egel*) y a 'gordo' (*agol*)[29]. Alonso Schökel sugiere que Eglón tal vez significa 'aquello que se dedica al dios-becerro'[30]. En otras palabras, al pronunciar el nombre *Eglón*, la imagen que evoca en el hebreo es la de un animal gordo. Después de semejantes nombres y de las acciones de la mano, el lector/oyente de esta historia debe

---

24 Lillian R. Klein, *The Triumph of Irony in the Book of Judges*, Bible and Literature Series, vol. 14 (Atlanta: The Almond Press, 1988).

25 S. Niditch, *Judges* (Louisville: Westminster John Knox Press, 2008).

26 Ver "Erzählkunst im Buche der Richter" *Bíblica* 42: 148, N° 4. Véase también *Diccionario bíblico hebreo-español*; B. Webb, *Judges*. B. Halpern, *The First Historians*. Richard D. Patterson, "The Old Testament Use of an Archetype: The Trickster", *Journal of the Evangelical Theological Society* 42, N° 3 (1999).

27 Baruc Halpern, "Ehud", *Anchor Bible Dictionary*, vol. 2. Halpern también ha notado que "los nombres compuestos con el elemento -*jud* son comunes en las genealogías benjaminitas (1Cr 8.3; 5.7)".

28 L. Alonso Schökel "Erzählkunst".

29 John Kutsko, "Eglon", *Anchor Bible Dictionary. cf.* Niditch. La descripción de Eglon como *barí* se usa para vacas, toros y ovejas gordas y para comida abundante (Gn 41.2; 1R 5.3; Ez 34.3, 20; Hab 1.16).

30 Alonso Schökel "Erzählkunst".

prepararse para una trama entretenida, si no divertida. Con este humor se expresa un duro menosprecio hacia Eglón. Vale la pena notar que en la Biblia pocas veces se encuentran descripciones físicas de las personas. Cuando lo hace, es para explotarlas retóricamente.

Hasta aquí, el narrador de la historia no nos ha dicho en qué consiste el tributo que llevarán. Lo que nos da son los detalles de la preparación de Ejud para la misión: se hizo una daga de doble filo, de un codo de largo; se la amarró debajo de sus ropas, en el muslo *derecho* (v. 16). Ejud se muestra así como un "especialista del engaño"[31]. Si estos son los preparativos para alguien que supuestamente es enviado a llevar tributo, uno empieza a preguntarse qué clase de tributo será este.

El segundo protagonista de la historia, cuyo nombre apenas conocemos, pero ya sospechamos el resto, aparece con sus detalles en el versículo 17. En efecto, Eglón era un hombre muy gordo[32]. Si el contraste sugerido por los nombres de los protagonistas produjo por lo menos una sonrisa en el lector/oyente, tal vez ahora que sabe el resto, siente que se puede reír. Es inevitable ver en su nombre un becerro gordo. Y como se trata de un rey, la imagen es tanto maliciosa como jocosa[33].

El versículo 18 conecta el preludio con la muerte de Eglón y el tema del tributo. Ejud despacha a la gente que había ido con él. Según Alonso Schökel, el despido de la gente se cuenta primero para poder explotar literariamente el nombre "los ídolos". Resulta una alteración cronológica en favor de un efecto narrativo. De modo que en el versículo 19, Ejud regresa de "los Ídolos" en Gilgal y le dice a Eglón: "Su majestad, tengo un mensaje secreto (*seter*)

---

31 D. Block, *Judges, Ruth*.

32 Por razones para mí desconocidas, la Septuaginta en lugar de gordo, *barí* tiene "bien parecido" (*asteios*). *asteios* es el término que describe a Moisés en Éxodo 2.2, el cual corresponde a otro término hebreo *tob* que traduce "bueno".

33 Alonso Schökel "Erzählkunst".

para usted"[34]. Aunque literariamente el nombre es productivo, no sabemos de qué ídolos se trata. Literariamente sirven para enmarcar el asesinato de Eglón como en una inclusión[35].

Asesinato

Uno por uno, los personajes secundarios salen del escenario y toda la atención se concentrará en Ejud y Eglón. Los primeros en salir son los acompañantes de Ejud, los que "llevan el tributo". Tammi J. Schneider señala, acertadamente, las similitudes entre los términos *nasá* y (*nashá* II). El primero significa "llevar", mientras que el segundo significa "engañar", "enmarañar". Y eso es exactamente lo que está ocurriendo en la historia[36]. Así la historia llega a su clímax[37]. Hay muy poco diálogo, pero la acción es abundante: en estos once versículos (18-28) aparecen 53 verbos. En este punto, la historia se caracteriza por su precisión y aceleración. Para ello, los protagonistas no dicen mucho.

Tan pronto como Eglón se entera de que hay un *debar* (mensaje-cosa) "secreto" para él, da a sus siervos una orden de

---

34 *Ibíd.*

35 O'Connell sostiene que también hay un significado teológico en estos ídolos. "La preocupación deuteronómica predominante, la de la deslealtad cúltica, está implícita en la falla de Ejud al no quitar de la tierra los ídolos mencionados dos veces, los cuales enmarcan el asesinato de Eglón". Esta falla es precisamente la que conduce a la apostasía religiosa que comienza en el relato del próximo libertador". Robert H. O'Connell, *The Rhetoric of the Book of Judges* (Leiden: Brill, 1996): 84. Polzin por su parte, ve los ídolos como un "marco ideológico" con un significado importante: "Las decisivas acciones de Ejud comienzan cuando él se aparta de los ídolos de Gilgal y su escapada es exitosa cuando pasó por los ídolos y huyó a Seirá". Polzin hasta llega a decir que no sólo "pasó" de los ídolos, sino que los partió. Si este es el caso, entonces la ubicación de los ídolos resulta irrelevante.

36 T. J. Schneider, *Judges*.

37 En el análisis de O'Connell's, el asesinato es el centro del relato de Ejud. No podría ser de otra forma. Ver *The Rhetoric of the Book of Judges* (Leiden: Brill, 1996): 89.

una sílaba "*jas*" (¡silencio!). Los siervos se retiran. Evidentemente, la "enorme masa corporal [de Eglón] tiene exacta correspondencia con su imbecilidad mental". Es igual de gordo como de cretino[38].

Ahora han quedado los dos frente a frente, Ejud, el hombre de la mano derecha lisiada, con Eglón, el gordo. Ejud se pone en acción; se acerca al rey y le dice ahora que tiene para él un "oráculo de Dios" (*debar-elojim*). Aquí hay un juego de palabras donde el nombre divino se usa como un señuelo[39]. Las radicales hebreas *dbr* pueden significar tanto "palabra" como "cosa"[40]. Eglón toma uno de los sentidos (la "cosa secreta", es decir la daga que trae en su muslo); mientras que Eglón lo toma por el otro ("mensaje secreto"). De esta manera el escritor hace al lector cómplice de Ejud. El gordo opresor por dieciocho años es el idiota que lo ignora todo y ahora está por caer en una trampa. El ser zurdo favorece a Ejud pues, al ser requisado, le habrían buscado el arma en el muslo izquierdo. La operación era riesgosa en todo caso.

Entonces Eglón se torna todavía más curioso y también se pone en acción: se levanta de su trono, lo cual es exactamente lo que Ejud necesita para completar su misión. Así los dos hombres están ahora de pie, frente a frente. Eglón tal vez se inclina un poco hacia adelante para poder escuchar bien el "mensaje secreto" de Dios.

En seguida, el narrador nos cuenta de manera vívida cómo Ejud asesina a Eglón. Luis Alonso Schökel afirma que la forma como se maneja "el tempo impide la impresión de una brutalidad

---

38 D. Block, *Judges, Ruth*.

39 Klein.

40 ¿Está usando el nombre de Dios en vano? Lillia R. Klein piensa que sí. Véase *The Triumph of Irony in the Book of Judges*, JSOT (Sheffield: Sheffield Academic Press, 1988). La verdad es que, como lo nota Klein, Ejud usa *elojim* cuando le habla a Eglón. Luego, cuando le habla a los israelitas se refiere a Dios como Yavé. No es tan contundente el argumento, pero suena interesante.

morbosa". La forma de relatar el asesinato está coloreada de una "crueldad burlesca"[41].

El número de acentos, aliteraciones y rimas en conjunto, indican que esta historia fue escrita para el oído. Y, obviamente, la mejor forma de apreciarlo es leyendo la historia en voz alta. El versículo 18 claramente muestra que el verdadero tributo para Eglón es una daga. Este tributo no le es "presentado" sino "introducido" en su cuerpo. Así, lo que comenzó como una comedia, termina en una tragedia.

El verbo *sagar* (cerrar) se aprovecha estilísticamente. En el versículo 21 se nos dice que la gordura se *cerró* (*vayyisgor*) por encima de la daga. En el versículo siguiente Ejud *cerró* (*vayyisgor*) la puerta. La misma grasa de Eglón oculta la daga al cerrarse sobre ella, al tiempo que la misma habitación de Eglón esconde su cuerpo muerto, mientras Ejud cierra la puerta. Finalmente se descubre para el lector el secreto y el mensaje[42].

La obesidad es un motivo humorístico de vieja data[43]. En este caso, la grasa de Eglón "oculta la evidencia". Es muy probable que la obesidad de Eglón simbolice su avaricia, el resultado de vivir de la explotación de otros. Otras referencias bíblicas a personas obesas parecen confirmarlo[44]. Lo que sí se puede afirmar, sin duda, es que el "sacrificio" está terminado: el becerro gordo (Eglón), la preparación de los elementos (una daga de doble filo), el tributo (oculto), el "altar" (la habitación veraniega de Eglón) y el sacrificio mismo (Ejud mata a Eglón)[45].

---

41 L. Alonso Schökel, *Josué, Jueces*: 148.

42 No es fácil entender cómo Ejud pudo haber escapado sin ser visto, especialmente porque no estamos seguros de cómo era el diseño del palacio. B. Halpern, quien piensa que esta historia es pura ficción, propone algunas alternativas. Véase *The First Historians*.

43 Para un caso en la literatura portuguesa del Renacimiento donde el obeso adquiere características de animal, véase Morán Cabanas (2001). El objeto de burla es lo que Morán llama "superabundancia".

44 Las "vacas de Basán" de Amós 4.1, por ejemplo.

45 Véase O'Connell.

Descubrimiento

Después de relatarnos el asesinato de una manera tanto divertida como grotesca, característica del humor negro, al narrador todavía le queda más humor. Los siervos de Eglón entran nuevamente en escena al tiempo que Ejud sale, no después. Todo ocurre en un versículo (v. 24). Una vez más el narrador (y seguramente el lector) sonríe[46]. Si la credulidad de Eglón lo deja totalmente en ridículo, la ineptitud de sus siervos tampoco da señales de más inteligencia. Esto se ve en las únicas palabras que pronuncian en todo el relato: "Debe estar haciendo sus necesidades en la habitación de verano"[47]. ¿Cómo llegan a esa conclusión? Obviamente por el olor de los excrementos del rey muerto[48].

En los versículos 24–25 se usa tres veces la partícula *hinnéh* ("he aquí" o "miren"): *hinnéh* se cierran las puertas, *hinnéh* nadie abre la puerta, hinnéh Eglón, muerto. Alonso Schökel sugiere que esta es la forma como el narrador "enfoca" o hace "zoom" hasta llegar al punto central: el cuerpo muerto de Eglón[49].

Epílogo

Como resultado de la estocada (*vayyitqaeja*) de Ejud con una daga en el cuerpo de Eglón, ahora puede tocar (*vayyitqa*) la trompeta

---

46 Siguiendo a Joüon (§ 166c), L. Alonso Schökel cree que en el versículo 24 hay un caso de simultaneidad. Los eventos no son sucesivos como muchos comentaristas y versiones lo presentan.

47 Para una descripción muy probable de estas habitaciones, véase Baruch Halpern, "The Assassination of Eglon: The First Locked-Room Murder Mystery", *Bible Review* 4, N° 6 (1988).

48 No cabe duda de que se trata de excrementos. Algunas traducciones optan por expresiones eufemísticas, pero le hacen perder fuerza y colorido al relato. Graham S. Ogden, "Irony or Humor? The case of Ehud in Judges 3.12-30", *Bible Translator* (*Ap. O Practical Papers*): 53, N° 4 (2002).

49 *Ibíd.*

para que Israel se concentre para la batalla (v. 27)[50]. Un verbo basta para sellar la historia: "Síganme, porque Yavé ha entregado en sus manos a sus enemigos, los moabitas" (v. 28)[51]. Así se le unen los israelitas para la batalla. Es hora de cosechar el fruto de los actos heroicos de Ejud. Matan diez mil moabitas y Moab se convierte en vasallo de Israel[52]. Israel derrota a Moab y cambia dieciocho años de opresión por ochenta de tranquilidad.

Antes de concluir la historia, el narrador una vez más hace sonreír al lector/oyente al contar que los soldados de Eglón son todos como él, gordos/robustos (*kol shamen*). En otras palabras, Eglón y sus soldados son todos "gordos", pero fueron derrotados por "la mano" de un benjaminita (hijo de la mano derecha), cuya condición física o no es apta para un soldado o está fuera de lo común.

¿Dónde está Yavé en todo esto?

En este relato Yavé aparece al principio y al final. Esto hay que notarlo porque en los trece versículos (14-27) de plena acción, a Dios no se le menciona para nada. ¿Cómo se debe leer la ausencia de Dios en el nudo del relato? Una de las posibilidades es que "El silencio del narrador en cuanto al papel de Dios en el asesinato de Eglón es ensordecedor". Siendo así, Block concluye que el narrador en realidad no presenta a Ejud como un personaje digno de imitar, por el contrario, como "un típico cananeo de su

---

50 El versículo 26 (*ve'ehud nimlat ad hitmahmeham*) se podría traducir también como "Ejud escapó aprovechándose de su demora".

51 El ocupar los vados del Jordán implica "cortar el paso", como dice L. Alonso Schökel.

52 Vale la pena notar la conexión entre el río Jordán y los efrainitas: Jueces 3.27-29; 7.24-8.3; 12.1-6. Este es otro aspecto que vale la pena estudiar, pero no es posible un análisis detallado en este momento. Para un análisis estructuralista basado en la obra de Lévi-Strauss, véase David Jobling, "Structuralist Criticism: The Text's World of Meaning", en Gale A. Yee (editor), *Judges and Method: New Approaches in Biblical Studies* (Minneapolis: Fortress Press, 1995).

tiempo —astuto, oportunista y violento, aparentemente para su propia gloria"[53].

¿Pero no es esto leer más de lo que dice el texto? Es cierto que en últimas Yavé es quien libra a Israel, pero de todos modos Ejud es el "salvador". ¿Es posible separar con éxito en esta historia aquellas cosas con las que el autor está de acuerdo y con las que no lo está? Debemos reconocer, sin embargo, que cuando el nombre de Dios se usa en 3.20, se lo hace de manera engañosa. Es decir, "la manera como Ejud 'juega' con el nombre de Dios, subraya que Yavé en efecto está ausente de la acción". Por esto, el texto nunca dice que "el espíritu de Yavé vino sobre él".

Pero esta explicación difícilmente puede ser la razón, porque hay otros relatos en la Biblia donde los personajes sí tienen el espíritu de Yavé y hacen cosas peores contra Dios mismo[54]. Sin embargo, existe otra alternativa propuesta por Klein, quien sostiene que el narrador sí tiene una forma de evaluar negativamente el comportamiento de Ejud. Los versículos 22 y 23 usan el verbo *yatsá* ("salir"). Uno para las heces de Eglón y el otro para Ejud.

Para Webb, el asunto de la moralidad no es lo principal en el relato y la historia debe leerse por lo que es: cómica, grotesca, satírica, dramática e irónica. En otras palabras, este es un caso en el cual el juicio moral es irrelevante[55].

Block tiene razón al señalar que los israelitas en realidad no deben reírse mucho de la historia porque, a fin de cuentas, "el libro de los Jueces no se escribió principalmente para burlarse de los extranjeros; más bien desafía a los israelitas a reflexionar en su propia condición. Lejos de ser el pueblo noble que dicen ser, en su condición de cananeizados, han llegado a ser menos que los mismos moabitas"[56]. Es decir, "la picardía y el salvajismo

---

53 Block, *Judges, Ruth*: 171.
54 L. Klein, *The Triumph of Irony in the Book of Judges*.
55 *Op. cit.*
56 Block, *Judges, Ruth*: 159.

de Ejud contienen un notable parecido a los patrones de comportamiento cananeos"[57].

Este patrón es claro en el libro, pero de todos modos uno se pregunta hasta qué punto Ejud es o no es un héroe nacional. El mismo Block responde que "el libro de los Jueces no es tanto un memorial escrito de los héroes de Israel de principios de la Edad de Hierro sino el testimonio de la determinación de la gracia de Dios para preservar su pueblo respondiendo a sus ruegos y liberándolos"[58]. O'Connell concurre en que la no remoción de los ídolos es un problema, pero de todos modos concluye que este relato "ridiculiza al rey enemigo de Israel y su corte" con el fin de "glorificar a Ejud, el héroe de Israel y a su Dios Yavé"[59]. En ese caso, el resultado fue casi un siglo de paz. Nada mal.

Conclusión: ¿Humor para qué? ¿Por qué negro?

El libro de los Jueces hay que leerlo completamente para comprenderlo. Quisiera proponer dos cosas fundamentales para la lectura de este libro, una ya dicha por muchos y otra tal vez nueva: 1) la historia de Ejud y Eglón sí es de humor, y de humor negro; y 2) el humor es "risa que se vuelve mueca". Veamos.

En su conjunto, el libro de Jueces muestra que Israel se ha vuelto como los cananeos; es decir, ha perdido su identidad y todos los propósitos de Éxodo a Josué y se ha cananeizado[60]. Ejud es un personaje ambiguo si se lo mira desde la comodidad de un escritorio. Por un lado, es astuto; pero, por otro, cruel. Así que lo negativo no está en el engaño y la crueldad[61]; es una guerra.

---

57 Block, *Judges, Ruth*: 40.
58 Block, *Judges*: 40.
59 O'Connell, *The Rhetoric of the Book of Judges*: 100.
60 Younger, *Judges and Ruth*.
61 Como dice Younger, a quien le debo mucho, pero discrepo con él en este punto.

Esta historia de ironía satírica, de humor y sarcasmo, celebra la liberación de un opresor cuya condición física es tan detestable como el tributo que se le paga. En la historia de la humanidad, es muy común que los oprimidos se burlen de sus opresores y celebren sus desgracias. Israel se goza en esta historia y siente que tiene derecho a hacerlo. Una pregunta para el lector es: ¿por qué se preocupó el autor por contar de manera estilizada una historia tan grotesca? ¿Pretende el autor que nos riamos con él mientras presenciamos el asesinato de un hombre supremamente gordo a manos de un hombre astuto y malicioso (sea Bond o un lisiado)? O ¿quiere que los israelitas se avergüencen al verse a sí mismos representados tan engañosos y brutales como los cananeos? Los comentaristas reconocen que esta historia es difícil de leer[62].

La pregunta que resuelve este enigma es doble: por qué nos han contado la historia y por qué nos la cuentan de esa manera, al estilo "baja comedia"[63]. El escritor siempre decide qué contar y cómo. En este caso, nos ha invitado a reírnos de una historia que, aunque cruel, no importa, porque se trata de un enemigo no menos cruel. No se trata, por ejemplo, que Otoniel sea mejor que Ejud, pues el escritor no nos dice cómo es que Otoniel peleó ni qué hizo.

La espiral de la violencia

El escritor bíblico nos cuenta esta historia y nos invita a reírnos. En los capítulos siguientes nos narra la historia del asesinato de Sísara a manos de una mujer. Otro que cayó engañado, pero esta vez ante los cuidados femeninos de Jael. También se celebra esta victoria en poema donde al final (Jue 5) se burla de la madre de Sísara y sus amigas "sabias": se la imagina preocupada esperando a su hijo, pero celebrando el botín que han tomado, el

---

62 Véase, por ej., Block.

63 Athalya Brenner, "On the Semantic Field of Humour, Laughter and the Comic in the Old Testament", en Yehuda Thomas Radday, Athalya Brenner (editores), *On Humor and the Comic in the Hebrew Bible* (Sheffield: Almond Press, 1990).

cual incluye ropas y mujeres. Pero la señora es una tonta, pues escritor y lector saben que su hijo no regresará, lo ha matado una mujer.

¿Qué está celebrando Israel aquí? La victoria, pero la celebra morbosamente, pues se goza en la violencia. A partir del capítulo 7 la cosa comienza a cambiar. Se inician las riñas intertribales. Ahora la violencia es contra los enemigos de Israel, pero también entre los mismos israelitas, incluyendo la violencia religiosa.

Cuando los israelitas le dijeron a Gedeón: [...] *Reina sobre nosotros, tú y tus hijos, y también el hijo de tu hijo* este respondió muy dignamente: [...] *No reinaré sobre ustedes, ni tampoco reinará sobre ustedes mi hijo. El Señor reinará sobre ustedes* (Jue 8.22-23, NBLH). Pero después de tamaña confesión de humildad, Gedeón hace lo que hacen los reyes: cobrar impuestos. A petición suya, cada varón entrega un zarcillo de oro de los que habían tomado del botín en su guerra contra Madián. La colecta sumó mil setecientos shekels de oro (8.24-26). Con el oro, Gedeón fabrica un reemplazo para Yavé: un efod "con el cual todo Israel se prostituyó" (8.27). Evidentemente, no tiene intenciones de que Yavé reine sobre Israel.

En su vida familiar, Gedeón "tuvo setenta hijos, quienes eran sus descendientes directos, porque tenía muchas mujeres" (8.30). Esto es familia de reyes, muchas mujeres y muchos hijos. Uno de los hijos de Gedeón, con una cierta concubina de Siquem, se llamaba Abimelec (8.31). Aparentemente, es un nombre inocente, y muy bíblico también. Pero resulta altamente sugestivo en esta historia. El hombre que dice que no va a reinar tiene un hijo cuyo nombre es abi-melek: ¡"mi padre es rey"!

Luego de morir Gedeón, "el pueblo de Israel volvió a prostituirse tras los Baales y determinaron que Baal-Berit sería su dios" y "no se acordaron [de] que Yavé, quien los había librado de la mano de sus enemigos"; y para completar, tampoco tenían mucho aprecio por Gedeón, pues "no mostraron bondad a la casa de Gedeón" (8.33-35). En otras palabras, Yavé no reinó sobre ellos.

Abimelec se va a Siquem, alli arenga a sus familiares y se autoproclama como el mejor candidato para reinar sobre ellos (Jue 9.1-3). Acto seguido, imita a su padre y cobra sus impuestos: "le dieron setenta piezas de plata de la casa de Baal- Berit" y con ellas contrató su propia banda de mercenarios para asesinar a sus propios hermanos, los enemigos potenciales al "trono" (Jue 9.4-5).

Con esto queda claro que el escritor bíblico, además de artista de la palabra, quiere hacer que el lector sospeche de lo que está leyendo, que se dé cuenta de que las cosas no son lo que parecen. Con la historia de Abimelec nos muestra cómo se puede decir una cosa para significar otra, que Jueces no se puede leer al pie de la letra.

En esto terminó la historia de Gedeón, alguien que, por cierto, también tenía un poderoso testimonio para contar: llamado de manera sobrenatural (Jue 6.11-27) y liberador poderoso de Israel (Jue 6.28-8.21). De este modo eran las cosas en los días en que no había rey y cada uno hacía lo que bien le parecía: el más inútil termina gobernando (Abimelec) porque tiene discurso convincente y sabe matar. La Biblia no lo deja pasar sin añadir una burla de tal pueblo y de sus líderes, la fábula de los árboles (Jue 9.7-21).

La fábula de Jueces 9 y la progresión del relato muestran que el libro es una fuerte crítica al liderazgo de Israel y a su mentalidad guerrerista. El lector empieza riéndose de los enemigos y de la crueldad contra ellos, pero luego la risa se le va volviendo mueca a medida que observa que esa crueldad ahora es contra ellos mismos. El lector puede constatarlo en la historia de Sansón, la de Micaías, la del levita y su concubina y la de la guerra fratricida contra los benjaminitas. No menos humorística es la guerra entre dos tribus israelitas y una matanza donde ¡lo que lo salva a uno es el acento! (Jue 12.1-7).

De todas, la historia más cruel es la de la concubina del levita. Este, creyendo estar seguro en territorio israelita, le toca recoger a su mujer muerta después de haber sido abusada sexualmente toda una noche por los benjaminitas. El levita descuartiza la mujer en doce pedazos, los manda a todas las tribus de Israel y se desencadena una guerra contra los benjaminitas hasta casi acabarlos.

Ríase, pero no se ría

Llegamos así al final de Jueces y debemos preguntarnos: "De qué nos estábamos riendo?". El libro de los Jueces es una crítica a la violencia. La violencia no es cosa de risa. El pueblo que se goza en la violencia contra los enemigos terminará perdiendo la sensibilidad hacia la violencia en sí y no le importará luego la violencia contra sus propios hermanos.

¿Qué ha hecho el escritor de Jueces entonces? Nos ha tendido una trampa. Nos pone a reírnos de la violencia para luego preguntarnos: "¿Te parece que la violencia es cosa de risa?". Esta, me parece, es una forma de entender por qué la Biblia contiene historias de humor negro y humor relacionado con la violencia. Las lecciones deben servir a toda la humanidad.

De la violencia física pasamos a la violencia misionológica. En el siguiente capítulo veremos lo bueno, lo malo y lo feo de Jonás.

Jonás el bueno
Un profeta cómico, pero honesto

Introducción

Todo el que alguna vez ha escuchado o leído la historia de Jonás recordará que este fue el profeta desobediente al que se lo tragó un gran pez. También quizá recordará que sufre de mal humor; hasta con Dios se enoja y llega al punto de desear la muerte. Es cierto que los profetas bíblicos son muy diferentes unos a otros, pero Jonás es un profeta fuera de serie.

Jonás es uno de los llamados Profetas Menores. Su libro es bastante corto, sólo tiene 48 versículos; esto facilita su lectura. Pero el que sea corto no quiere decir que sea fácil y que podamos resolver todas las dificultades. Nos concentraremos en nuestro tema: el humor como vehículo para la comunicación de un mensaje. Pero antes, diremos *algo* sobre el libro en general.

De Jonás conocemos que es hijo de Amitai, pero como no sabemos quién es Amitai, nos quedamos sin saber quién es Jonás. De todas formas, es importante notar que se presenta como un personaje que tenía un padre; lo cual hace suponer que también tenía madre y probablemente hermanos, tíos, primos y demás. Es decir, era una persona real.

Existe incertidumbre sobre la conexión entre el Jonás de este libro y el que se menciona en 2 Reyes 14.25: "Jeroboboam II restauró los límites de Israel desde la entrada de Hamat hasta el mar del Arabá, conforme a la palabra de Yavé Dios de Israel, la cual él había hablado por su siervo Jonás hijo de Amitai, profeta que fue de Gat-hefer". Las coincidencias existen, pero es probable que se trate del mismo. Si es así, entonces Jonás vivió antes del exilio. Esto quiere decir que el libro no trata del "exclusivismo judío" del exilio, sino de "un juicio profético sobre Israel acorde con el resto del testimonio profético del Antiguo Testamento"[1].

El nombre hebreo "Jonás" significa paloma; en sentido positivo, es símbolo de belleza y lealtad a Dios (Cnt 6.9). Pero también hay un sentido negativo. Oseas 7.11 dice que Israel es como paloma "torpe y sin entendimiento"[2]. Para los judíos, el libro de Jonás es el libro del arrepentimiento por excelencia. Se recita en Yom Kippur para recordar que "si Dios puede perdonar gente tan mala como los ninivitas, cuánto más perdonará al ciudadano promedio"[3].

El humor en el libro de Jonás es algo que casi todos los intérpretes dan por sentado[4]. Resulta cómico que una persona creyente en Dios quiera morir porque se le murió la planta que le daba sombra, al tiempo que no quiere dar el mensaje de salvación a Nínive porque sabe que Dios es misericordioso y la perdonará si se arrepiente. Tampoco deja de ser irónica la brevedad del mensaje de Jonás: "Dentro de cuarenta días Nínive será destruida"[5] al lado de la efectividad del sermón: "toda la ciudad se arrepintió". Todo esto hace al lector sospechar que a última hora, Dios hace lo que quiere y nosotros no somos quienes para estorbarlo, lo cual, a su vez, cuestiona todas las

---

[1] Brevard S. Childs, "The Canonical Shape of the Book of Jonah", en Gary A. Tuttle (editor), *Biblical and Near Eastern Studies* (Grand Rapids: Eerdmans, 1978): 128.

[2] Ursula Struppe, *Die Bücher Obadja, Jona* (Stuttgart: Verlag Katholisches Bibelwerk, 1996): 60.

[3] T. A. Perry, *The Honeymoon is Over: Jonah's Argument with God* (Peabody: Hendrickson, 2006): 120.

[4] Struppe.

[5] Moberly sostiene que no se trata de alguien jugando a ser profeta y que el mensaje le funciona por pura chiripa [nota del editor: en otros lugares de América Latina "chiripa" equivale a "suerte"].

ideas populares de consumo masivo sobre la directa relación que existe entre confesión positiva y resultados deseados. Con Dios, por lo menos en la Biblia, la matemática es otra.

Jonás es profeta, pero el libro no trata de sus profecías, sino de su respuesta a la misión encomendada, sus aventuras, sus diálogos y sus rabietas. La brevedad del mensaje que Jonás debe predicar y el poco énfasis que se pone en éste hace pensar que el mensaje de Jonás no se halla en lo que predica, sino en el relato, en la historia de Jonás[6]. El libro propiamente tiene muy poco de profético, unas cuatro palabras; el resto es el relato de las aventuras del profeta (¿y de Dios persiguiéndolo?)[7]. Así como Jonás se valió de su astucia para escapársele a Dios y no predicar lo que le mandaron, Dios también se valió de variados medios para hacer que Jonás tomara el camino. A pesar de todo, da la impresión de que para Él, de alguna manera valía la pena poner su atención en Jonás[8].

El asunto introductorio más polémico en el estudio de Jonás es la historicidad del relato. La mayoría de los comentaristas la niegan. Los comentaristas conservadores están divididos entre los que dicen que el relato sí es histórico y quienes sostienen que no. No podemos entrar aquí en todos los detalles de la discusión, pero tampoco podemos pasar por alto el asunto.

El estudio de la historia de la interpretación de Jonás está estrechamente ligado al problema de la historicidad del libro. Básicamente el asunto es que los hechos relatados resultan inverosímiles, especialmente la supervivencia de una persona por tres días en el vientre de un pez gigante. A esto se le suman algunos otros detalles, como son la tormenta que se desata por culpa de Jonás, el descubrimiento de su culpabilidad, el crecimiento acelerado de una planta, el ayuno de personas y animales, la conversión masiva de una ciudad tan grande cuyo tamaño

---

6   Paul Kahn, "An Analysis of the Book of Jonah", *Judaism*, N° 1, 1994.
7   *cf.* Struppe.
8   Perry, *op. cit.*

resulta imposible de creer y, por último, el carácter esencialmente cómico de Jonás, el personaje principal.

La discusión del problema es ineludible, sencillamente porque cualquiera que sea el camino que el intérprete tome, deberá justificarlo: el relato o es histórico o es ficción. No se trata de discutir el asunto para evitar llegar al tema del libro, como sugiere Justo González en su comentario[9]. Una cosa no excluye la otra. Lo que sí se debe decir es que pocos son hoy en día quienes defienden la historicidad del relato, incluyendo muchos autores conservadores.

En cuanto a la estructura general del libro, en los dos extremos hay dos arrepentimientos: la de los marineros y la de los ninivitas. En el centro de la historia está Jonás. Los paganos se arrepienten mientras que el creyente se molesta porque Dios es misericordioso. Jonás ha actuado en contra de una convicción fundamental de la fe bíblica: Dios es misericordioso[10].

¿Para dónde vas, Jonás? (1.1–3)

Las primeras cuatro palabras del libro de Jonás ("Vino palabra de Yavé a [...]") son una fórmula hebrea muy común con la que se introduce la comunicación de Dios con un profeta auténtico[11]. Así, pues, de entrada se prepara al lector para encontrarse con un hombre de Dios, comparable a otros grandes y auténticos profetas.

Seguidamente, y como es de esperarse, vienen las palabras del mensaje que Yavé habla a su profeta. Pero, en contraste con los otros lugares donde "vino la palabra de Yavé", las palabras que Dios habla a Jonás son apenas unas cuantas y el mensaje que Jonás debe comunicar en realidad no se lo dicen, sino la

---

9 Justo González, *Jonás*, Comentario Bíblico Iberoamericano (Buenos Aires: Kairós, 2000).

10 Kahn, *op. cit.*

11 Se usa con Samuel (1S 15.10), Natán (2S 7.4), Elías (1R 17.2; 21.17), Isaías (Is 38.4), Jeremías (Jer 1.4, *passim*), Ezequiel (Ez 3.16, *passim*), entre otros.

razón por la que debe predicar: "Levántate, ve a Nínive, la gran ciudad, y predica contra ella porque ha subido su maldad a mi presencia" (v. 2). Los dos imperativos (levántate, ve) parecieran indicar un sentido de urgencia, pero, como se ve, no se dice cuál es propiamente el mensaje.

El versículo 3 se inicia con el mismo verbo del versículo anterior, "levantarse". Así las cosas, uno esperaría que todo se fuera a cumplir, pero no. Así como Yavé usa los verbos (imperativos) "levántate" y (pro)"clama", las acciones de Jonás se describen conjugando los mismos dos verbos de acción (uno en forma *vayyiqtol* y el otro en infinitivo). Jonás "se *levantó*", pero no para *ir* a Nínive a predicar, sino "para *huir* de la presencia de Yavé". ¿Cómo se puede huir de la presencia de Yavé? No se puede, como el resto del libro se encarga de demostrar hasta la saciedad (*cf.* Sal 139); pero eso es precisamente lo que Jonás intenta hacer[12].

Consecuente con su falsa percepción de Dios, Jonás decide huir de Él y toma rumbo en dirección opuesta a la que Yavé le había mandado. Se va hasta Jope, en la costa nororiental del Mediterráneo para tomar un barco. Dios le dijo "levántate", él "se levantó" y subió a un barco, donde después "bajó". A partir

---

12 Da la impresión de que el actuar de Jonás delata una especie de teología geográfica, cosa que no es propia de la teología bíblica, pero sí de los pueblos vecinos de Israel, cuya influencia Israel no siempre pudo evitar del todo. Otro caso notable de esta forma de pensar viene de la época de los Jueces. Jefté fue valiente guerrero, pero muy mal teólogo. En una disputa territorial con sus vecinos amonitas, afirma lo que un verdadero yavista no debe afirmar: "¿No posees tú lo que Quemós, tu dios, te ha dado a poseer? Nosotros también poseemos todo lo que Yavé nuestro Dios les quitó a ellos [los amorreos] para darnos a nosotros" (Jue 11.24). Jefté cree que así como Yavé le ha dado a Israel su territorio, Quemós es igualmente poderoso para dar tierras a los amonitas (*cf.* 1R 20.23). Esto es lo que se conoce con el nombre de henoteísmo o monolatría: se cree en un dios nacional territorial, pero no se desconoce a los otros dioses como igualmente reales y poderosos. ¡Ah regaño que se hubiera llevado Jefté de Ana (1S), de Isaías o de Pablo!

del versículo 3b empieza a bajar: primero "desciende a Jope" y luego "desciende" al barco. También debe notarse aquí el juego de ideas con "huir" (de Dios) y la de "encontrar" (un barco). La claridad de la intención de Jonás de "huir de la presencia de Yavé" es el tema de esta primera sección, pues aparece tres veces en los versículos 2 y 10.

Pero Jonás no es diferente a los demás seres humanos. Sus acciones están determinadas por su teología. Cree que la presencia de Dios está circunscrita a cierto lugar; entonces la manera de huir de Dios es alejarse de ese lugar. La secuencia de cinco verbos de acción (*vayyiqtol*) en el versículo 3 acelera la acción y nos muestra que Jonás va a toda prisa en su propósito de huir de Yavé. Pero, como hemos dicho, a partir del versículo 4 el texto nos mostrará la imposibilidad de tal empresa.

En el mar (1.4–6)

Desde el comienzo de este libro, todo es grande. Una vez en el agua, Yavé *lanza un gran viento* sobre el mar, de modo que se produce una *gran tempestad* tan fuerte que el barco donde iba Jonás está por romperse (v. 4). A los marineros les asalta un *gran temor*. Su reacción es la de cualquier mortal, clamar desesperadamente cada uno a su dios. Pero por su profesión saben que en casos así hay que aligerar la carga del barco. Así, pues, el resultado del gran viento que Dios lanzó es que los marineros *lanzan* la carga al mar.

Mientras el pánico y la desesperación cunden arriba, Jonás ni se da por enterado. Como había pagado su boleto, bajó a lo más profundo del barco, se acostó y se durmió profundamente. Es decir, a quien se le pidió *levantarse para ir a Nínive, se levantó para huir a Tarso* y luego *bajar* a un barco, en el cual *bajó* hasta lo profundo, se acostó y se quedó. Pero todavía le faltaba bajar más.

Seguramente mientras buscaba más cosas pesadas para tirar al mar, el capitán del barco se topó con Jonás y le dio su merecida reprimenda: "¿Cuál es tu problema, dormilón?". En esta sección, Nínive y el mensaje que Jonás debía predicar allí han desaparecido por completo del relato y no volverán a emerger hasta el capítulo 3.

Curiosamente, para regañar a Jonás, el capitán del barco usa los dos mismos verbos con los que Yavé comisionó a Jonás en el versículo 2: "levántate" y "clama" a tu dios para ver si se fija en nosotros y no perezcamos (v. 6). Jonás hasta aquí no se ha dado cuenta de que no es posible huir de Dios, pero el lector de esta historia percibe lo que está pasando. Así termina esta sección: Jonás no contesta ni la pregunta de por qué está durmiendo, ni tampoco le pide a su dios que los salve, como le pidió el capitán del barco. Jonás se queda en silencio. Pero el mar y la tormenta continúan rugiendo y los marineros siguen buscando una solución.

La suerte de Jonás (1.7–16)

El versículo 7 se podría denominar "Supieron y cayó Jonás". Los marineros deciden echar (lit. "hacer caer") suertes para saber por qué causa les ha venido este mal. Entonces "hicieron caer la suerte y la suerte cayó sobre Jonás". Esta escena nos lleva inmediatamente al versículo 2, donde Yavé dice que la *maldad* de Nínive ha *subido* hasta él. Ahora en el versículo 7 la suerte *cae* sobre Jonás, quien es la causa del *mal* de los marineros. Así empiezan a aclararse las cosas para los marineros, quienes tienen su propia perspectiva de lo que ocurre. ¿Qué revela de los marineros el hecho de que piensan que la tormenta es culpa de alguien? La teología de la retribución.

En el versículo 8 comienza el diálogo entre Jonás y los marineros. Le hacen una serie de preguntas. Primero ¿por qué duermes? Y luego cinco preguntas más: "Dinos ¿por qué ha venido este mal sobre nosotros?, ¿cuál es tu ocupación?, ¿de dónde vienes?, ¿cuál es tu tierra? y ¿de qué nación eres?". Demasiadas preguntas seguidas. En otras palabras, "¡tú ¿qué haces aquí?!".

Hasta el momento, Jonás el predicador no ha pronunciado una sola palabra. Pero ahora sí, por primera vez, y por fín, habla Jonás en el versículo 9: "Yo soy hebreo; a Yavé, Dios de los cielos, yo temo; quien hizo el mar y la tierra (seca)". De las seis preguntas que le han hecho hasta el momento, Jonás solamente contesta una, la de su identidad nacional. Nadie le ha preguntado quién es su dios ni qué ha hecho, pero parece que la conciencia lo ha delatado. Pero lo que dice tampoco es tan exacto: "¿temo a Dios?". Más preciso tal vez hubiese sido "huyo de Dios". Pero es cuestión del lenguaje, la cultura y la época. De todos modos, es curioso que Jonás haya dicho que Yavé hizo el mar, que, por cierto, los tiene al borde de la muerte; y la tierra *seca*, donde todos seguramente habrían querido estar en ese momento.

Al tema de lo grande se le suma el del temor. Los marineros *temen* cuando viene la tormenta (v. 5); Jonás dice que *teme* a Yavé (v. 9); luego los marineros *temen* cuando Jonás se identifica, y *temen* mucho (v. 10); después se repite la misma expresión del versículo 10 en el versículo 16: "y temieron los hombres y temieron mucho", pero ahora añade, "a Yavé". De modo, pues, que el verbo "temer" aparece siete veces entre los versículos 5-16. Se puede apreciar los dos sentidos en que se usa. Jonás habla de temer a Dios en el sentido de "mi Dios es Yavé"; mientras que para los marineros el verbo describe el miedo que les ha producido la tormenta y el dios que la ha causado.

Como Jonás no ha contestado el resto, los marineros siguen preguntándole. Llama la atención que las preguntas sean exactamente las que Dios le habría hecho; o mejor dicho, estos hombres, que para Jonás son "paganos", son la voz de Dios, y con sus preguntas, hacen recapacitar a Jonás para que vuelva en sí. También llama la atención que el relato se detenga y se prolongue en un diálogo en un momento de total desesperación. No se nos debe olvidar que el viento y el mar siguen sacudiendo este barco y si hace un rato estaba a punto de partirse, ¡ahora más! Realmente no es momento para entrevistas. Pero aquí se detiene el relato porque lo que sucederá es decisivo para la historia.

La pregunta siguiente, la séptima, es *¿qué es esto que has hecho?* (v. 10, BLA). Esta pregunta, formulada en los mismos términos, aparece otras cinco veces en la Biblia (Gn 3.13; 12.18; 26.10; 29.25; Éx 14.11). En cada caso, la pregunta se hace a alguien que ha hecho algo terriblemente serio y malo. Como se puede observar, cuatro están en Génesis. El caso más significativo de todos es el de Génesis 3, donde Dios confronta a Eva con su desobediencia: "¿qué es esto que has hecho?"[13].

Siendo esta la pregunta que le hacen, no cabe duda que los marineros "paganos" toman el lugar de Dios en el diálogo. Y ahora sí contesta Jonás, por fín, la segunda pregunta, la primera del versículo 8: ¿por qué causa ha venido este mal sobre nosotros? Sin embargo, en el texto no es Jonás quien dice "huyo de Yavé", sino, el narrador cuenta que "los hombres supieron que Jonás huía de la presencia de Yavé, porque él [Jonás] se los había dicho" (v. 10b). En otras palabras, lograron el objetivo propuesto al echar las suertes: saber quién era el culpable de la tormenta.

El prolongado diálogo en plena y rugiente tormenta empieza a llegar a su final cuando el narrador nos recuerda que el mar está ahora más embravecido. Como la situación no ha cambiado, el interés de los hombres es también el mismo, calmar la tormenta. Ahora que saben quién es el culpable, se preguntan qué hacer con él (v. 11).

Sólo hasta el versículo 12 reconoce Jonás que ha hecho mal: "Yo sé que por causa mía la tormenta grande ha venido sobre nosotros". El último en reconocerlo es el culpable. Pero parece que arrinconado como está, a Jonás no le queda más alternativa que proponer él mismo la solución: *láncenme* al mar.

El verbo "lanzar" es importante en este capítulo. El primero en "lanzar" algo es Dios: "y Dios *lanzó* un gran viento sobre el mar" y causó la tormenta (v. 4). Acto seguido, los marineros

---

13 En los otros casos, el faraón le reclama a Abraham por no decirle la verdad con respecto a su mujer (Gn 12.18); en el segundo caso Abimelec le reclama a Isaac por las mismas razones del faraón (Gn 26.10); en Génesis 29.25, Jacob le reclama a Labán por engañarlo al no darle la esposa que habían acordado; y finalmente, en Éxodo 4.11 quienes reclaman son el pueblo de Israel porque consideran que haber salido de Egipto es peor que haberse quedado.

lanzan al mar la carga para que la tormenta no les destroce el barco (v. 5). En el versículo 12 Jonás pide que lo *lancen* a él al mar para que se calme la tormenta porque él es el problema. Y finalmente en el versículo 15 "tomaron a Jonás y lo *lanzaron* al mar y cesó el mar su furor. Los versículos 4, 5, 12 y 15 son cruciales en la construcción del relato; en el versículo 4 se inicia la tormenta; en el versículo 5 se ejecuta una solución después de una breve consulta a "los dioses", pero fracasa; en el versículo 12 se propone la solución definitiva a la tormenta; y en el versículo 15 se ejecuta la solución y por fin la tormenta se calma.

Ante la calma de la tormenta, los marineros reaccionan de manera parecida a la de Pedro en los evangelios: adoran a Yavé porque temen mucho a Yavé. Otra vez encontramos la conexión entre las mismas secciones del relato: versículos 5, 9, 10 y 16.

De todo esto aparece un primer "resultado": los marineros ofrecen sacrificios a Yavé. Gracias a Jonás, estos marineros resultan más sensibles a Yavé que el predicador, es decir, Jonás. Parece como si este estuviese irremediablemente condenado a producir convertidos, hasta cuando vive en franca desobediencia a Dios.

En la Biblia el concepto de suspenso es diferente al que nosotros manejamos. Las novelas y películas de suspenso hacen todo lo posible para que el público no sepa sino hasta el final quién es "el malo". En la Biblia le informan al lector desde el principio. El suspenso no radica en conocer al culpable, sino en cómo se descubrirá y cómo se enterarán los personajes del relato lo que el lector ya sabe (*cf.* Jos 7).

¿Jonás el piadoso? (1.17–2.10)

Esta sección relata la entrada al pez y la salida de este. Continúan los temas de las cosas *grandes*[14] y del *bajar*. El gran pez

---

14 Struppe afirma que los juegos de palabras combinados con los animales y plantas, más la grandeza de las cosas indican que estamos ante una caricatura.

inicialmente aparece como agente de muerte, como "suicidio asistido", pero en realidad es para Jonás salvación[15]. Él está preso tres días y tres noches; y allí ora. La oración de Jonás en el capítulo 2 tiene toda la apariencia de piedad[16]: la terminología, los temas y la poesía. La oración de este capítulo ocurre en el vientre de un *gran* pez, sin embargo está más preocupada por volver a ver el templo de Jerusalén, por ofrecer sacrificios y por cantar (vv. 4 y 9), temas muy propios de los salmos (*cf.* Sal 4), que por la salvación de los ninivitas. Más aún, se refiere a la demás gente como seguidores de ídolos vanos que abandonan el amor de Dios (v. 8). No obstante, Jonás celebra la salvación de Dios.

El episodio de los tres días en el gran pez es el principal motor de la discusión sobre la historicidad de Jonás. Por tal razón, se ha propuesto que el libro se lea como alegoría, tipología, fábula, parábola, novela didáctica o leyenda profética. También se ha dicho que se trata de un sueño o que la nave que lo rescató se llamaba "El Gran Pez". ¡Eso sí es chistoso! Como ninguna alternativa resulta del todo convincente, otros han optado por una combinación de algunas de las propuestas[17]. La alternativa más aceptada hoy en día es que la historia es una parábola, comparable a la del Buen Samaritano en el Nuevo Testamento. Si este fuera el caso, se eliminaría el problema histórico y se preservaría el significado teológico[18].

Ante todo esto, podemos decir lo siguiente. Mis dos presupuestos para la interpretación de la Biblia son: 1) la Biblia se esfuerza por relatar hechos históricos; y 2) los relatos bíblicos son composiciones literarias elaboradas y estilizadas. Lo segundo no elimina lo primero. Pero lo primero no debe impedirnos ver lo

---

15 Perry, *op. cit.*

16 Childs admite que esta oración complica la idea de que el libro sea una parábola puesto que Jonás ya no es sólo un mensajero rebelde, sino "una figura representativa que establece un vínculo entre Israel y los paganos".

17 Véase más detalles en Brevard S. Childs, *Introduction to the Old Testament as Scripture* (Philadelphia: Fortress, 1980).

18 Childs, "The Canonical Shape of the Book of Jonah".

segundo. En el estudio de cualquier obra literaria, incluyendo la Biblia, es indispensable observar la relación entre forma y contenido. En el momento nos interesa ver en Jonás la función que cumple el humor y lo poético en la comunicación del mensaje. Es decir, lo poético embellece, pero su función no es únicamente embellecer; y lo humorístico entretiene, pero ese tampoco es su fin último. Al escritor bíblico, le interesa comunicar un mensaje y, como cualquier escritor, para lograr su objetivo se vale de los medios disponibles en su cultura, como son: el idioma, los géneros literarios y los procedimientos literarios y estilísticos.

Por ejemplo, las dos características literarias más notables en Jonás son, primero que todo es exageradamente grande; y segundo, hay tres sucesos increíbles: 1) la estadía en el vientre del pez, 2) la conversión de toda una ciudad y 3) el acelerado crecimiento y repentina muerte de una planta. Casi todo lo demás es bastante humano y "normal". Así lo muestra el comportamiento de los marineros y el de Jonás, incluyendo su piedad.

¿Jonás el obediente?

El capítulo 3 es un nuevo comienzo. Pero ahora Dios lo manda a predicar *a* Nínive, no *contra* Nínive, como en el capítulo 1. Tampoco porque "ha subido la maldad" delante de Dios, sino a predicar "el mensaje que yo te diré". Acto seguido, Jonás por fin se levanta para ir a Nínive, según la palabra de Yavé.

Así Jonás predica en la gran ciudad de Nínive: "Dentro de cuarenta días Nínive será destruida". ¡Por fin Jonás predica! Pero ¿qué clase de mensaje es este?, ¿por qué tan corto y escueto? Es muy posible que aun en la predicación de su mensaje, él todavía siga haciendo de las suyas. La discusión del siguiente tema[19] se presenta como una propuesta muy plausible a la luz de la totalidad del libro de Jonás. Si acaso él aprendió la lección, fue a medias.

---

19 Véase R. W. L. Moberly, "Preaching For a Response? Jonah's Message to the Ninivites Reconsidered", *Vetus Testamentum* 53, N° 2 (2003).

La sospecha de la mala voluntad de Jonás en la predicación está en el número de días antes de la destrucción: cuarenta.
1. El lenguaje de destrucción aquí es el mismo de Sodoma y Gomorra (Gn 19; Dt 29.22; Am 4.11); esto hace suponer una destrucción de grandes proporciones.
2. El patrón del mensaje parece indicar que hay oportunidad para el arrepentimiento (Jer 18.7–8). Quizá Dios se arrepienta del castigo si Nínive se convierte.

Pero ¿por qué un límite de tiempo y por qué exactamente cuarenta días? Las siguientes consideraciones son importantes porque si logramos aclarar el punto, entonces estaremos frente a otro elemento humorístico.
1. Cuarenta días implica un período largo.
2. La versión griega de Los Setenta no dice cuarenta, sino "tres días", un período corto y es en cierta forma lo opuesto de cuarenta días. La mayoría de los académicos descarta esta versión en este caso. Sin embargo, algunos notan que cuarenta días es bastante extraño en una historia breve donde todo ocurre con celeridad: "Si no hay forma de explicar la diferencia por medio de un proceso familiar de transposición de los escribas, quedan dos posibilidades: que hay algún tipo de error inexplicable, o que se trata de una decisión interpretativa deliberada por parte del traductor griego o del copista hebreo".
3. Algunos proponen que originalmente eran tres en esta historia ficticia, y alguien quiso convertirla en historia poniendo cuarenta días. Pero esto crea el problema de un ayuno demasiado prolongado, después del cual todos se habrían muerto de todas formas. Demasiado tarde para descubrir la misericordia de Dios.
4. También se ha dicho que los cuarenta días son un "período de prueba".
5. Por último, debemos pensar en la relación entre los cuarenta días y el profeta Jonás. ¿Cambió Jonás del capítulo 2 al 4? ¿Predica el mensaje que le mandaron a predicar? ¿Predicó más de un día? ¿Qué refleja su mensaje? Si Jonás todavía

sigue predicando de mala gana, ¿cómo se deben entender los cuarenta días?

Probablemente no es un período de prueba. Todo lo contrario. Si el mensaje de Jonás es tan urgente, lo "lógico" sería que también haya urgencia en el tiempo dado para el arrepentimiento (Mt 4.17; Ap 3.20). Por eso la mencionada versión pone tres días, para que Jonás y la "lógica" del libro queden bien. Pero como el profeta en realidad no quiere que los ninivitas se arrepientan, entonces cuarenta días sería mucho mejor. Es decir, Jonás predica el mensaje de juicio que le mandaron, pero le quita a este la urgencia. En otras palabras, el arrepentimiento se puede posponer porque todavía falta tiempo. Así Jonás se inventa una nueva jugada.

Según esta interpretación, descubrimos una nueva faceta de la actitud de Jonás con respecto a la conversión de los gentiles. Pero, como quien está a cargo de la situación es Dios y no Jonás, los ninivitas creyeron a Dios, proclaman ayuno hasta para los animales y se arrepienten. ¡El rey decretó ayuno, oración y conversión! Dios detuvo la destrucción.

Jonás el furioso y ¿Jonás el bueno?

Si el anterior argumento sobre los cuarenta días no nos convenció, el capítulo 4 ya no deja dudas de que Jonás en esencia no ha cambiado mucho. Al ver la conversión masiva de los ninivitas, no solamente se enoja, sino que justifica lo que hizo en el capítulo 1, su huida a Tarsis. "¿Te das cuenta por qué salí huyendo a Tarsis?". Las palabras de Jonás en 4.2 son cómicas, pero de una profundidad casi incomprensible: la bondad de Dios es tan, pero tan grande, que cuando la comprendemos de verdad se hace insoportable. Esa es la virtud de Jonás. ¿Cómo puede Dios hacerle bien al enemigo de Israel?

Es probable que el escritor bíblico nos haya tendido una trampita. ¿Te da risa el relato de Jonás? ¿Has entendido lo que él entendió? Si tú y yo entendiéramos lo que entendió Jonás, seríamos como él. Es decir, la comprensión de la grandeza de la bondad de Dios podría llevarnos a conductas ridículas y contradictorias cuando tratamos de vivir según la verdad comprendida.

El texto nos hace pensar que nos encontramos por encima de Jonás, que somos mejores que él y por eso estamos en condiciones de juzgarlo. El comportamiento de Jonás nos resulta ridículo, contradictorio, inconsecuente[20]. Tal vez sea ridículo y contradictorio, pero no inconsecuente. Jonás ha actuado a partir de la comprensión de una de las verdades más importantes de toda la Biblia: Dios es bueno, Dios es misericordioso, Dios es compasivo. Todos los enemigos de Dios y de su pueblo son redimibles y perdonables.

El comentario de Pirandello, aunque refiriéndose a otra obra, nos puede ser útil aquí para la lectura de Jonás: "El poeta, en suma, nos induce a sentir compasión del pobre cura, haciéndonos reconocer que, a pesar de todo, si nos hurgamos bien la conciencia, es humano, de todos nosotros, lo que éste siente y experimenta"[21]. Jonás tiene, como diría Pirandello, una "piedad despiadada"[22]. Es decir, el libro es una trampa como la que Natán le tendió a David, lo pone a emitir un juicio sobre un hecho para luego decirle: "ese hombre eres tú".

Ahora que esto ha sido claro, entonces Dios trata de razonar con Jonás (y con el lector de su historia) con una pregunta: "¿Te parece bien enfurecerte así?". Pero, como hemos visto, Jonás no es muy dado a responder preguntas, se va y acampa en un extremo de la ciudad para ver qué pasa. Dios no lo deja en paz. Con todo y su malestar, no da a Jonás como caso perdido.

¡La persona con quien Dios ha mostrado más esa bondad a la que Jonás se resiste es Jonás mismo! ¿Qué le ve Dios? Tal vez el hecho de que Jonás sabe que Dios es bueno hasta para perdonar

---

20 El único profeta del AT que actúa de manera tan contraria a lo que Dios le manda (Struppe).

21 Luigi Pirandello, "Esencia, caracteres y materia del humorismo", *Cuadernos de información y comunicación* 7 (2002).

22 *Ibíd*.

a los enemigos de Israel, pero le hace falta comprender cuán bueno es Dios con él mismo, con Jonás. Ahora Él le prepara una sombrilla ecológica para "aliviarlo de su malestar". Esto a Jonás le produce una alegría grande, porque en él todo es grande.

No sabemos del tamaño del gusano, pero sí que fue eficaz al herir mortalmente la planta y acabar rápidamente con la felicidad de Jonás. Si en el capítulo 1 el medio para la reflexión fue una gran tormenta y una breve estadía en el mar, ahora es un fuerte viento y un sol abrasador. Otra vez Jonás quiere morirse.

Y Dios nuevamente le hace una pregunta, la misma pregunta: "¿Te parece bien enfurecerte así por una planta?". Jonás ahora sí contesta, a la segunda vez, como cuando los marineros lo interrogaron. Responde para afirmarse en su ira.

Los dos últimos versículos del libro de Jonás cierran con el tema fundamental del libro: la compasión. En la mayoría de las versiones (excepto la *Tanak*) todo o parte del versículo once es una pregunta, pero en el texto hebreo no lo es y probablemente la traducción al español no lo requiera. Mas bien, es una afirmación irónica que debe escribirse entre signos de exclamación, como lo hace la *Tanak*: "Y dijo Yavé: Tú te compadeces de la planta por la que no trabajaste ni hiciste grande; que en una noche fue y en una noche desapareció; y yo no me compadeceré de Nínive, la ciudad grande, donde hay más de ciento veinte mil personas que no distinguen la mano derecha de la izquierda, y muchos animales". El problema entonces no es que Dios ame, sino que ama demasiado. Eso a veces se nos hace insoportable[23].

El libro termina de manera abrupta, con una afirmación irónica de parte de Dios. El último diálogo contiene la esencia del mensaje. Aunque no aceptamos la clasificación de parábola, sí podemos afirmar con *Childs* que no es leyenda profética porque no hay un comentario que explique la lección; tampoco es *midrash*, pues no explica un texto difícil; no es acción simbólica porque no apunta a ninguna realidad distinta del contenido; y

---

23 Perry, *op. cit.*

no es alegoría ya que no requiere una clave para comprender su significado[24].

Conclusión: el humor en Jonás

Lo cómico de Jonás está en que "el personaje cómico es un ser inconsciente que se hace invisible para sí mismo siendo visible para todo el mundo". Lo que se ha dicho de una novela de Vargas Llosa tal vez es aplicable a Jonás: "se escriben y se leen para que los seres humanos tengan las vidas que no se resignan a no tener"[25]. De modo que ahora no estamos ante "Jonás el judío", sino ante "Jonás tú y yo"[26].

En términos de lo cómico, nos podemos reír de Jonás. Pero cuando reflexionamos en el asunto, y descubrimos el humor, ya no estamos tan seguros, porque nosotros mismos hemos sido puestos en evidencia. Jonás eres tú y soy yo, o tal vez ni siquiera llegamos a ser como Jonás. Todo esto nos lo ha dicho el autor describiendo magistralmente las acciones ridículas de nuestro personaje, lo cual para el lector pasa de ser de ventana a espejo y nos pregunta; "¿de qué te ríes?".

> ¿Asistimos a la lucha entre la ilusión, que se insinúa también en todas partes y construye a su manera, y la reflexión humorística, que descompone una a una estas construcciones? Empecemos por aquella que la ilusión hace en cada uno de nosotros; es decir, por la construcción que cada uno, gracias a la ilusión, se hace de sí mismo. ¿Nos vemos en nuestra verdadera y pura realidad, tal como somos, o [...] más bien tal como quisiéramos ser? Por un espontáneo artificio interior, fruto de secretas tendencias o de inconscientes imitaciones, ¿no nos creemos, de

---

24 Childs, "The Canonical Shape of the Book of Jonah".
25 Birger Angvik, "La risa que se vuelve mueca, el doble filo del humor y de la risa. Historia de Mayta frente a la crítica de Lima", *Káñina* 16, N° 1 (1992): 98.
26 Perry, *op. cit.*

buena fe, diferentes de aquel que sustancialmente somos? Y pensamos, actuamos, vivimos de acuerdo con esta interpretación ficticia, y sin embargo sincera, de nosotros mismos[27].

¿Por qué son así las cosas y así nosotros? Es decir, ¿por qué hay un hombre como Jonás que nos resulta ridículo y perverso, pero que luego de reflexionar termina siendo mejor que nosotros? Vale la pena citar extensamente a Pirandello, quien con su agudeza nos responde:

> En nuestra alma vive el alma de la raza o de la colectividad de que formamos parte. Inconscientemente perdimos la presión del modo de juzgar, del modo ajeno de sentir y actuar, e igual que en el mundo social imperan la simulación y el disimulo, que se advierten menos cuanto más habituales son, del mismo modo simulamos y disimulamos con nosotros mismos, desdoblándonos e incluso multiplicándonos muchas veces. Sentimos en nosotros mismos esa vanidad de parecer distintos de lo que somos, que es consustancial con la vida social; y rehuimos ese análisis que, al desvelar la vanidad, excitaría el remordimiento de la conciencia y nos humillaría ante nosotros mismos. Pero este análisis lo realiza por nosotros el humorista, que puede también asumir el oficio de desenmascarar todas las vanidades y de representar la sociedad [...].
>
> Y el humorista sabe perfectamente que incluso la pretensión de lógica supera con mucho, en nosotros, la coherencia lógica real, y que si nos fingimos lógicos teóricamente, la lógica de la acción puede desmentir la del pensamiento, demostrando que es una ficción creer en su sinceridad absoluta. El hábito, la imitación inconsciente, la pereza mental, contribuyen a crear el equívoco. Y cuando a la razón rigurosamente lógica se adhiere, pongamos, el

---

27 Pirandello, *op. cit.*: 118.

respeto y el amor hacia determinados ideales, ¿es siempre sincera la referencia que de ellos hacemos a la razón? ¿Está siempre en la razón pura, desinteresada, el origen verdadero y único de la elección de los ideales y de la perseverancia en cultivarlos? ¿O no será más conforme a la realidad sospechar que éstos son juzgados, no con un criterio objetivo y racional, sino más bien de acuerdo con especiales impulsos afectivos y oscuras tendencias?[28].

Finalmente, es probable que el otro elemento humorístico en la historia de Jonás sea el de la retribución. La teología de la retribución es la que le dice a Dios "dando y dando". Es la teología del merecimiento, la cual anula la gracia y la misericordia. Jonás tiene problemas con la naturaleza de Dios, con su gracia[29], pero está tan convencido de "su derecho" a merecer la gracia de Dios y de que otros no la reciban, que no se da cuenta de que la gracia que hace que Dios quiera perdonar a los ninivitas es la misma que hace que Dios no lo abandone a él y que insista en ayudarlo a cumplir su misión y entender precisamente esa gracia y misericordia que se resiste a ver. En el libro, entonces, existe una aparente progresión, pero al final constatamos que Jonás queda prácticamente igual que al principio. Con todo, gana Dios, pues, es un profeta exitoso, ya que donde va, aunque él no lo quiera, la gente se convierte.

---

28 *Ídem*: 121.
29 Perry, *ídem*.

10

Humor en el libro de Ester
¿Quién manda aquí?

Introducción

Ester es uno de los dos libros de la Biblia donde no se menciona a Dios (el otro es Cantares). Tampoco hay en Ester relatos ni mandatos de cuestiones relacionadas con el culto y la oración que son típicos en otros libros de la Biblia. Parece una historia que hoy llamaríamos "secular". El lugar que el libro ha tenido en la historia de la interpretación ha sido diversa: Maimónides consideró a Ester como el libro más importante después de la Torá. Sin embargo, Lutero pensó que era un libro tan judaizante que casi no merecía estar en el canon, al igual que 2 Macabeos. Además de lo anterior, el libro de Ester es el único libro del Antiguo Testamento que no está representado en los documentos de Qumrán.

En cuanto a lo que nos interesa en este momento, Ester ha sido seleccionado para nuestro estudio porque es un libro lleno de humor[1]. Para empezar, la historia comienza con un tema de mucha actualidad en toda la historia de la humanidad: el rey promulga un decreto con el cual se ordena que las mujeres se sometan a los hombres; la historia narrada en Ester demuestra lo iluso que es el rey y lo ridículo de las leyes medas y persas,

---

[1] Muchos autores lo han reconocido. Berlin dice que es el libro más humorístico de toda la Biblia, pero no por eso menos serio. Adele Berlin, *Esther*, The JPS Bible Commentary (Philadelphia: The Jewish Publication Society, 2001).

supuestamente incontrovertibles. En Ester se hace la voluntad de la mujer y por ese medio Dios salva a su pueblo.

En cuanto a la historicidad del relato, la situación de Ester es muy parecida a la de Jonás. Berlin resume el problema de manera brillante: "Hay muy pocos académicos del siglo xx que hayan creído en la historicidad del libro de Ester, pero todos hicieron esfuerzos inmensos por justificar su posición"[2]. Fox, por ejemplo, dice que el autor de Ester ha proyectado un mundo desde su imaginación y podemos entrar en él, explorarlo, explicarlo y regresar nuevamente para nuevos placeres y percepciones[3]. Esto se basa en la idea de que los personajes literarios son "imágenes de personas posibles"[4]. Por tanto, no se debe "sospechar que el narrador nos esté dando un retrato falso del personaje, porque el retrato *es* el personaje"[5]. Decimos todo esto simplemente para hacer justicia a otras perspectivas actuales en boga.

Vale la pena citar a Fox otra vez para observar una tendencia generalizada en los estudios bíblicos hoy:

> Aunque dudo de la historicidad del relato de Ester, y como lector crítico, debo aclarar que cada año en Purim cuando escucho la lectura del Rollo en la sinagoga, yo sé que es verdad, no importa la precisión histórica de los detalles.

---

[2] Adele Berlin, "The Book of Esther and Ancient Storytelling", *Journal of Biblical Literature* 120, N° 1 (2001): 3. Los principales hechos improbables son: 1) una fiesta que dura 180 días (1.4), una reina que rehúsa una petición del rey (1.12), el nombramiento de extranjeros como Ester y Mardoqueo en cargos tan importantes de Persia y el permiso del rey para exterminar un pueblo completo. Sin embargo, Baldwin dice que esos son juicios desde una perspectiva modernista (o posmodernista) en la cual lo artístico riñe innecesariamente con lo histórico. Véase Joyce G. Baldwin, *Esther*, The Tyndale Old Testament Commentaries (Leicester: InterVarsity Press, 1984).

[3] Michael V. Fox, *Character and Ideology in the Book of Esther*, 2ª ed. (Grand Rapids: Eerdmans, 2001).

[4] *Ídem*: 7.

[5] *Ídem*: 8.

De hecho, yo revivo sus verdades y entiendo su realidad. Casi sin ningún esfuerzo de la imaginación, yo siento algo de la ansiedad que sobrecogió a los judíos de Persia al saber de las amenazas de Amán para sus vidas, y me uno a su gran júbilo al ser liberados. Sólo que no pienso que es "de ellos", sino "mía"[6].

Esto es para Michael Fox lo más importante. Es algo así como lo que dijo Bultmann, lo importante es que Jesucristo resucite en tu corazón, no si efectivamente resucitó históricamente[7]. No hay duda de que estas son palabras muy elocuentes y muy bonitas. Pero resulta muy peligroso si aplicamos esto a toda la Biblia, cosa que no vemos que Fox haga aquí. Autores con argumentos similares a los de Fox han dicho de relatos bíblicos importantes que "no son históricos, pero sí verdaderos". Con un desdén por todo el que no acepte su posición, Morla dice: La fe hecha relato:

> Estamos en el mundo de los géneros literarios. Y no creo resultar un desvergonzado si digo que el dilatado arco narrativo que recorre el Antiguo Testamento desde Génesis a Macabeos (dejemos aparte la poesía) es un gran género literario sostenido por la vocación israelita al relato como transmisor de verdades. Desde este punto de vista, poco importa si un relato es histórico o no, en el sentido que habitualmente damos en Occidente al término "historia". Si algo pudo muy bien haber sido, ¿por qué no iba a serlo? ¿Qué importa si Abrahám, Moisés o algún otro ilustre personaje de la memoria que nutría la fe israelita no existió? ¿Qué más da si se descubriese que el relato de la viña de Nabot (1R 21) no fue sino invención de un narrador deuteronomista? ¿Acaso habríamos de abominar de la "verdad" del Antiguo

---

6 *Ídem*: 11.
7 El dato de la resurrección es apologético, no histórico. *cf. Dictionary of Jesus and the Gospels*, "Tradition History and Historicity".

Testamento? Es evidente que la visión de la verdad del hombre bíblico no coincide con nuestra demanda occidental de objetividad. ¿Aprenderemos de una vez a narrar nuestra fe?"[8].

La pregunta que este tipo de interpretación levanta cuando se traslada a los hechos fundamentales de la fe cristiana que la Biblia cuenta como históricos es: "¿cómo se pueden revivir eventos que no ocurrieron para alimentar la fe en un Dios que no ha hecho nada en la historia?". La posición histórica del intérprete también lo debe llevar a preguntarse cuánto espacio real le concede a Dios para actuar en la historia y cuánta necesidad existencial tiene de que eso ocurra, como la tenían los personajes de las historias bíblicas. La alternativa a la lectura literalista y plana del fundamentalista no es la negación de la historicidad de los relatos bíblicos, que aunque no se escribieron con la mentalidad de la Ilustración porque no eran modernos, seguramente tampoco se redactaron con menosprecio por la historia, porque tampoco eran posmodernos. ¿Qué gana uno con salir de un fundamentalismo para caer en otro?

Mencionaremos brevemente algunos asuntos introductorios para orientación general. El autor del libro nos es desconocido. La historia se sitúa en los tiempos de Asuero (486–465 a.C.). El libro despliega gran conocimiento de la corte persa: banquetes con mucha gente y peticiones al rey, consumo de vino de vasijas suntuosas, la descripción del vestido del rey sentado en su trono. Esto hace pensar que se escribió antes de los tiempos de Alejandro (323 a.C.). La mayoría de los autores ubican la obra en el imperio persa[9]. Sin embargo, no faltan los académicos que abogan por una fecha más tardía, dado el conflicto judío-gentil

---

8   Víctor Morla Asencio, *La Biblia por fuera y por dentro: literatura y exégesis* (Estella: Verbo Divino, 2003): 12.

9   Julio Trebolle Barrera, *The Jewish Bible and the Christian Bible: An Introduction to the History of the Bible* (Leiden: Brill, 1997).

que refleja el libro. El problema de tal argumento es que este conflicto se puede constatar en muchos otros libros de la Biblia (Josué, Salmos, etc.). De todas formas, en 2 Macabeos 15.36 se dice a Mardoqueo: "Y decretaron por voto público que nunca se dejara de guardar este día, sino que se celebrara el día 13 del mes 12 —el cual se llama Adar en lengua aramea— el día antes del día de Mardoqueo".

Los especialistas coinciden en afirmar que el propósito del libro es presentar el origen de la fiesta de Purim (Est 9.18-10.3). El nombre viene originalmente del acadio *puru*, que significa 'destino', 'lotería', 'suerte': En el mes primero, que es el mes de Nisán, el año doce del rey Asuero, se echó el *Pur*, es decir la suerte, delante de Amán para cada día y cada mes hasta el mes doce, que es el mes de Adar (Est 3.7). De todos modos, aunque el libro de hecho explica el origen de la fiesta de Purim, "Purim no es el tema del libro"[10].

Entre los académicos se discuten otras posibilidades en cuanto al origen del libro. En particular, se observa la similitud entre Ester y Mardoqueo con los nombres de los dioses babilónicos Istar y Marduk[11] y sus festivales religiosos. Si así fuera, estaríamos ante a una historia cuyos orígenes fueron ajenos al judaísmo pero más tarde se conectó con creencias de los judíos y fue adoptada en el calendario de las fiestas judías[12]. Para otros, la historia de Ester es puro folclor.

Se podría aceptar que Esther se deriva de Istar, pero no se puede concluir inmediatamente que la fiesta judía sea de orígenes paganos. El nombre hebreo de Ester es *Hadassah* (2.7) cuya etimología es motivo de discusión entre los expertos. En el imaginario judío, Ester tiene una belleza como la de pocas (Josefo *Antigüedades*).

---

10 Karen H. Jobes, *Esther*, NIV Application Commentary (Grand Rapids: Zondervan, 1999): 40.
11 Heródoto menciona a un tal "Mardonio". *cf.* Herodotus, *The Histories*.
12 Trebolle Barrera.

El nombre *Marduka* ha sido encontrado en varios documentos antiguos (de entre 505 y 499 a.C.), pero no hay seguridad de que se trate del tío de Ester porque son más de treinta textos que se refieren a cuatro individuos diferentes. Uno de estos bien pudo ser el que se menciona en la Biblia. Lo que estos hallazgos afirman es que no se puede negar la existencia del nombre, como se hacía en épocas anteriores. En lo que la mayoría de académicos están de acuerdo es en afirmar el conocimiento detallado que el autor tiene de la vida y cultura persas (idioma, leyes y costumbres, geografía, cronologías, protocolos e intrigas palaciegas) del período en el que se localiza el libro[13]. Por otro lado, no hay nada en la historia que sea improbable o increíble, de modo que el libro se debe tomar como está, sin recurrir a "reconstrucciones altamente especulativas"[14]. A pesar de los problemas que quedan pendientes por resolver, los datos que confirman la historicidad son más abundantes que aquellos que la ponen en duda.

Al igual que con otros libros de la Biblia, existen varias propuestas en cuanto a la composición del texto de Ester[15]. Nuestro estudio se basa en el texto del canon Masorético, tal y como aparece traducido en las distintas versiones[16]. El estudio de las

---

13 Para más detalles de los principales problemas asociados a la historicidad del libro de Ester, véase Edwin Yamauchi, *Persia and the Bible* (Grand Rapids: Baker, 2000). Existe la opinión contraria que sugiere que el autor inventa e imita para hacer parecer que su escrito corresponde a la época persa en la que pretende ubicar su historia. Véase, por ej., Jack M. Sasson, "Esther", en Robert Alter y Frank Kermode (editor) *The Literary Guide to the Bible* (Cambridge: Harvard University Press, 1987).

14 Yamauchi: 239.

15 Para un análisis detallado del libro, véase Fox, *op. cit.*

16 Fox, por ejemplo, prefiere el TM porque es "la forma más provechosa para el estudio literario" y porque "no ha sufrido las distorsiones inevitables de la traducción". Pero no porque lo considere la "forma final del texto como la LXX o la Vulgata". Para Fox el TM de Ester es una "versión intermedia" del texto.

diferencias con el texto de Luciano y la Septuaginta, aunque importante, no es central en esta presentación[17].

Para algunos autores, Ester es una "novela histórica" que mezcla datos históricos con ficción. El problema del término "novela", como lo indica Trebolle Barrera, es que la obra es demasiado corta para tal clasificación. En nuestro caso optamos por llamarlo simplemente un relato.

El libro de Ester contiene elementos parecidos a la historia de José en Génesis, de Moisés en Éxodo y la historia de Judit. En el caso de Ester-Moisés, por ejemplo, ambos fueron adoptados y ocultaron su identidad para proteger sus vidas de enemigos. Pero las diferencias son enormes. Trebolle dice que el libro se debe clasificar según historias similares en la Biblia (Miriam, Débora y Jael) y leerlo como historias de "heroínas de liberación" con el tema "del exilio a la corte"[18]. Esto es indiscutible en cuanto a qué clase de historia es y qué temas contiene. Pero no es una clasificación de género literario en cuanto a su forma. Una forma provechosa de leer Ester, pero que no desarrollamos aquí completamente es observar la estructura narrativa de los cinco pares de dos banquetes cada uno[19]. Hay también algunos temas presentes en Proverbios, como el peligro de abusar de las bebidas alcohólicas.

En Ester hay mucha ironía, sátira y contraste. Estos recursos retóricos dominan el libro[20]. También existen en el libro muchos

---

17 En especial vale la pena mencionar las "adiciones" que presenta la LXX y la hipótesis del texto "alfa" en relación con la recensión de Luciano. *cf.* Trebolle Barrera.

18 *Ídem*. Más detalles de conexiones con otras historias y personajes bíblicos pueden encontrarse en Berlin, *Esther*. The JSP Bible Commentary (Philadelphia: The Jewish Publication Society, 2001).

19 Jon D. Levenson, *Esther: A Commentary* (Louisville: Westminster John Knox Press, 1997).

20 Raymond B. Dillard y Tremper Longman, *Introduction to the Old Testament* (Grand Rapids: Zondervan, 1994).

banquetes y bebidas[21]. Pero de todo, lo más común tal vez sean los pares de cosas: dos veces se oculta la identidad de Ester; hay tres pares de banquetes (comienzo, centro y final de la historia; dos ofrecidos por el rey, dos por Ester, y dos para celebrar Purim); dos listas de siervos del rey, dos reuniones de mujeres, dos casas para mujeres, dos ayunos, dos consultas de Amán a su esposa y amigos, dos apariciones no programadas de Ester ante el rey, dos investiduras de Mardoqueo, dos veces se cubre el rostro de Amán, dos referencias a los hijos de Amán, y otras[22].

Aunque a Dios no se lo menciona, su soberanía es el hilo conductor en forma de acumulación de "coincidencias". Él es el ausente literario presente en todo el libro, en el cual no se acepta la realidad como destino ni con mentalidad fatalista[23].

El humor es parte integral del libro de Ester: "El relato de Esther es un deleite literario contado con ironía, sátira y humor. Ya que la historia es parte del canon sagrado tanto de la sinagoga como de la iglesia, también debe ser, en algún sentido, teología contada con ironía, sátira y humor. Para poder apreciar completamente el mensaje del libro o de Ester, se deben observar sus formas y cualidades literarias"[24]. Como en este libro todo está tan entrelazado, el "punto" del mensaje se encuentra difuso en todo el texto; no es recomendable una exposición capítulo por capítulo[25], pero nos vemos obligados a marcar algunas secciones, aunque sea artificialmente, para facilitar la presentación.

---

21 Diane M. Sharon, *Patterns of Destiny: Narrative Structures of Foundation and Doom in the Hebrew Bible* (Winona Lake: Eisenbrauns, 2002).

22 Dillard y Longman.

23 *Ídem*.

24 Jobes, *Esther* (Grand Rapids: Zondervan, 1999). Para una lectura de Ester desde la perspectiva de Bakhtin, véase Kenneth Craig, *Reading Esther: A Case for the Literary Carnivalesque* (Louisville: Westminster John Knox Press, 1995). No se debe olvidar que si bien los carnavales se burlan de todo y de todos, siempre (por lo menos en Colombia) los temas son todos de la vida real.

25 Jobes.

El siguiente bosquejo nos facilitará nuestra lectura del libro y la percepción del humor[26]:
I. Las costosas fiestas de Asuero (1-3)
II. Amán el malo (4)
III. Las fiestas de Ester (5-7)
IV. Las fiestas de Purim (8-10)

Las costosas fiestas de Asuero (1-3)

Ester es un libro marcado por banquetes y fiestas. Para entender el humor aquí, es necesario prestar atención a los detalles abundantes que el autor da en cuanto a pompa, protocolo y poder. El capítulo 1 muestra el poder del rey de Persia al reunir a todos los gobernantes que están bajo su dominio: es rey de 127 provincias, que se extienden desde India hasta África. A esto se añade un banquete que el rey ofrece para todos estos personajes, incluyendo jefes militares de Persia y Media, magistrados y gobernantes. Al tenerlos a todos allí, "les mostró la enorme riqueza de su reino y la esplendorosa gloria de su majestad" (1.1-4). El establecimiento de estas jerarquías en el libro es importante porque luego el relato se encargará de derrumbarlas, sin necesidad de que el imperio persa deje de existir[27].

Después ofrece otro banquete, que duró siete días, para todos los habitantes de Susa, la capital de su reino. Aquí se describen sus palacios, sus cortinas, sofás, pisos, copas, vinos. No había límites para el apetito. La orden para los camareros fue: "Sirvan todo cuanto la gente pida" (1.5-8). Así, el rey se porta como un mafioso.

Al séptimo y último día del segundo banquete, el rey envía siete eunucos a que conduzcan a la reina, corona en testa, al recinto del banquete, para que todos admiren su belleza, y de paso a él por ser su marido. La reina desobedece la orden. Aquí comienza propiamente la trama de la historia. Una clave para

---

26 Tomado de Dillard y Longman.
27 Craig.

leer Ester es que cada cosa contada conduce directamente a la que sigue.

Como el rey ha quedado mal ante todos los mandatarios importantes de su imperio, el hecho se convierte en una situación coyuntural para dar una lección a todos y mitigar la vergüenza que ha sufrido el soberano, quien, consulta a los expertos, que también son siete. Los consejeros y consultores han existido siempre, ocupan altos cargos y ganan bastante dinero. La pregunta es sencilla: ¿qué se debe hacer con una reina desobediente?

La respuesta de Memucán es clara: "La reina ha ofendido a Su majestad, a todos los funcionarios y a todos los pueblos de todas las provincias del reino". Se trata, pues, de una ofensa monumental con consecuencias incalculables para la cultura: todas las mujeres se enterarán de lo que ha hecho Vasti "y esto hará que desprecien a sus esposos, pues dirán: 'El rey Asuero mandó que la reina Vasti se presentara ante él, pero ella no fue'. El día en que las mujeres de la nobleza de Persia y de Media se enteren de la conducta de la reina, les responderán de la misma manera a todos los dignatarios de Su majestad. ¡Entonces no habrá fin al desprecio y a la discordia!". El problema es, pues, de grandes proporciones. La solución es un decreto real con carácter irrevocable: Vasti nunca podrá presentarse ante Su majestad y pierde el título de reina, el cual se lo dará a otra mejor que ella. El decreto asume que el castigo dado a Vasti es suficiente para que todas las mujeres respeten a sus esposos. Así se hizo. El decreto fue promulgado y enviado a todo el reino, a todas las provincias, en todas las lenguas; para que todo hombre ejerza autoridad en su casa.

Al llegar al final del capítulo, concluimos que aquí no hay nada de cómico. Heródoto estaría de acuerdo en que el imperio persa era de ese tamaño, que se hacían banquetes fastuosos y las mujeres se exhibían, que las leyes se tomaban en serio y los hombres debían ejercer autoridad en sus casas. Lo cómico del libro no está en eso; sino en las relaciones de las partes. Es decir, toda esta grandeza, seriedad de las leyes y dominio masculino resulta un chiste y una burla de los persas cuando se observa lo que ocurre en el libro desde el primer capítulo: el rey no manda. Al emperador de grandes provincias, anfitrión de elegantes y suntuosos banquetes, señor de incontables súbditos, su mujer no lo obedece, y cuando lo hace, no sabe qué hacer.

Así, este primer capítulo nos presenta a un rey grande, poderoso y ostentoso. Pero, por otro lado, también a un rey débil, ignorante y manejado por otros. Sabe comer, beber y dar grandes banquetes, pero no qué hacer con un caso de ley. Se viste de las más costosas telas y vive en los más lujosos palacios, pero los que deciden son otros. Finalmente, el gran gobernante, que en realidad no gobierna en ninguna parte, "emitió un edicto ridículo para que 'todo hombre afirmase su autoridad en su casa'"[28], cosa que también será motivo de risa. La vida compone y esconde, dice Pirandello, dos cosas que el humorismo no puede soportar:

> [...] en el humorismo se encuentra toda esa búsqueda de los detalles más íntimos y pequeños, que pueden incluso parecer vulgares y triviales si se comparan con las síntesis idealizadoras del arte en general, y aquella búsqueda de los contrastes y de las contradicciones, sobre la que se basa su obra, en oposición a la coherencia buscada por los demás; de ahí aquello que tiene de descompuesto, de desligado, de caprichoso, todas aquellas digresiones que se notan en la obra humorística, en oposición al mecanismo ordenado, a la *composición* de la obra de arte en general[29].

Karen Jobes señala otros aspectos humorísticos que no se perciben en la traducción: los nombres de los personajes. Vashti suena a "mujer hermosa" o "mujer amada" en el idioma persa

---

28 Samuel Pagán, *Esdras, Nehemías y Ester*, Justo L. González (editor), Comentario Bíblico Hispanoamericano (Miami: Caribe, 1992): 237.

29 Luigi Pirandello, "Esencia, caracteres y materia del humorismo", *Cuadernos de información y comunicación* 7 (2002): 128–129.

antiguo. El rey Jerjes, en Ester se llama *Ajashuerosh*, que pronunciado en hebreo suena parecido a "Rey Jaqueca". Ester suena parecido a *Istar*, la diosa babilónica del amor y la guerra, dos temas prominentes en Ester. Y, por último, el nombre Amán, quien aparecerá enseguida, en hebreo suena parecido a la palabra hebrea "ira". Según Jobes, estos son casos de "licencias poéticas" de las cuales se sirve el escritor sagrado con el fin de producir un efecto literario que "interpreta la importancia de lo que sucedió". Esto, según Jobes, nada le resta a la historicidad de los eventos narrados. Seguramente estas personas existieron con otros nombres[30]. Así se resuelve el problema del nombre de Vashti, por ejemplo, quien no aparece por ningún lado en los escritos de Heródoto.

Al comienzo del capítulo 2, se dan las instrucciones para la (s)elección de la nueva reina. Aparecen los nuevos personajes Mardoqueo y Ester. Mardoqueo pertenece a los judíos exiliados desde hace ya casi dos siglos. Tiene una prima que es huérfana, pero hermosa. Aquí está, en dos versículos, el extremo opuesto de la sociedad persa, los exiliados. Pasamos de los grandes banquetes de gobernantes y magistrados al exilio y la orfandad. Pero la mención de la belleza de Ester después de hablar de "tratamiento de belleza" para las candidatas inmediatamente nos insinúa para dónde va la historia. Y para allá va.

Ester es recibida como candidata con el agrado de Jegay, el encargado del harén. Ester muestra su belleza, pero esconde su nacionalidad y sus antecedentes familiares. De esto último se asegura su tío Mardoqueo.

El tratamiento de belleza es riguroso. De cada detalle se encarga un eunuco. Cumplido el tiempo, Ester, quien es hija de un tío de Mardoqueo, es presentada ante el rey Asuero. Ya es el séptimo año de su reinado. Es decir, han pasado cuatro años desde el gran banquete (1.3). Como era de esperarse, por todas las afirmaciones de la belleza incomparable de Ester, el rey se enamora de ella y la nombra reina en lugar de Vasti. Para celebrar,

---

30 Jobes, *op. cit.*

el soberano ofrece otro gran banquete para sus funcionarios y servidores, declara un día de fiesta en todas las provincias y manda regalos generosos. Así queda cerrado el capítulo de la deshonra del rey por parte de Vasti, y la identidad de Ester sigue en secreto ahora en el palacio real.

Pero no todo es felicidad. Al rey le surge otro problema. Si Vasti atentó contra su dignidad, ahora dos eunucos quieren atentar contra su vida. No se sabe por qué están enojados, pero no soy muy cautelosos en su plan. Mardoqueo, siempre pendiente de los acontecimientos, se entera de sus planes y se los comunica a Ester para que ella ponga en aviso al rey. El asunto es investigado y una vez comprobado los conspiradores son colgados en una estaca. Así, a la belleza de Ester, se suma la lealtad de Mardoqueo y se consigna en los libros de historia. ¿Y esto qué tiene que ver? En el momento indicado se sabrá. De todos modos, otro gran problema ha sido solucionado. Esto de ser rey sí que trae problemas.

Amán el malo (4)

En un aparente acto de magnanimidad, el rey Asuero asciende a un funcionario de nombre Amán al más alto cargo después del rey. Ahora todos le rinden homenaje y se arrodillan ante él, menos uno, Mardoqueo. Sus amigos, que saben que es judío, le aconsejan inútilmente. Mardoqueo no le hace la venia a Amán. Este se entera del irrespeto, de la procedencia del culpable, se enfurece y decide exterminar a todo el pueblo de Mardoqueo. Ahora el problema es entre Amán y todos los judíos. A partir de aquí empieza un nuevo hilo en la historia, el hilo central. Todo lo anterior explicó cómo se juntaron los personajes para la historia que sigue a continuación.

El nuevo ofendido en su amor propio es Amán, que ha resultado con más dignidad que el mismo rey. Esto parece ser una burla a los mandos medios, en este caso de la monarquía persa. El rey se ofendió y promulgó un decreto, pero no dice en ninguna parte que haya mandado matar a Vasti. Amán toma la decisión de acabar no solamente con Mardoqueo, que lo ha ofendido, sino con toda su etnia completa. La orden incluirá la muerte de todos los judíos y el saqueo de todos sus bienes. El primer paso es "echar suerte" (*pur*) para determinar el día en el cual se ejecutará el plan.

Luego presenta el caso ante el rey con todo el pliego de cargos y agravios contra los judíos: sencillamente no obedecen las leyes del reino, lo cual los convierte en un peligro. Nótese que aquí surge nuevamente el tema de las leyes y su cumplimiento en todo el reino persa.

Pero la burla contra el rey mismo no es menor. Cuando Vasti no lo obedeció, él no supo qué hacer y consultó a los que sabían; ahora un subalterno le dice que promulgue una ley de carácter imperial y él simplemente le entrega el anillo, es decir, le puso la firma a todo lo que Amán decidiera. Y añadió: "haz con ese pueblo lo que mejor te parezca". Otro caso más del gran rey que no gobierna.

Como se trata también de desobediencia y falta de sumisión, al igual que en el caso de Vasti, y como se considera que a todo el mundo le debe quedar clara la norma, la nueva ley se redacta, se traduce a todos los idiomas de las provincias y se envía a todos los funcionarios públicos del imperio persa para su conocimiento y divulgación. La mensajería, que en esos tiempos funcionaba muy eficientemente, se encargaría de la distribución. Es decir, en menos de tres días la orden sería conocida desde India hasta Etiopía, sin radio, televisión, ni internet.

Pero, como es común en las buenas obras, el lector sabe algo que algunos personajes no conocen, en este caso Amán: Ester es sobrina de Mardoqueo y, por lo tanto, judía; lo cual significa que el rey está promulgando una ley contra su propia reina. De hecho, ellos mismos no saben quiénes son judíos, incluso algunos están metidos en lo más íntimo del palacio. Otro caso de ignorancia y falta de gobierno real.

El otro punto que resulta un poco cómica se relaciona con el envío y la fecha. Si no saben quiénes son los judíos (¡la misma reina lo es y Amán no lo sabe!), es muy posible que entre los mensajeros hayan judíos, quienes estarían llevando órdenes para la ejecución de ellos mismos. Por otro lado, anunciar un exterminio por correo es como avisarle a los candidatos a la muerte para que se preparen, se escondan y se escapen. Este detalle no sería tan humorístico por sí solo, pero sumado a lo ocurrido y a lo que viene, sí lo es.

Una vez promulgado y difundido el decreto, Amán se da por satisfecho y se sienta a beber con el rey, mientras la ciudad de Susa está conmocionada por la noticia. Pero Amán no sospecha las sorpresas que le dará la vida.

Mardoqueo se entera de la noticia y no piensa en escapar, sino en hacer lamento y llorar con la ropa especial para la ocasión. Así y como estaba se presentó delante del rey; lo cual no se hace. Igual que Mardoqueo, hacían lamento todos los judíos en el resto del reino.

La reina Ester quiso evitarle problemas a Mardoqueo y le envió otros vestidos, pero él no los aceptó. Como no puede haber encuentro directo entre la reina y su tío, ella entonces comisiona a otro eunuco, Hatac, para que averigüe qué le pasa a Mardoqueo. Éste le cuenta todo a Hatac y añade el asunto de una plata que Amán pagará al rey por la destrucción de los judíos. Mardoqueo hasta tiene copia del decreto el cual manda a Ester para que interceda ante el soberano, ¡cuyo sello está en la carta! Así, Ester queda indefectiblemente inmiscuida en el problema y su solución.

Mardoqueo le pide que se acerque al rey aun a riesgo de morir. Según Mardoqueo, peor sería la muerte de todos los judíos, incluyéndola a ella. Y por si eso no la convence, añade: "Porque si callas absolutamente en este tiempo, respiro y liberación vendrá de alguna otra parte para los judíos; mas tú y la casa de tu padre pereceréis. ¿Y quién sabe si para esta hora has llegado al reino?" (4.14). Ester acepta el reto y pide ayuno de todos los judíos. Y así lo hizo Mardoqueo. Aquí no solamente hay humor, sino también suspenso.

Las fiestas de Ester (5–7)

Pero no es solo el rey quien da banquetes. La primera dama también ofrece su banquete a todas las primeras damas. Probablemente ellas también tenían sus programas para la niñez desamparada, y todas aquellas cosas que a los ricos les dan vitrina y les calman las conciencias, pero que raras veces solucionan problemas de verdad.

Ester se viste de las galas reales para presentarse ante el rey. Este es el principio de la solución al problema del decreto y la fecha para exterminar a los judíos y expropiarle todo lo que tienen. El primer obstáculo es salvado: el rey acepta su visita. Y no solamente eso, está tan de buen humor que le dice que puede pedir cualquier cosa, ¡hasta la mitad de su reino! (Est 5.3, 6; 7:2). Pero ella no responde nada, sino que lo invita a un banquete, lo cual nos lleva al comienzo del libro, donde empezó la cadena de problemas que puso a Ester ahora frente al rey haciéndole esta invitación. Al banquete deben ir el rey y Amán.

Estando allí, ya con unos tragos de vino en la cabeza, el rey le solicita a Ester que le cuente su petición y reitera su disposición a darle lo que le pida, hasta la mitad de su reino (*cf.* Pr 31.4; 1S 25.36; 2S 13.28; 1R 20); no se le podrá acusar de hacer "promesas de borracho" porque ya lo había prometido antes en sano juicio. Ester le dice que la petición es que venga mañana con Amán a un segundo banquete para revelarle cuál es su pedido. Nuevamente nos remontamos al comienzo de la historia, donde también hubo dos banquetes, el del rey y el de la reina. Los problemas al comienzo empezaron después del segundo banquete. Tal vez ahora la solución se dé luego del segundo banquete.

Amán sale feliz y contento, pero la alegría no le dura mucho: se topa otra vez con el irreverente Mardoqueo a la salida y se enciende en cólera. Nada hace contra él, pero sí reúne a sus amigos y a su esposa Zeres para hablarles de su grandeza y sus riquezas. Evidentemente es un individuo que, como todos, busca el reconocimiento, pero no sabe disimular. Eso es lo que molesta. Entre sus glorias cuenta que, además del rey, él es el único invitado por Ester a los banquetes. Lo único que lamenta es tener que ver con frecuencia a Mardoqueo en la puerta del rey. ¿Qué hace ahí? ¿Es guardia de la puerta? ¿Es eunuco también? Nuevamente, el escritor bíblico ridiculiza a Amán al resaltar sus ínfulas de grandeza en combinación con su ignorancia.

Pues si el problema es Mardoqueo, sus amigos y su mujer le dan la solución: que le haga una horca y lo cuelgue. Así habían colgado a los dos eunucos en el capítulo 2 por conspirar contra el rey. A Amán la idea le parece perfecta. Este rey es tan bueno que seguramente no se opondrá a la petición. Nótese que es una mujer quien lidera el consejo y le dice a Amán lo que debe hacer.

En el capítulo 6 de Ester comprendemos qué tenían que ver en todo esto los eunucos conspiradores del capítulo 2. Durante la noche entre el primer y el segundo banquete, y por razones que el texto no explica, el rey no puede dormir (¿la comida del banquete?) y hace una petición extraña: que le traigan el libro de las crónicas de los reyes y se lo lean. Este es el centro literario de la obra, el punto de quiebre, el punto a partir del cual empieza a desenredarse toda la madeja. Si los primeros cinco capítulos del libro trataron de los peligros, los últimos cinco tratan de la salvación[31].

En lo que leen aparece el nombre de Mardoqueo y su papel en la frustración del plan de los dos eunucos de asesinar al rey. Este, como es lógico, pregunta si el hombre que le salvó la vida ha sido honrado por lo que hizo. Le contestan que no. Aquí se retoma un asunto mencionado a comienzos del libro: el honor, la honra. En 1.4, el rey muestra el honor de la belleza y la grandeza de su reino; ahora en este capítulo surge de parte del mismo rey la pregunta sobre el "reconocimiento" público a Mardoqueo por haberle salvado la vida (6.3). Los versículos 3 y 4 lo tienen como centro; en el primero el rey quiere honrarlo y en el segundo Amán se propone ahorcarlo. Mardoqueo le dio al rey la vida;

---

31 Ha sido reconocido por varios autores. Véase, por ej. Pagán.

Amán le promete más riquezas. Lo uno está en los libros reales; lo otro, en boca de Amán.

Justo en medio de esta conversación, Amán entra a donde está el rey, quien le plantea una especie de adivinanza, la cual le encanta: "¿Qué debe hacer un rey para honrar a un buen hombre?". Y entonces el desenlace inicia un curso irreversible. En la adivinanza nuevamente aparece el tema de honrar, dar reconocimiento. Aquí lo cómico es que el lector sabe lo que están pensando los dos hombres, pero ninguno de los dos conoce el pensamiento del otro. Así se da la "comedia de errores: cada personaje malinterpreta la intención del otro"[32].

Pensando que el honor es para él, Amán obviamente piensa en el más alto, pero el lector sabe que le corresponde a Mardoqueo. La horca ha desaparecido temporalmente de escena y uno se pregunta qué pasará con ella. Y seguimos esperando el segundo banquete. Para el honor, Amán sugiere tres cosas: que vista ropas de rey, cabalgue en caballo de rey y se le ponga corona de rey. Y luego que se le dé un paseo por la ciudad acompañado de un pregonero que exalte la honra que el soberano le ha dado. Esto haría feliz al ego de Amán, así vería sus sueños cumplidos gracias al insomnio del rey, piensa él. Pero, como hemos visto y como veremos, todo le sale al revés.

La desinflada de Amán debió haber sido monumental. Aquí el texto lo deja en ridículo contrastando lo que él espera con lo que le toca hacer: y no es otra cosa que ser el instrumento para exaltar a su principal enemigo con la exaltación que él esperaba para sí. Esto es lo que se dice ir por lana y salir trasquilado y malogrado. Mardoqueo, por su parte, se encuentra allí donde siempre ha estado: a la puerta del rey. Y para que no quede duda de cuánto se debe ridiculizar a Amán, el soberano añade: "no omitas nada de todo lo que has dicho" (v. 10).

Amán lleva a cabo las instrucciones que el rey le dio para exaltar a Mardoqueo; no eran otras que las mismas que el

---

32 Berlin, *Esther*.

funcionario le había dado al rey para que éste lo exaltara. Mardoqueo llega a ser algo así como "rey por un día". Honor más grande no había. Y es honor que Amán le da a un judío, la gente que él se propone exterminar.

Terminado el desfile, Mardoqueo regresa a su lugar de trabajo, la puerta del rey. Es importante notar qué hace Amán y cómo. Regresa a toda prisa a su casa a lamentarse con la cabeza cubierta. La humillación es total, lo máximo. Tal vez buscando consuelo, otra vez le cuenta a su mujer y sus sabios amigos todo lo que le ha sucedido. Pero, como si estuviéramos jugando al ahorcado, sus amigos le añaden otra partecita al dibujito y le dicen: "Sin duda caerás ante Mardoqueo el judío".

No termina esta conversación cuando aparecen los eunucos para llevar a Amán al banquete. Ahora se cumplirán las palabras de su mujer y sus amigos. Le han dicho que va a caer ante Mardoqueo e inmediatamente empieza la siguiente escena de su caída, el banquete de Ester, al cual los eunucos lo conducen rápidamente.

Se necesitaba un día para la humillación de Amán, antes de que Ester finalmente le dijera al rey cuál era su petición. Ella evidentemente ha logrado captar toda la atención del rey, quien, por cierto, también parece impaciente. El rey ignora por completo todo lo que el lector ya sabe con respecto a los otros protagonistas y sus relaciones, así que nuevamente reitera su ofrecimiento de darle a la reina hasta la mitad de su reino.

Ester finalmente, pero sin nombre propio, pide que le sea concedida su vida y la de su pueblo, ya que han sido vendidos. ¡El rey no sabe que el comprador es él mismo! Ignora igualmente que el vendedor es Amán. Todo esto le ocurre al rey que firmó el decreto que manda que los hombres sean obedecidos en sus casas en todo el reino. El rey de grandes dominios, que no domina nada.

Ante la información de su esposa, el rey se indigna y pide que le revelen quién es "el que ha llenado su corazón para hacer algo así" (7.5). Lo tiene al frente y sólo hace falta que lo señalen con la boca: "Amán, el malvado este". El funcionario inmediatamente se llena de terror y el rey sale al patio; quedan solos Ester y Amán. Ahora este se ha convertido en un pobre y miserable hombre suplicándole a la reina que le perdone la vida, ya que con el rey no había nada que hacer. El clásico arrepentimiento por miedo.

El rey regresa y encuentra a Amán en una posición comprometedora: echado sobre el lecho donde se hallaba la reina. No es momento para situaciones ambiguas con la reina. El rey usa una expresión que también parece ambigua: le pregunta a Amán si es que acaso también quiere "dominar" a la reina (7.8). El rey ordena entonces que le cubran el rostro a Amán y lo cuelguen en su casa en la horca que él mismo había preparado para ahorcar a Mardoqueo. Así lo hicieron y el rey se calmó de su ira. Nótese que en esta ocasión el rey da las órdenes sin consultar a nadie. Tal parece que existen leyes, pero cuando el rey está iracundo, sólo se debe obedecer.

Las fiestas de Purim (8–10)

Continuando con el desenlace de la historia, Ester le cuenta al rey, ¡su marido!, quién es ella. La reina obtiene los bienes de Amán, quien pensaba expropiar los suyos a los judíos. Así se ve que una de las claves del relato de Ester es el revés. En este libro todo sale al contrario de lo que los poderosos ordenan y de lo que los malos planean. Es como un cumplimiento al pie de la letra del salmo *El Señor protege a los extranjeros, sostiene al huérfano y a la viuda, pero trastorna el camino de los impíos* (Sal 146.9, BLA), o, más precisamente, del Salmo 7.15: *Ha cavado una fosa y la ha ahondado, y ha caído en el hoyo que hizo* (BLA). El objeto de burla en este caso han sido los poderosos, los poderosos malos. Para que prospere un Amán, se necesita también un Asuero.

Mardoqueo recibe luego todo lo de Amán: el anillo, por parte del rey, y su casa, por parte de la reina. El libro de Ester bien habría podido llamarse "Mardoqueo y Amán el desgraciado", pero no fue así por el asunto de que los hombres deben mandar en su casa. El título tenía que llevar el nombre de una mujer.

Sobre la culpa o inocencia de Ester hay que decir algo breve. Es cierto que a Amán lo mandó a ahorcar el rey y este entregó los bienes de Amán a Ester, pero ella tampoco intercedió por él ni rechazó sus bienes. El autor, de todos modos, interpreta la situación así: todo esto le sucedió a Amán "por cuanto extendió su mano contra los judíos" (8.7).

El rey ahora manda que se escriba otro edicto en el cual básicamente lo que hace es darles a los judíos autorización para defenderse de cualquiera que los ataque. Lo chistoso de esto en cuanto a la ya bastante minada imagen del rey es que nos acaban de contar una historia donde los judíos han sido capaces de defenderse por sí mismos, sin edicto y sin que el mismo rey ni los enemigos se dieran cuenta de lo que estaba pasando. ¿Qué necesidad había de ese edicto? Pero, bueno, sigue siendo el rey.

La descripción y los detalles de esta orden del rey nos llevan nuevamente al comienzo de la historia: la grandeza del reino y el poder del rey. El reino podrá ser grande, pero ¿manda el rey?, ¿mandan los hombres en sus casas? La historia nos habla de lo que sucede oficialmente y lo que las autoridades tal vez creen o se dicen a sí mismos contra la realidad, y también nos muestra lo que sucede realmente.

Promulgada y despachada la ley, Mardoqueo sale en público a lucir sus vestidos reales y a recibir con su pueblo gloria y honra (8.16), lo que Amán quiso a expensas de los judíos y no pudo tener por las maquinaciones de estos. Así, lo que estaba diseñado para ser un día de muerte, se convirtió en un día de banquete. Tanto miedo le dio a algunos que ¡hasta se hicieron judíos para no morir!

En el primer versículo de este capítulo 9, encontramos la explicación de lo que sucedió, lo cual corresponde a un género literario: sucedió lo contrario, los judíos se enseñorearon de aquellos que los aborrecían. Es decir, esta es una historia fundamentada en el revés.

Enseguida viene la venganza al estilo de Josué: el temor de Mardoqueo cayó sobre ellos. ¿Ven por qué Lutero tenía sus problemas con este libro? Aparecen las listas de los muertos (reyes y territorios en Josué), cuelgan a los hijos de Amán a petición de Ester. Esta es una orden que da la reina al rey; el mismo que al comienzo del libro promulgó una ley según la cual los hombres de todo su gran reino debían ser obedecidos por las mujeres. Tampoco hay consulta de las leyes ni de sabios ni de la historia, que son las fuentes con las cuales en el libro se dilucidaron y decidieron asuntos comparables.

Así los judíos terminaron su ayuno y continuaron defendiéndose de todos sus enemigos, pero sin tocar sus bienes. A los catorce días de la matanza, celebraron con un banquete y se mandaron comidas unos a otros. De esa forma se instituyó la fiesta y se oficializó con las cartas que Mardoqueo envió a todos. Nuevamente se menciona el tema del revés o cambio de suerte: la tristeza se transformó en alegría (v. 22).

Los versículos 23 en adelante resumen lo que ha sucedido y explican el nombre de la celebración: *Pur-Purim*; Amán echó suertes para matar a los judíos, pero sucedió todo lo contrario. Al final, quien está enviando cartas a todas las provincias y estableciendo algo que sí se cumple es un judío, no el rey de Persia. Para completar, lo que se hace es "mandamiento de Ester" (v. 32). Es decir, el libro no trata al rey de Persia "con deferencia y simpatía", ni tampoco hay "relación de afinidad" entre persas y judíos, como afirma un autor en su comentario de Ester[33]. En apariencia así es, pero la realidad es otra. El respeto será el ideal, pero nos lo derriba la reflexión que nos otorga el humor[34].

Finalmente en el capítulo 10 hay algo que el rey sí hace: cobrar más impuestos. Pero el que ahora tiene "poder, autoridad y grandeza" es Mardoqueo. Así consta en las crónicas de los reyes

---

33 Pagán. De hecho, Levenson afirma que "a pesar de la seriedad del relato en general y de los edictos reales en particular —dos de ellos, después de todo, autorizan la violencia en masa— siempre hay algo audiblemente ridículo sobre la corte imperial. Nuevamente la dualidad, esta vez la dualidad de la gran solemnidad y el amplio humor". Levenson, *op.cit.*: 12.

34 Eso ha dicho Pirandello comentando otros textos. Pirandello.

Medos y Persas. Todo esto sucedió porque Mardoqueo procuró el bienestar de su pueblo.

Conclusión: El humor en Ester

Antes de las reflexiones finales sobre el humor en Ester, sería justo decir algo breve sobre la ausencia del nombre de Dios, si es algo que intencionalmente comunica su presencia o si todo eso es puramente cuestión del lector. Es cierto que las coincidencias existen y que el lector creyente está en cierta manera predispuesto a ver "la mano de Dios" en las coincidencias, como dice Fox. Pero como el libro no existe de manera aislada ni en un vacío histórico, sino que se origina en una comunidad de creyentes en Dios y forma parte de las Escrituras y del Canon de quienes adoran a Yavé, Dios, es igualmente posible y quizá mucho más probable que el autor intencionalmente se haya asegurado de amontonar una "coincidencia" tras otra para que el lector entendido capte que "el cerebro detrás de las coincidencias es Yavé"[35]. Si bien el texto es un "fenómeno social"[36], en el texto bíblico la fe es un componente integral del fenómeno. No existe judío de ninguna época bíblica que no creyera en Dios y en la acción de Él en la historia[37].

Así, antes que ser una "falla", en la total ausencia de Dios en el texto radica precisamente la genialidad del libro. Dios parece ausente, pero gobierna hasta en los lugares más recónditos del mundo; "Dios ordena todas las cosas para beneficio de su pueblo y para la gloria de su nombre". Obra providencialmente

---

35 Ángel M. Rodríguez, *Esther: A Theological Approach* (Berrien Springs: Andrews University Press, 1995): 36. Más sobre el tema de las coincidencias y la providencia en Baldwin, *Esther* (Leicester: InterVarsity Press, 1984).

36 Craig. Lo que queremos afirmar es simplemente que si eliminamos a Dios y su acción en las Escrituras, no habrá Biblia de la cual hablar. Hablar de cuestiones literarias y sociales no da licencia para borrar a Dios del mapa porque, en términos de la Biblia, nada queda si Dios no actúa.

37 N. T. Wright, *The New Testament and the People of God*, Christian Origins and the Question of God, vol. 1 (London: SPCK, 1992).

hasta por medio de lo que parecen equivocaciones o malas decisiones. Por otro lado, la ridiculización de los poderosos ilustra otras afirmaciones bíblicas: Los poderosos son "simples mortales" y "Dios no se deleita en los bríos del caballo" (Is 2.22; Sal 146; 147).

No se deben desconocer los problemas que genera para la interpretación el hecho de no mencionarse el nombre de Dios en el libro de Ester, pero esto mismo "enseña con un ejemplo el principio más básico de la hermenéutica bíblica: Sin la revelación divina, la experiencia humana es inherentemente ambigua y no se puede entender bien. Los eventos históricos siempre se podrán reconstruir a favor o en contra de la existencia y acción de Dios"[38]. Es decir, en la interpretación del libro de Ester, el creyente no puede contentarse diciendo simplemente que "La historia de Ester es un mundo metafórico, una visión concentrada de la realidad del exilio, y la visión misma le enseña a los judíos cómo abrirse camino a través de la vida que les toca vivir". Es mucho más que eso[39]. Esa lectura tendrá su valor, pero es canónica y teológicamente empobrecedora.

Ahora sí, el humor en Ester. El Antiguo Testamento tiene diversos tipos de géneros literarios. Una buena estrategia para hacer teología bíblica es buscar historias bíblicas que ilustren afirmaciones que aparecen en otra parte de la Biblia. Ya hemos dicho, por ejemplo, que esta historia en Amán ilustra lo que afirma un salmo: cavar un hoyo y caer en él. Lo mismo se dice de naciones enteras: "Se hundieron las naciones en el hoyo que hicieron; en la red que escondieron cayó su pie [...] en la obra de sus manos se enreda el pecador" (Sal 9.15-16). Lo que afirman estos salmos nos lo cuenta el libro de Ester por medio de la ridiculización de hombres poderosos. En Ester ellos son los tontos, pero se creen astutos como el que más[40].

---

38 Baldwin: 41-44.

39 Fox, *op. cit.*

40 Craig, *op. cit.*

Una constante en el libro de Ester es el cambio de suerte, el cambio repentino, la peripecia[41]. Este es un "gran tema de la teología bíblica" que encontramos desde el Edén: "El plan de Dios de redimir a su pueblo de la muerte es un revés del resultado esperado por aquellos a quienes Dios salva". Ester es, sin lugar a dudas, como un segundo Moisés. Es la niña huérfana en el exilio que se convirtió en "la mujer más poderosa —tal vez hasta la persona más poderosa— del imperio y posiblemente del mundo"[42]. Pero de todos los reveses o peripecias teológicas, "la cruz de Jesucristo es el punto pivote de una peripecia más grande que abarca toda la historia"[43].

Esto que acabamos de decir en sí no es humorístico. El humor está en que el escenario donde esto ha ocurrido es un mundo donde gobiernan hombres que se jactan de gobernar con sus grandes banquetes, sus edictos universales y sus anillos que garantizan que el rey es quien manda. El libro de Ester muestra entonces que toda la pompa y la burocracia de los reyes persas es un chiste porque estos no controlan nada. Como decimos, estos tipos no mandan ni en sus casas[44].

Levenson piensa que las dos cosas más cómicas del libro son: 1) la escena nocturna cuando el rey padece de insomnio y pide que le lean los anales del reino; y 2) la frase del rey cuando le dice

---

[41] Usamos la palabra peripecia en su sentido primario y por lo conveniente: Peripecia significa: revés o "cambio de destino" o "cambio repentino". En la traducción castellana de la obra de von Rad se utiliza el término en el caso de la división de Israel en dos reinos: fue una peripecia de Dios. Véase Gerhard von Rad, *Teología del Antiguo Testamento, I. Teología de las Tradiciones Históricas de Israel* (Salamanca: Ediciones Sígueme, 1969). En inglés se dice "peripety". Más detalles de todos los cambios de destinos en Ester en Craig.

[42] Levenson.

[43] Baldwin.

[44] Esto mismo han observado otros autores. Asuero es una figura cómica y patética. Le preocupa el poder, pero su liderazgo es casi nulo. Sin embargo, no es un tipo "malo". Véase Berlin, *Esther*. Como ha dicho Sasson más amablemente, Asuero es un rey siempre abierto a las sugerencias.

a Amán: "¿acaso pretende este también violar a la reina estando yo en el palacio" (7.8)[45] Esta última escena muestra varias cosas humorísticas: la desesperación de Amán, cómo el rey cambió hacia él de un momento a otro, y finalmente lo confuso de la situación misma; Amán está suplicándole a la reina misericordia pero en una posición comprometedora que a los ojos del rey parece un intento de violación. Esto es lo que los especialistas llaman "desastre escénico"[46]; algo le ha salido mal a alguien. Por supuesto que para el personaje no es nada cómico, pero para el público que lo observa sí. El efecto de todo esto es el hundimiento de Amán. Obviamente, el libro nos invita a reírnos de él.

Un elemento que ayuda a descargar la tensión producida por la amenaza de muerte es la rapidez con que ocurre el desenlace y el que los judíos se hayan escapado "por un pelo". Esto añade en el lector la burla hacia Amán, el tonto que tendió su propia trampa.

La clave para la comprensión del libro de Ester es el humor en la ironía[47]. Esto apenas se ha observado recientemente[48]. Nada hay, pues, de malo en reírse a partir del estudio de ciertos textos bíblicos, como Ester y otros que hemos tratado en este libro. Pero lo más importante no es reírse. Lo importante es entender el mensaje que se comunica con humor.

---

45 Levenson.
46 Eduardo Salvador Jáuregui, "La comedia humana: Una nueva teoría psico-sociológica de la risa y el humor", *Miscelánea Comillas* 61, N° 119 (2003).
47 A. Kay Fountain, *Literary and Empirical Readings of the Books of Esther* (Nueva York: Peter Lang, 2002).
48 Sin embargo, Walfish dice que Joseph Kara, quien murió en 1135, ya había notado el humor en Ester al afirmar que la información que este libro da sobre Asuero y Mardoqueo son "puramente para el entretenimiento". Aparentemente a los judíos les parecían muy divertidos los persas: "si desea entretenerse con cuestiones terrenales, con los poderosos y grandiosos hechos de Asuero" lea las Crónicas de los reyes de Media y Persia. Véase Barry Walfish, *Esther in Medieval Garb: Jewish Interpretation of the Book of Esther in the Middle Ages* (Albany: University of New York Press, 1993).

11

EL HUMOR EN LA PREDICACIÓN
Para la comprensión del mensaje

> ... *las generaciones actuales de evangélicos no están más en condiciones de soportar un culto poco lúdico o "aburrido"[1]. En el púlpito de América Latina hemos pasado de "la Biblia entra con temor" a "la Biblia entra con humor"[2].*

Introducción

Como decíamos al comienzo de este libro, todos los seres humanos tenemos la capacidad de reírnos y de hacer reír. Pero no todos hacemos humor de la misma forma ni nos reímos de las mismas cosas siempre. El humor tiene aspectos universales, nacionales, regionales y personales. Al hablar de humor en la predicación, nos interesa el humor que contribuye a la comprensión del mensaje de las Sagradas Escrituras.

Debemos reconocer que algunos, con justa razón, sospechan de esta idea del humor en la Biblia y humor en el púlpito[3]. Algunos predicadores inseguros utilizamos el humor como mecanismo para ser aceptados o para disminuir los nervios. Estas son etapas

---

1 Arturo Piedra, "Lo nuevo en la realidad del protestantismo latinoamericano", en Sidney Rooy, Arturo Piedra, Fernando Bullón (editores), *¿Hacia dónde va el protestantismo?* (Buenos Aires: Kairós, 2003): 20.

2 Miguel Ángel Mansilla Agüero, "Del valle de lágrimas al valle de Jauja: las promesas redentoras del neopentecostalismo en el más acá", *Polis* 5, N° 14 (2006).

3 Donald Capps, "Religion and Humor: Estranged Bedfellows", *Pastoral Psychology* 54, N° 5 (2006): 426.

que tal vez deban ser superadas. Igualmente, la persona que es por naturaleza chistosa, debe ejercer mucho cuidado en la predicación para no poner el chiste por encima del mensaje. Cada uno debe descubrir y desarrollar su propio estilo en la comunicación.

Hay dos extremos que se deben evitar en la predicación: convertirla en una sesión de chistes o en la lectura de un catálogo. En el primer caso, los oyentes terminarán muy relajados, pero sin haber recibido mensaje alguno de la palabra de Dios. En el segundo, es posible que la gente comprenda algunas cosas a cierto nivel, pero, si después de un gran esfuerzo, logran mantenerse despiertos, probablemente no querrán volver a saber de Dios ni de predicadores. En síntesis, la homilía no es una sesión de terapia de risa, pero tampoco debe ser de tortura de aburrimiento.

Este capítulo se sustenta en la misma premisa que hemos desarrollado en todo el libro: el humor es un componente esencial de la naturaleza humana y de la naturaleza de la comunicación humana. Visto así, el humor no consiste en hablar tonterías. Tampoco la meta es la risa. Pero, si la meta de la predicación no es el entretenimiento, tampoco debe ser el tedio. Es cierto que algunos predicadores son mejores comediantes que comunicadores del mensaje del evangelio, pero eso no quiere decir que el humor deje de ser un vehículo apropiado para comunicar el mensaje de las Escrituras.

Dos realidades

Todo predicador debe reconocer, en primer lugar, que no es fácil competir con la televisión. La gente está acostumbrada a un medio de comunicación que le presenta simultáneamente imagen, movimiento y sonido. No podemos pretender que una homilía monótona, esquemática y simplona vaya a captar la atención de la gente. La alternativa de "no más de quince minutos" significa darse por vencido, declararse mal predicador.

La segunda realidad que enfrentan muchas iglesias evangélicas es la hora del sermón. Por razones históricamente explicables, pero culturalmente ilógicas, el sermón llega en muchos lugares a la hora del calor, el hambre y el cansancio.

Por lo anterior, el predicador debe hablar de tal manera que la gente quiera oírlo; no tanto porque dice lo que la gente quiere oír, sino porque tiene un mensaje y sabe comunicarlo. Hay que esforzarse por cautivar la atención del auditorio con la palabra y la Palabra. El humor puede ser muy útil en esta tarea. Veamos por qué y cómo.

El humor en las ciencias

En esta sección quisiéramos proponer algunas razones válidas por las que se debe considerar seriamente la incorporación del humor en la predicación. Investigaciones serias demuestran que el humor ayuda a aliviar el estrés. Hemos hablado de la catarsis y de la liberación de energía psíquica que produce la risa[4]. No se sabe por qué, pero se sabe que así ocurre. Probablemente, se debe a que cambia la perspectiva con respecto a la experiencia que produce tensión y la transforma de amenaza en desafío. La psicología dice que la risa es medicinal. Aunque los estudios empíricos sobre el tema apenas empezaron en la década del setenta[5]. Aún no hay certeza sobre los procesos psíquicos específicos, pero se ha comprobado hasta cierto punto que el principal beneficio del humor es la liberación de estrés y la reducción de su impacto[6]. Freud lo vio como el mecanismo de defensa más alto que existe[7].

En una situación de tensión, el humor atrae el apoyo social, mientras que las respuestas depresivas o la queja producen

---

4 Donald Capps, "The Psychological Benefits of Humor", *Pastoral Psychology* 54, N° 5 (2006).

5 *Ídem.* Se ha comparado el humor con el canto en cuanto a lo medicinal. Véase, Jack W. Hayford, *Hacia una alabanza gloriosa: principios de poder para una persona llena de fe* (Nashville: Caribe, 1996).

6 Capps, "The Psychological Benefits of Humor".

7 *Ídem.*

rechazo de los demás[8]. El efecto del humor en la depresión es motivo de debate. Algunos dicen que no sirve para nada[9]. Sin embargo, existen estudios que afirman el beneficio del humor y concluyen que mitiga la depresión moderada, en el sentido de que ayuda a enfrentarla; es útil para contrarrestar la ansiedad y la preocupación[10].

También se ha dicho que el reconocimiento tanto del humor como de la metáfora son labores del hemisferio derecho del cerebro. Por eso hasta hay un libro sobre imágenes bíblicas dedicado al hemisferio derecho del cerebro: "Las palabras conceptuales y emocionalmente neutras activan el hemisferio izquierdo, mientras que las palabras referidas a imágenes y que están cargadas emocionalmente, activan el hemisferio derecho"[11]. Aun niños con parálisis cerebral son capaces de captar los detalles más sutiles de una situación cómica.

Un estudio sobre el papel del humor en personas con serias limitaciones físicas concluyó que el humor ayuda a la vitalidad de los individuos y a cultivar un autoconcepto positivo; el estudio sugiere que aquellos sujetos que son capaces de expresar humor acerca de su propia condición de discapacitados, tienden a tener una mayor aceptación y pueden hasta trascender sus discapacidades: "hay algo muy significativo en la expresión de humor como respuesta al estímulo que son tan relevantes para sus dificultades cotidianas"[12]. Un efecto contrario se da cuando el humor se hace a expensas de la persona con alguna discapacidad.

El profesor Paul Hiebert, desde la antropología, dice que una de las señales de que un misionero ha empezado a recuperarse

---

8   Ídem.
9   Ídem.
10 Ídem.
11 Ryken, Leland; Wilhoit, Jim; Longman, Tremper; Duriez, Colin; Penney, Douglas; Reid, Daniel G. (editores), *Dictionary of Biblical Imagery* (Downers Grove: InterVarsity Press, 2000).
12 Capps, "The Psychological Benefits of Humor": 399.

del choque cultural es el humor. Esto demuestra que el misionero ha dejado de sentirse superior y ha comenzado a integrarse a la nueva cultura. Además, el humor es "una señal de seguridad interior y auto-estima"[13]. De hecho, algunos psicólogos afirman que el humor puede ser una señal de inteligencia, especialmente cuando es humor sofisticado.

Como el humor se ha estudiado desde tantos ángulos, algunos estudios preguntan quiénes son más divertidos, los hombres o las mujeres, y cuál de los dos tiene más capacidad para el humor. La respuesta es que no existe evidencia para demostrar que al respecto haya alguna diferencia entre hombres y mujeres. Sin embargo, sí está demostrado que las mujeres se ríen más que los hombres. La razón es que estos se esfuerzan mucho por hacerlas reír a ellas, ya que esto los hace sentir bien. También ha dicho una investigadora que las mujeres se ríen más que los hombres simplemente porque estos dan risa. Por otro lado, han afirmado los investigadores que el humor no siempre funciona igual en hombres y mujeres ante situaciones amenazantes o de tensión. Es posible que frente a una situación de ansiedad, el hombre prefiera hacer un chiste, mientras que la mujer decida hablar del asunto[14].

Humor sospechoso

El humor es también una industria multimillonaria cuyo único y último propósito es por lo general el entretenimiento: desternillarse de la risa. Hay personas que se ganan la vida denigrando a otros con chistes tontos y de paso empobreciendo la inteligencia de quienes escuchan. Gran parte del humor que se hace tiene componentes sexuales y agresivos. Son demasiado comunes, abundantes y solicitados los chistes con componente sexual explícito. Si ese es el humor que conocemos, se le debe

---

13 Paul G. Hiebert, *Anthropological Insights for Missionaries* (Grand Rapids: Baker, 1985).

14 Capps, "The Psychological Benefits of Humor".

conceder plena razón a todo aquel que se oponga al humor en la predicación. Por ello, en algunas comunidades el único humor que se permite es el de errores tipográficos en los boletines dominicales[15].

Además, todos sabemos que el humor muy fácilmente se sale de control. Es decir, lo anterior va asociado a otro elemento que ocurre en el humor: la momentánea pérdida de control: la risa. Creo que todos nos hemos sorprendido al ver a personas "serias" en un momento de descontrol por la risa y la carcajada. Este es otro riesgo. A veces el humor se percibe como una invitación a faltar el respeto, a arriesgarse con un comentario, a desquitarse de una ofensa y cosas por el estilo. Igualmente, las cadenas de chistes fácilmente se salen también de control. No todos tenemos los mismos parámetros en cuanto a qué es chistoso y qué es decente. Es decir, en el humor se corre un riesgo porque no faltará quienes piensan que se puede hacer chiste de todo, y de cualquier manera.

El lugar del humor en los predicadores

Casi todos los autores que tratan el tema coinciden en afirmar que el uso del humor en la predicación es válido siempre y cuando conecte al auditorio con el texto y el tema. Haddon Robinson dice que "un relato contado sin razón, podrá entretener o divertir, pero estorba el sermón. La anécdota opera a favor de la verdad solo cuando centra la atención en la idea y no en sí misma"[16]. Así, "En algunas ocasiones el humor puede llamar la atención [...]"[17]. Sin embargo, se debe tener cuidado:

> Use el sentido del humor con precaución. Si la risa enfoca la atención hacia la idea, sirve como una espléndida herramienta. Cuando sólo entretiene, el humor hace que el sermón decepcione al oyente. Al enfrentarse a un

---

15 Capps, "Religion and Humor".
16 Haddon Robinson, *La predicación bíblica* (Miami: Flet y Unilit, 2000).
17 Ídem: 162.

auditorio nuevo, el sentido del humor ayuda al predicador a tender un puente, pero demasiadas bromas pueden hacer que lo tachen de cómico. Por eso, el humor debe relacionar al auditorio con el predicador o con el mensaje[18].

Mayhue dice tener al humor como una de las variantes efectivas para introducir un tema[19]. En otros libros de homilética no aparece el tema del humor, pero varios autores mencionan la necesidad de cuidarse de tomar el púlpito como forma de entretenimiento.

Un predicador y escritor cristiano muy influyente del siglo XX y parte del XXI es John Stott. Él pensó el tema del humor con mucha seriedad y nos deja algunas reflexiones muy valiosas que trataremos a continuación:

En su libro *La predicación: puente entre dos mundos*[20], Stott dedica varias páginas al tema del humor en la predicación. La primera pregunta del autor aquí es si el predicador tiene libertad de hacer reír a la congregación durante su sermón. Stott sostiene que Jesús sin duda tenía sentido del humor, el cual se encuentra reflejado en sus palabras. Jesús usaba principalmente la ironía, tal como quitar la paja del ojo del hermano y no ver el tronco en el ojo propio. Jesús evitó el sarcasmo porque su propósito era la comprensión de su mensaje, no hacer daño; mostrar la verdad y descubrir el error.

Por causa de ese humor de Jesús, el humor ha tenido un lugar digno en la predicación. Hombres como Lutero pintaron caricaturas con palabras que hasta el día de hoy nos hacen reír. De manera, pues, que para Stott usar el humor en el púlpito

---

18 *Ídem*: 168–169.

19 Richard L. Mayhue, "Introducciones, ilustraciones y conclusiones", en John MacArthur (editor), *El redescubrimiento de la predicación expositiva* (Miami: Caribe, 1996).

20 John R. W. Stott, *Between two Worlds: The Art of Preaching in the Twentieth Century* (Grand Rapids: Eerdmans, 1982); en español: La predicación, puente entre dos mundos (Grand Rapids: Libros Desafío, 2000).

y provocar la risa es legítimo. Pero, igualmente, da algunas advertencias. En primer lugar, hay que ser cuidadoso al seleccionar los temas en los cuales se basa el humor. "Siempre es inapropiado para criaturas finitas y caídas reírse de Dios, sea del Padre, del Hijo o del Espíritu Santo. Es igualmente indebido para los pecadores reírse de la cruz o de la resurrección de Jesús por medio de la cual fue lograda su salvación, o de realidades solemnes de las últimas cosas, es decir, la muerte, el juicio, el cielo y el infierno". La razón para estas advertencias es que en la medida en que hagamos chiste de ellas, las trivializamos. El humor no debe convertirse en frivolidad.

Igualmente, el predicador debe cuidarse, dice Stott, de agitar artificialmente las emociones por medio de trucos retóricos o de cualquier otro artificio. La predicación cristiana no debe confundirse con la propaganda secular. Es lamentable que se usen los medios de comunicación como medios para servir fines que no valen la pena. Stott tiene tres objeciones al propagandista: 1) produce distorsión, supresión u ornamentación de la verdad; 2) busca agradar, atraer, buscar el favor, ganar popularidad; y 3) depende de técnicas psicológicas astutas, buscando convencer por medio de la presión, el humor, el engaño, la lógica, la repetición o la adulación[21]. Pero tampoco debe irse al extremo de huir de las emociones genuinas[22]. Lo que le da frescura a una predicación es la vivencia personal, el conocimiento del texto, el conectarse con el auditorio, la capacidad comunicativa.

Dice John Stott que "predicar es trabajo duro" y por eso, tan raro[23]. El humor espontáneo es inevitable, pero si lo consideramos un vehículo para la comunicación del mensaje, debe ser muy serio y bien pensado. Parte del trabajo duro, afirma

---

21 John R. W. Stott, *The Preacher's Portrait: Some New Testament Word Studies* (Grand Rapids: Eerdmans, 1961); en español: *Facetas del predicador* (Grand Rapids: Libros Desafío, 2005).

22 *Ídem.*

23 *Ídem.*

Stott, consiste en estudiar seriamente y exponer diligentemente toda la Escritura, no sólo sus textos favoritos ni ocurrencias de la noche anterior[24].

Una de las imágenes que Stott usa para describir al predicador es la de fiel administrador de las Escrituras[25]. Si es cierto que el humor existe en la Biblia, y si la tarea del predicador es comunicar el mensaje de ella, entonces es responsabilidad del predicador sensible hacer notarlo a la comunidad de creyentes y ayudarlos a entender de qué manera el humor contribuye a la comprensión del mensaje. El predicador debe comunicar el mensaje que dice y cómo lo dice. Así como es inapropiado convertir un relato en puras proposiciones teológicas, es igualmente ilegítimo pasar por encima de cualquier otra forma en que la Biblia comunica su mensaje. Por ejemplo, es una ridiculización decir que alguien cuela mosquitos y traga camellos.

¿Qué función cumple el humor en el púlpito? Stott afirma que el humor en la predicación es muy útil: 1) quita la tensión, ayuda a la gente a relajarse; 2) elimina las defensas, abre corazones cerrados y 3) retira la altivez y la pomposidad de los humanos: al reírnos de nosotros mismos, humillamos nuestra dignidad.

Stott sigue la teoría de la incongruencia para decir que la dignidad humana sufre cuando nos reímos de nuestras falsas grandezas. Para Stott, la sátira es válida siempre y cuando al reírnos de otros nos aseguramos de reírnos de nosotros mismos. Stott sostiene que el humor es en la piedad el reverso del misticismo. Así como las grandes catedrales tienen hermosos pináculos que apuntan hacia el cielo, también tienen escaleras que conducen a los sucios sótanos: juntos nos ayudan a definir el humor como "una expresión, en términos de lo grotesco, de la inexorable disparidad entre las aspiraciones humanas y la actuación humana". No cita a Pirandello, pero va por la misma línea de pensamiento".

---

24 Capps, "The Psychological Benefits of Humor".
25 Stott, *The Preacher's Portrait: Some New Testament Word Studies*: 11–32.

Nadie debe sentirse obligado a utilizar el humor en la predicación si no se siente cómodo con ello. Pero entendamos que no todo humor conduce necesariamente a la risa. Por otro lado, el humor en el púlpito no se debe prohibir. Al contrario, se debe animar en la medida en que seamos capaces (como en la Biblia, añadiría yo) de reírnos de la condición humana y de nosotros mismos, de manera que podamos ver las cosas en su justa proporción:

> Con frecuencia es por medio de la risa que podemos divisar claramente tanto las alturas de las que hemos caído como las profundidades en las que nos hemos hundido, lo cual nos conduce a un ardiente deseo de ser rescatados, sanados, restaurados y perdonados. Así, el humor puede ser una preparación genuina para el evangelio. Ya que el humor puede contribuir al despertar la conciencia en los corazones humanos de la vergüenza por lo que somos y el deseo de lo que podríamos ser, debemos incorporarlo con gusto en el culto en servicio al evangelio[26].

Finalmente, para Stott "la verdadera predicación nunca es aburrida, cargada o académica, sino fresca y punzante, con la viva autoridad de Dios"[27]. Para este autor, la frescura de la predicación nace de la comunión que el predicador tiene con Dios y su palabra[28]. Stott mismo usa el humor. Hablando de la importancia de la sencillez en el mensaje y de lo pedante que resulta sacar a relucir todos los doctorados cuando uno habla, dice: "No hay razón para hablar como si nos hubiéramos tragado un diccionario"[29].

---

26 Stott, *Between Two Worlds: The Art of Preaching in the Twentieth Century*: 291-292.

27 *Ídem*.

28 Parte de la frescura, añadiría yo, viene por la sensibilidad a los modos y estrategias literarias utilizadas en la Biblia para la comunicación del mensaje.

29 Stott, *The Preacher's Portrait: Some New Testament Word Studies*: 93.

Conclusión:
La Biblia, el humor y el predicador

Es muy probable que el humor bíblico tenga en los creyentes la misma función que en las personas con discapacidad. En la Biblia existe por todos lados un reconocimiento de una imperfección, de una especie de discapacidad espiritual, la cual se reconoce, se asume y se expresa de manera humorística, eliminando así la tortura, la autolástima, y convirtiendo el mal no en una amenaza, sino en un desafío.

> Así, las personas que no tienen dificultades físicas y que "con frecuencia olvidan que son mortales y herederos de las limitaciones asociadas con esa condición, tienen mucho que aprender del humor y la gracia de las personas discapacitadas" [...] existe, pues, una relación positiva entre un sentido humorístico de uno mismo y la aceptación de las limitaciones que son inherentes a la condición humana[30].

Es muy posible que esto sea lo que le sucede a Israel como nación y lo que le permite contar su historia con humor.

Hay dos cosas que la gente recuerda: un buen chiste y una historia bien contada. Los dos deben formar parte de la predicación. Una vez que el predicador ha identificado cuál es el texto bíblico y el mensaje que va a predicar, la pregunta más importante que debe hacerse es cómo decirlo para que no se les olvide. Esto no es nada nuevo; es lo que hacen los escritores bíblicos, como hemos visto en los capítulos anteriores. Podríamos decir, entonces, que los escritores bíblicos son maestros de la palabra y de la Palabra.

La pregunta no es si el creyente tiene o no tiene inclinación hacia el humor[31]. Eso no es cuestión de religión. Como el humor ayuda a recordar, la pregunta que se debe hacer es cuál es el lugar

---

30 Capps, "The Psychological Benefits of Humor": 401.
31 Como hacen algunos estudios citados en Capps, "Religion and Humor".

del humor en la exposición bíblica. En América Latina no hay que comprobar si los creyentes aceptan o no aceptan el humor y lo cómico. Eso debemos darlo por hecho. Sin embargo, debemos reconocer algunas cosas. Siendo que hay usos insatisfactorios del humor en la predicación, es necesario 1) estudiar el tema del humor en la Biblia para ver cómo funciona; y 2) desarrollar un estilo propio que incorpore el humor en imitación del humor bíblico y contextualizado este a nuestras formas culturales de hacer humor, con el objetivo de comunicar el mensaje de las Escrituras, evitando caer en bajezas, en tonterías y en irrespetos innecesarios.

Nos interesa del humor su función como vehículo para la comunicación de un mensaje. Su importancia en esto, además de todo lo que hemos dicho, es que resuelve de manera única asuntos que de otro modo no podríamos resolver. ¿Cómo se le dice al pueblo de Dios que no convierta el símbolo en un ídolo? Se le cuenta una historia cómica con reflexión y humor: el relato del arca. ¿Cómo le muestro que Dios no se complace en carros y caballos ni salva por medio de ellos? Le cuento la historia de los cuatro leprosos. ¿Cómo hago para que me entienda que el nacionalismo religioso es ridículo? Le cuento la historia de Jonás, Jonás el malo y Jonás el hombre de convicciones. La pregunta de la Biblia y del predicador es la misma: ¿Cómo hago para que usted me entienda este mensaje y además no se le olvide?

No es cierto, como dicen algunos, que las Escrituras sean ajenas al humor. La Biblia, como hemos mostrado, tiene muchas formas de comunicar mensajes por medio del humor. Si lo que para uno cuenta como humor en la Biblia es un relato de Jesús muerto, pero de la risa, pues no lo encontrará. En realidad, en las Escrituras existen pocas personas de las cuales los autores bíblicos dicen que se han reído. Sin embargo, así como se rió Sara, también dice la Biblia que Dios se ríe. Se ríe de lo ridículo que somos los seres humanos cuando pensamos que controlamos el mundo y podemos más que Dios (Sal 2). Se ríe también de nuestras inconsistencias, nuestras inconsecuencias y nuestras incongruencias. Pero el humor de Dios y el de la Biblia siempre van acompañados de la gracia que invita al perdón, la reconciliación y la restauración. Ese humor estamos invitados a imitar.

Bibliografía

Acosta, Milton
   2004   "The Role of the Poor and Marginal Characters in the Book of Kings: A Rhetorical Analysis of 2 Kings 2–8 and 13:14–21" (Tesis doctoral), Trinity Evangelical Divinity School.

Aharoni, Yohanan
   1979   *The Land of the Bible: A Historical Geography*. Philadelphia: Westminster.

Alonso Schökel, Luis
   1958   "Los géneros literarios de la Sagrada Escritura". *Biblica* 39, N° 3.
   1961   "Erzählkunst im Buche der Richter". *Biblica* 42.
   1963   *Estudios de poética hebrea*. Barcelona: J. Flors.
   1986   *Hermenéutica de la Palabra I: hermenéutica bíblica*. Madrid: Cristiandad.
   1987   *Hermenéutica de la Palabra II: interpretación literaria de textos bíblicos*. Madrid: Ediciones Cristiandad.
   1991   *Hermenéutica de la Palabra III: interpretación teológica de textos bíblicos*. Bilbao: Ega-Mensajero.
   1997   "Hermenéutica a la luz del lenguaje y la literatura". En José Domínguez Caparrós (editor), *Hermenéutica*. Madrid: Arco/Libros.

Alonso Schökel, Luis, et ál.
   1994   *Diccionario bíblico hebreo-español*. Madrid: Trotta.

Alonso Schökel, Luis y Manuel Iglesias González
   1973   *Reyes*. Madrid: Cristiandad.

Alonso Schökel, Luis y J. L. Sicre Díaz
   1987   *Profetas* 2 (2ª ed.). Madrid: Ediciones Cristiandad.

Alter, Robert
   1981   *The Art of Biblical Narrative*. New York: Basic Books.
   1985   *The Art of Biblical Poetry*. New York: Basic Books.

Alter, Robert y Frank Kermode
   1987   *The Literary Guide to the Bible*. Cambridge: Harvard University Press.

Alster, Bendt
   2002   "ilu awilum: we-e i-la, 'gods: men' versus 'man: god': Punning and the Reversal of Patterns in the Atrahasis Epic". En Thorkild Jakobsen and Tzvi Abusch (editor), *Riches Hidden in Secret Places*. Winona Lake: Eisenbrauns.

Altman, Amnon
   2003   "Rethinking the Hittite System of Subordinate Countries from the Legal Point of View". *Journal of the American Oriental Society* 123, N° 4.

Amit, Yairah
   2001   "The Shunammite, the Shulamite and the Professor Between Midrash and Midrash". *Journal for the Study of the Old Testament* 93.

   2001   *Reading Biblical Narratives: Literary Criticism and the Hebrew Bible*. Minneapolis: Fortress.

   2003   "Progression as a Rhetorical Device in Biblical Literature". *Journal for the Study of the Old Testament* 28, N° 1.

Angvik, Birger
   1992   "La risa que se vuelve mueca, el doble filo del humor y de la risa. Historia de Mayta frente a la crítica de Lima". *Káñina* 16, N° 1.

Arnold, Bill T.
   2003   *1 & 2 Samuel: The NIV Application Commentary from Biblical Text...to Contemporary Life*. Grand Rapids: Zondervan.

   2005   "Review of The Turn of the Cycle: 1 Samuel 1–8 in Synchronic and Diachronic Perspectives by Serge Frolov". *Journal of Biblical Literature* 124, N° 3.

Assis, Elie
   2004   "The Choice to Serve God and Assist his People: Rahab and Yael". *Biblica* 85, N° 1.

Aucker, W. Brian
   2000   "Putting Elisha in His Place: Genre, Coherence, and Narrative Function in 2 Kings 2–8" (Tesis doctoral). Edinburgh: University of Edinburgh.

Baldwin, Joyce G.
   1984   *Esther*. The Tyndale Old Testament Commentaries. Leicester: InterVarsity Press.

Bar-Efrat, Simon
   1985   *Narrative Art in the Bible*. Journal for the Study of the Old Testament. Sheffield: Sheffield.

Bar-Ilan, Meir
    2002   "Between Magic and Religion: Sympathetic Magic in the World of the Sages of the Mishnah and Talmud". *Review of Rabbinic Judaism* 5, N° 3.

Barnes, Peter
    1995   "Was Rahab's Lie a Sin". *Reformed Theological Review* 54.

Bartolomeo, Joseph F.
    2007   "Restoration and Eighteenth-century Satiric Fiction". En Ruben Quintero (editor), *A Companion to Satire: Ancient to Modern.* Oxford: Wiley-Blackwell.

Beckett, Samuel
    1975   *Esperando a Godot.* Barcelona: Barral Editores.

Ben-Amos, Dan
    1973   "The 'Myth' of Jewish Humor". *Western Folklore* 32, N° 2.
    1992   "Folklore in the Ancient Near East". En David Noel Friedman (editor), *Anchor Bible Dictionary.* New York: Doubleday.

Berlin, Adele
    2001   "The Book of Esther and Ancient Storytelling". *Journal of Biblical Literature* 120, N° 1.
    2001   *Esther.* The JPS Bible Commentary. Philadelphia: The Jewish Publication Society.

Bianchi, Robert Steven
    2004   *Daily Lives of the Nubians.* Westport: Greenwood Press.

Bienkowski, Piotr y Alan Millard, eds.
    2000   *Dictionary of the Ancient Near East.* Philadelphia: University of Pennsylvania Press.

Block, Daniel I.
    1999   *Judges, Ruth.* New American Commentary. Nashville: Broadman and Holman.

Blomberg, Craig L.
    1997   *Jesus and the Gospels: An Introduction and Survey.* Nashville: Broadman and Holman.

Bourke, Joanna
    2001   *The Second World War: A People's History.* Oxford: Oxford University Press.

Boyle, Frank
    2007   "Jonathan Swift". En Ruben Quintero (editor), *A Companion to Satire: Ancient to Modern.* Oxford: Blackwell.

Brenner, Athalya ed.
    2003   *Are We Amused?: Humor About Women in the Biblical Worlds.* London: T&T Clark International.

Brodie, Thomas L.
    2000   *The Crucial Bridge: The Elijah-Elisha Narrative as an Interpretive Synthesis of Genesis-Kings and a Literary Model for the Gospels*. Collegeville: Liturgical.

Brueggemann, Walter
    2002   *Ichabod Toward Home: The Journey of God's Glory*. Grand Rapids: Eerdmans.

Capps, Donald
    2006   "The Psychological Benefits of Humor". *Pastoral Psychology* 54, N° 5.

Cardoso Pereira, Nancy
    1993   "La profecía y lo cotidiano: La mujer y el niño en el ciclo del profeta Eliseo". *Revista de interpretación bíblica latinoamericana* 14.

Casares, Julio
    2002   "Concepto del humor". *Cuadernos de información y comunicación* 7.

Castleden, Rodney
    2001   *Minoans: Life in Bronze Age Crete*. Londres: Routledge.

Childs, Brevard S.
    1978   "The Canonical Shape of the Book of Jonah". En Gary A. Tuttle (editor), *Biblical and Near Eastern Studies*. Grand Rapids: Eerdmans.
    1980   *Introduction to the Old Testament as Scripture*. Philadelphia: Fortress.
    1989   *Old Testament Theology in Canonical Context*. Philadelphia: Fortress.
    1993   *Biblical Theology of the Old and New Testaments: Theological Reflections on the Christian Bible*. Philadelphia: Fortress.

Cogan, Mordechai y Tadmor, Hayim
    1988   *2 Kings: A New Translation*. New York: Doubleday.

Craig, Kenneth
    1995   *Reading Esther: A Case for the Literary Carnivalesque*. Louisville: Westminster John Knox Press.

Crenshaw, James
    1998   *Old Testament Wisdom: An Introduction*. Louisville: Westminster John Knox Press.

Critchley, Simon
    2002   *On Humour*. Londres: Routledge.

Cross, Frank Moore
    1973   *Canaanite Myth and Hebrew Epic: Essays in the History of the Religion of Israel*. Cambridge: Harvard University Press.

Culley, Robert C.
  1976   *Studies in the Structure of Hebrew Narrative*. Philadelphia y Missoula: Fortress and Scholars Press.

Dillard, Raymond B. y Tremper Longman
  1994   *Introduction to the Old Testament*. Grand Rapids: Zondervan.

Dorsey, David A.
  1999   *The Literary Structure of the Old Testament: A Commentary on Genesis-Malachi*. Grand Rapids: Baker.

Dyrness, William
  1983   "Mercy Triumphs Over Justice: James 2:13 and the Theology of Faith and Works". *Themelios* 6, N° 3.

Eco, Umberto
  2005   *El nombre de la rosa*. Barcelona: Lumen.

Evans, Craig A.
  1987   "Luke's Use of the Elijah/Elisha Narratives and the Ethic of Election". *Journal of Biblical Literature* 106.

Evans, Mary J.
  2000   *1 and 2 Samuel*. Peabody: Hendrickson.

Even-Shoshan, Abraham
  1990   *A New Concordance of the Old Testament*. Grand Rapids: Baker.

Exum, J. Cheryl y David J. A. Clines (editores).
  1993   *New Literary Criticism and the Hebrew Bible*. Journal for the Study of the Old Testament. Sheffield: JSOT Press.

Ferber, Michael
  1999   *A Dictionary of Literary Symbols*. Cambridge: Cambridge University Press.

Figueroa Dorrego, Jorge; Martín Urdiales Shaw; Cristina Larkin Galiñanes y Celia Vázquez García (editores).
  2001   *Estudios sobre humor literario*. Vigo: Universidad de Vigo.

Finkelstein, Israel
  2002   "The Philistines in the Bible: A Late-Monarchic Perspective". *Journal for the Study of the Old Testament* 27, N° 2.

Flors, Juan, ed.
  1957   *Los géneros literarios de la Sagrada Escritura*. Salamanca: Pontificia Universidad Eclesiástica.

Fokkelman, Jan
  1999   *Reading Biblical Narrative: A Practical Guide*. Leiden: Deo Publishing.

Foster, Benjamin R.
  1992   "Humor and Wit (Mesopotamia)". En David Noel Freedman (editor), *The Anchor Bible Dictionary*. New York: Doubleday.
  1995   "Humor and Wit in the Ancient Near East". En J. M. Sasson (editor), *Civilizations of the Ancient Near East*. New York: Charles Scribner's Sons y Macmillan.

Fountain, A. Kay
   2002   *Literary and Empirical Readings of the Books of Esther*. Nueva York: Peter Lang.

Fox, Michael V.
   2001   *Character and Ideology in the Book of Esther* (2ª ed.). Grand Rapids: Eerdmans.

France, R T.
   1985   *Matthew*. Leicester: InterVarsity Press.

Fretheim, Terence
   1999   *First and Second Kings*. Louisville: Westminster John Knox.

Freud, Sigmund
   1979   *El chiste y su relación con el inconsciente*. Madrid: Alianza Editorial.

Friedman, Hershey H.
   2000   "Humor in the Hebrew Bible". *Humor: International Journal of Humor Research* 13, N° 3.
   2002   "Is There Humor in the Hebrew Bible? A Rejoinder". *Humor: International Journal of Humor Research* 15, N° 2.

Frolov, Serge
   2004   *The Turn of the Cycle: 1 Samuel 1–8 in Synchronic and Diachronic Perspectives*. Berlin: Gruyter.

Fuchs, E.
   2003   *Laughing with/at/as Women: How Should We Read Biblical Humor?* Journal for the Study of the Old Testament. Sheffield: Sheffield University Press.

García, Casimiro
   2008   *El humor en la Biblia: síntesis festiva del Antiguo Testamento*. Córdova: Arcopress.

Gardner, Howard
   1997   *Arte, mente y cerebro: Una aproximación cognitiva a la creatividad* (7ª ed.). Buenos Aires: Paidós.

Garrido Luceño, José María
   2002   "El humor es sabiduría". *Isidorianum*, vol 12, N° 23.

Gatti, Alberta
   2007   "Satire of the Spanish Golden Age". En Ruben Quintero (editor), *A Companion to Satire: Ancient to Modern*. Oxford: Blackwell.

Gitay, Yehoshua
   1992   "Reflections on the Poetics of the Samuel Narrative: The Question of the Ark Narrative". *Catholic Biblical Quarterly* 54, N° 2.

Goffman, Erving
   1959   *The Presentation of Self in Everyday Life*. Garden City: Doubleday/Anchor Books.

Goldsworthy, Graeme
   1991   *According to Plan*. Downers Grove: InterVarsity Press.

Good, Edwin M.
   1965   *Irony in the Old Testament*. London: SPCK.

González, Justo
   2000   *Jonás. Comentario bíblico iberoamericano*. Buenos Aires: Kairós.

Greenstein, Edward L.
   1992   "Humor and Wit (Old Testament)". En David Noel Freedman (editor), *The Anchor Bible Dictionary*. New York: Doubleday.

Greyer, John B.
   1981   "Mice and Rites in 1 Samuel v–vi". *Vetus Testamentum* 31, N° 3.

Griffith, R. Drew y Robert B. Marks
   2007   *A Funny Thing Happened on the Way to the Agora: Ancient Greek and Roman Humour*. Kingston: Legacy Books Press.

Grimal, Nicolas
   1993   *A History of Ancient Egypt*. Oxford: Blackwell.

Gunkel, Hermann
   1987   *The Folktale in the Old Testament*. Sheffield: Almond Press.

Gunn, David M.
   1985   "The Anatomy of Divine Comedy: On Reading the Bible as Comedy and Tragedy". *Semeia* 32.

Hallo, William W.
   1980   "Biblical History in Its Near Eastern Setting: The Contextual Approach". En C. D. Evans, W. W. Hallo y J. B. White (editores), *Scripture in Context: Essays on the Comparative Method*. Pittsburgh: Pickwick Press.

Hallo, William W. y K. Lawson Younger, Jr. (editores)
   1997   "The Context of Scriptures: Canonical Compositions from the Biblical World". Leiden: E. J. Brill.

Halpern, Baruch
   1988   "The Assassination of Eglon: The First Locked-Room Murder Mystery". *Bible Review* 4, N° 6.

Hamilton, Victor P.
   1999   *Handbook on the Pentateuch*. Grand Rapids: Baker.
   2008   *Handbook on the Historical Books: Joshua, Judges, Ruth, Samuel, Kings, Ezra-Nehemiah, Esther*. Grand Rapids: Baker Academic.

Handy, Lowell K.
   1992   "Dagon". En David Noel Freedman, *Anchor Bible Dictionary*. New York: Doubleday.

Harvey, John E.
   2001   "Tendez and Textual Criticism in 1 Samuel 2–10". *Journal for the Study of the Old Testament* 96.

Harris, Rivkah
   2000   *Gender and Aging in Mesopotamia: The Gilgamesh Epic and Other Ancient Literature*. Oklahoma: University of Oklahoma Press.

Hawk, L. Daniel
   2000   *Joshua*. Collegeville: The Liturgical Press.

Hayes, Bert
   1963   "A Study of Humour in the Old Testament" (Tesis doctoral), Hebrew Union College.

Hayford, Jack W.
   1996   *Hacia una alabanza gloriosa: Principios de poder para una persona llena de fe*. Nashville: Caribe.

Herion, Gary A.
   1992   "Humor and Wit". En *The Anchor Bible Dictionary*. New York: Doubleday.

Herodotus
   1998   *The Histories*. Oxford: Oxford University.

Herr, Christopher J.
   2007   "Satire in Modern and Contemporary Theater". En Ruben Quintero (editor), *A Companion to Satire: Ancient to Modern*. Oxford: Blackwell.

Hess, Richard S.
   1995   "Studies in the Book of Joshua". *Themelios* 20, N° 3.
   1996   *Joshua: An Introduction and Commentary*, vol. 6, Tyndale Old Testament Commentary Series. Downers Grove: InterVarsity Press.

Hiebert, Paul G.
   1985   *Anthropological Insights for Missionaries*. Grand Rapids: Baker.

House, Paul R.
   2001   *1, 2 Kings*, vol. 8, The New American Comentary. Nashville: Broadman & Holman Publishers.

Howard, David M. Jr.
   1994   "Rhetorical Criticism in Old Testament Studies". *Bulletin For Biblical Research* 4.
   1998   "Rahab's Faith: An Exposition of Joshua 2:1–14". *Review and Expositor* 95.

Humphreys, Colin J.
   1998   "The Number of People in the Exodus from Egypt: Decoding Mathematically the Very Large Numbers in Numbers I and XXVI". *Vetus Testamentum* 48, N° 2.
   2000   "The Numbers in the Exodus from Egypt: A Further Appraisal". *Vetus Testamentum* 50, N° 3.

BIBLIOGRAFÍA

Hutchison, John C.
    2001   "Women, Gentiles, and the Messianic Mission in Matthew's Genealogy". *Bibliotheca Sacra* 158.

Hyers, Conrad
    1987   *And God Created Laughter: The Bible as Divine Comedy*. Atlanta: John Knox Press.

Jáuregui, Eduardo Salvador
    2003   "La comedia humana: Una nueva teoría psico-sociológica de la risa y el humor". *Miscelánea Comillas* 61, N° 119.

Jeremias, Joachim
    1974   *Teología del Nuevo Testamento*. Salamanca: Ediciones Sígueme.

Jobes, Karen H.
    1999   *Esther*, NIV Application Commentary. Grand Rapids: Zondervan.

Josefo, Flavio
    1999   *La guerra de los judíos*. Madrid: Biblioteca Clásica Gredos

Kahn, Paul
    1994   "An Analysis of the Book of Jonah". *Judaism* 43, N° 1.

Kane, Thomas S.
    2000   *The Oxford Essential Guide to Writing*. New York: Oxford University Press.

Kantrowitz, Barbara y Anne Underwood
    2003   "The Bible's Lost Stories: Fueling Faith and Igniting Debate, a New Generation of Scholars Is Altering Out Beliefs about the Role of Women in the Scriptures". *Newsweek*, Diciembre 2003.

Kaminsky, Joel S.
    2000   "Humor and the Theology of Hope: Isaac as a Humorous Figure". *Interpretation* 54, N° 4.

King, Philip J. y Lawrence E. Stager
    2001   *Life in Biblical Israel*. Louisville: Westminster John Knox Press.

Kirkpatrick, Patricia G.
    1988   *The Old Testament and Folklore Study*. Sheffield: Sheffield.

Kitchen, K. A.
    1971   "The Old Testament in its context: From Joshua to Solomon". *Theological Students' Fellowship Bulletin* 61.

Klein, Lillian R.
    1988   *The Triumph of Irony in the Book of Judges*, vol. 14, Bible and Literature Series. Atlanta: The Almond Press.

Klement, Herbert H.
    1999   "Modern Literary-critical Methods and the Historicity of the Old Testament". En V. Philips Long (editor), *Israel's Past in Present Research*. Winona Lake: Eisenbrauns.

Kuhrt, Amélie
    1995   *The Ancient Near East*, vol. 2. London and New York: Routledge.

Landy, Francis
    1980   "Humour in the Bible". *Jewish Quarterly* 29, N° 1.

Lang, D. Berel
    1962   "On the Biblical Comic". *Judaism* 11, N° 3.

Levoratti, Armando
    1997   "Los géneros literarios" (1ª parte). *Traducción de la Biblia* 7.
    1997   "Los géneros literarios" (2ª parte). *Traducción de la Biblia* 7.
    1998   "Los géneros literarios" (3ª parte). *Traducción de la Biblia* 8.

Lemaire, André (editor).
    2001   *Prophètes et Rois: Bible et Proche-orient.* Paris: Cerf.

Levenson, Jon D.
    1997   *Esther: A Commentary.* Louisville: Westminster John Knox Press.

Lichtheim, Miriam
    1997   "The report of Wenamun". En William W. Hallo y K. Lawson Younger Jr. (editor), *The Context of Scriptures: Canonical Compositions from the Biblical World.* Leiden: E. J. Brill.

Lipiński, Edward
    2000   *The Aramaeans: Their Ancient History, Culture, Religion Orientalia Lovaniensia Analecta.* Leuven: Peeters Publishers & Department of Oriental Studies.

Long, Burke O.
    1991   *2 Kings, The Forms of the Old Testament Literature.* Grand Rapids: Eerdmans.

Longman, Tremper
    1987   *Literary Approaches to Biblical Interpretation.* Foundations of Contemporary Interpretation, Moisés Silva (editor). Grand Rapids: Zondervan.
    1997   "Literary Approaches and Interpretation". En Willem A. Van Gemeren (editor), *The New International Dictionary of Old Testament Theology and Exegesis*, vol. 1. Carlisle: Paternoster Press.

Mansilla Agüero, Miguel Ángel
    2006   "Del valle de lágrimas al valle de Jauja: las promesas redentoras del neopentecostalismo en el más acá". *Revista Polis*, N° 14.

Marcus, David
    1995   *From Balaam to Jonah: Anti-prophetic Satire in the Hebrew Bible Brown Judaic Studies.* Atlanta: Scholars Press.

Marguerat, Daniel y Yvan Bourquin
    2000   *Cómo leer los relatos bíblicos: iniciación al análisis narrativo.* Santander: Sal Terrae.

Martin, Clancy
    2006   "Religious Existentialism". En Hubert L. Dreyfus and Mark A. Wrathall (editor), *A Companion to Phenomenology and Existentialism.* Oxford: Blackwell Publishing.

Matthews, Victor H.
   2001   *Social World of the Hebrew Prophets*. Peabody: Hendrickson.

Mayhue, Richard L.
   1996   "Introducciones, ilustraciones y conclusiones". En John MacArthur (editor), *El redescubrimiento de la predicación expositiva*. Miami: Caribe.

McKinlay, Judith E.
   1999   "Rahab: A Heroine?" *Biblical Interpretation* 7.

Meltzer, Edmund S.
   1992   "Humor and Wit (Ancient Egypt)". En *The Anchor Bible Dictionary*. New York: Doubleday.

Meynet, Roland
   1998   *Rhetorical Analysis: An Introduction to Biblical Rhetoric*. Sheffield: Sheffield.

Miguel, Pedro de
   2000   "Un poco de humor en la reciente narrativa española". *Nuestro Tiempo*, N° 557.

Miller, N.
   1984   "The Use of Dung As Fuel: An Ethnographic Example and an Archaeological Application". *Paléorient* 10.

Moberly, R. W. L.
   2003   "Preaching for a Response? Jonah's message to the Ninivites Reconsidered". *Vetus Testamentum* 53, N° 2.

Montgomery, James A.
   1951   "A Critical and Exegetical Commentary on the Book of Kings". En Henry Snyder Gehman (editor), *The International Critical Commentary*. New York: Charles Scribner's Sons.

Moore, Rick Dale
   1990   *God Saves: Lessons from the Elisha Stories*. Sheffield: Sheffield Academic Press.

Morán Cabanas, M. Isabel
   2001   "Humor e obscenidade na poesia cortesã do Portugal quatrocentista". En Jorge Figueroa Dorrego *et ál.*, *Estudios sobre humor literario*. Vigo: Universidad de Vigo.

Morford, Mark P. O. y Robert J. Lenardon
   2003   *Classical Mythology* (7ª ed.). Oxford: Oxford University Press.

Morla Asencio, Víctor
   2003   *La Biblia por fuera y por dentro: literatura y exégesis*. Estella: Verbo Divino.

Morreall, John
   2001   "Sarcasm, Irony, Wordplay, and Humor in the Hebrew Bible: A Response to Hershey Friedman". En International Society for Humor Studies, *Humor: International Journal of Humor Research* 14, N° 3.

Muñoz Iglesias, Salvador
   1968   *Los géneros literarios y la interpretación de la Biblia*. Madrid: Casa de la Biblia.

Nelson, Richard D.
   1997   *Joshua: A Commentary*. Louisville: Westminster John Knox.
   1987   *First and Second Kings*. Atlanta: John Knox.

Niditch, Susan
   1987   *Underdogs and Tricksters: A Prelude to Biblical Folklore*. San Francisco: Harpercollins.
   2008   *Judges*. Louisville: Westminster John Knox Press.

Nilsen, Alleen Pace y Don L. F. Nilsen
   2005   "Humor". En Maryanne Cline Horowitz (editor), *New Dictionary of the History of Ideas*, vol. 3. Detroit: Thomsom Gale.

Novick, Tzvi
   2004   "'Almost, at Times, the Fool': Abimelekh and Genesis 20". *Prooftexts* 24, N° 3.

O'Connell, Robert H.
   1996   *The Rhetoric of the Book of Judges*, vol. 43. Supplements to Vetus Testamentum. Leiden: E. J. Brill.

Ogden, Graham S.
   2002   "Irony or Humor? The Case of Ehud in Judges 3.12–30". *Bible Translator* (*Practical Papers*) 53, N° 4.

Olmo Lete, Gregorio del
   1998   *Mitos, leyendas y rituales de los semitas occidentales*. Barcelona: Trotta.

Pagán, Samuel
   1992   *Esdras, Nehemías y Ester*, Comentario Bíblico Hispanoamericano, Justo L. González (editor). Miami: Caribe.

Palmer, Earl F.
   2000   *Jesus Laughed: Sources of Humor in the Bible*. Vancouver: Regent College.

Parker, Simon B.
   1997   *Stories in Scripture and Inscriptions: Comparative Studies on Narratives in Northwest Semitic Inscriptions and the Hebrew Bible*. Oxford: Oxford University Press.

Parrilla Sotomayor, Eduardo E.
   2002   "Ironía, humorismo y carnavalización en Cien Años de Soledad". *Revista de humanidades* 13.

Patterson, Richard D.
   1999   "The Old Testament Use of an Archetype: The Trickster". *Journal of the Evangelical Theological Society* 42, N° 3.

Perry, T. A.
   2006   *The Honeymoon is Over: Jonah's Argument With God*. Peabody: Hendrickson.

Piedra, Arturo
    2003   "Lo nuevo en la realidad del protestantismo latinoamericano". En Sidney Rooy, Arturo Piedra y Fernando Bullón, *¿Hacia dónde va el protestantismo?* Buenos Aires: Kairós.

Pirandello, Luigi
    2002   "Esencia, caracteres y materia del humorismo". *Cuadernos de información y comunicación* 7.

Pond, Caroline M.
    2003   *The Fats of Life*. Cambridge: Cambridge University Press.

Porter, Stanley y Olbricht, Thomas H.
    1997   *The Rhetorical Analysis of Scripture. Essays from the 1995 London Conference*. Sheffield: Sheffield.

Radday, Yehuda Thomas y Athalya Brenner (editores)
    1990   *On Humor and the Comic in the Hebrew Bible*. Sheffield: Almond Press.

Raskin, Victor
    1985   *Semantic Mechanisms of Humor*. Dordrecht/Boston: D. Reidel Publishing Company.

Reilly, John H.
    2003   "Waiting for Godot". En Sarah Pendergast y Tom Pendergast (editor), *Reference Guide to World Literature*. Farmington Hills: St. James Press.

Rendsburg, Gary A.
    2001   "An Additional Note to Two Recent Articles on the Number of People in The Exodus from Egypt and the Large Numbers in Numbers I and XXVI". *Vetus Testamentum* 51, N° 3.
    2003   "Unlikely Heroes: Women as Israel". *Bible Review* 19, N° 1.

Robinson, Haddon
    2000   *La predicación bíblica*. Miami: Flet y Unilit.

Robinson, J.
    1976   *The Second Book of Kings*. Cambridge: Cambridge University Press.

Rodríguez, Ángel Manuel
    1995   *Esther: A Theological Approach*. Berrien Springs: Andrews University Press.

Ruiz Gómez, Dario
    1998   "El humor como revulsivo social". *Kinetoscopio* 9, N° 48.

Ryken, Leland, Wilhoit, James, Tremper Longman III (editores).
    1998   *Dictionary of Biblical Imagery*. Downers Grove: InterVarsity Press.

Santos, Daniel
    2005   "Por Que Deus Usa Pessoas Como Sansão?" *Fides Reformata* 1.

Saramago, José
    2006   *Las intermitencias de la muerte*. Madrid: Santillana.

Sasson, Jack M.
    1987   "Esther". En Robert Alter y Frank Kermode (editores), *The Literary Guide to the Bible*. Cambridge: Harvard University Press.
Schneider, Tammi
    2000   *Judges*. Collegeville: The Liturgical Press.
Schumacher, Claude
    1993   "The Theater of the Absurd". En Martin Coyle (editor), *Routledge Encyclopedia of Literature and Criticism*. London: Routledge.
Schutz, Charles E.
    1977   *Political Humor: From Aristophanes to Sam Erving*. Cranbury: Associated University Presses.
Seawright, Caroline
            "Women in Ancient Egypt", <http://www.touregypt.net/featurestories/women.htm>, fecha de consulta: Setiembre 2006.
Sharon, Diane M.
    2002   *Patterns of Destiny: Narrative Structures of Foundation and Doom in the Hebrew Bible*. Winona Lake: Eisenbrauns.
Shupak, Nili
    1997   "The Admonitions of an Egyptian Sage: The Admonitions of Ipuwer". En William W. Hallo y K. Lawson Younger Jr. (editor), *The Context of Scriptures: Canonical Compositions from the Biblical World*. Leiden: E. J. Brill.
Simon, Uriel
    1990   "Minor Characters in Biblical Narrative". *Journal for the Study of the Old Testament* 46.
Slotki, I. W.
    1950   *Kings*, Soncino Books of the Bible. London: Soncino Press.
Sternberger, Meir
    1985   *The Poetics of Biblical Narrative: Ideological Literature and the Drama of Reading*. Bloomington: Indiana University Press.
Stott, John R. W.
    2005   *Facetas del predicador*. Grand Rapids: Libros Desafío
    2000   *La predicación, puente entre dos mundos*. Grand Rapids: Libros Desafíos.
Strand, Wilson E.
    1980   "In Search of an Assyrian Sense of Humor". En Fred E. H. Schroeder (editor), *5000 Years of Popular Culture: Popular Culture Before Printing*. Madison: Popular Press.
Struppe, Ursula
    1996   *Die Bücher Obadja, Jona*, Neuer Stuttgarter Kommentar. Stuttgart: Verlag Katholisches Bibelwerk.
Tosaus Abadía, José Pedro
    1996   *La Biblia como literatura*. Estella: Verbo Divino.

Trebolle Barrera, Julio
- 1997 *The Jewish Bible and the Christian Bible: An Introduction to the History of the Bible*. Leiden: Brill.

Trivella, María
- 2007 "Chávez, el zar de la prensa". *Semana*, Julio 2007.

Tsumura, David Toshio
- 2007 *The First Book of Samuel*, Robert L. Hubbard (editor), The New International Commentary on the Old Testament. Grand Rapids: Eerdmans.

Tubbs, Fred Charles
- 1990 "The Nature and Function of Humor and Wit in the Old Testament Literary Prophets" (Tesis doctoral). Southwestern Baptist Theological Seminary.

Unamuno, Miguel de
- *Del sentimiento trágico de la vida*, <http://www.e-scoala.ro/espanol/miguel_de_unamuno2.html>, fecha de consulta: enero 2009.

Van Heerden, Willie
- 2001 "Why the Humour in the Bible Plays Hide and Seek with Us". *Social Identities* 7, N° 1.

Vanhoozer, Kevin J.
- 2005 *The Drama of Doctrine: A Canonical-linguistic Approach to Christian Theology*. Louisville: Westminster John Knox Press.

Voeltzel, René
- 1961 *Das Lachen des Herrn: Über die Ironie in der Bible*. Hamburgo: Herbert Reich Evangelisher.

Von Rad, Gerhard
- 1969 *Teología del Antiguo Testamento I. Teología de las Tradiciones Históricas de Israel*. Salamanca: Ediciones Sígueme.

Walfish, Barry
- 1993 *Esther in Medieval Garb: Jewish Interpretation of the Book of Esther in the Middle Ages*. Albany: University of New York Press.

Warner, Martin, ed.
- 1990 *The Bible as Rhetoric: Studies in Biblical Persuasion and Credibiblity*. London y New York: Routledge.

Wells, Samuel
- 2004 *Improvisation: The Drama of Christian Ethics*. Londres: SPCK.

Westermann, Claus
- 1985 *Genesis 12–36*. Minneapolis: Augsburg.

Whedbee, J. William
- 2002 *The Bible and the Comic Vision*. Minneapolis: Fortress.

Whybray, R. N.
- 1987 *The Making of the Pentateuch: A Methodological Study*. Journal for the Study of the Old Testament. Sheffield: Sheffield.

Wiseman, Donald J.
   1993   *1 & 2 Kings*, vol. 9, Tyndale Old Testament Commentaries. Leicester y Downers Grove: InterVarsity Press.

Wohl, Michael J. A., y Michael E. Enzle
   2002   "The Deployment of Personal Luck: Sympathetic Magic and Illusory Control in Games of Pure Chance". *Personality and Social Psychology Bulletin* 28.

Wright, N. T.
   1992   *The New Testament and the People of God* (Christian Origins and the Question of God), vol. 1. London: SPCK.

Wright, Christopher J. H.
   1996   *Conociendo a Jesús a través del Antiguo Testamento*. Barcelona: Publicaciones Andamio.

Yamauchi, Edwin
   2000   *Persia and the Bible*. Grand Rapids: Baker.

Younger, K. L.
   2001   "Advanced Hebrew Exegesis". Deerfield: Trinity Evangelical Divinity School (Notas de clase).

Younger, K. Lawson, Jr.
   1990   *Ancient Conquest Accounts*. Sheffield: Sheffield.
   2002   "The 'Contextual Method': Some West Semitic Reflections". En William W. Hallo y K. Lawson Younger Jr. (editor), *The Context of Scriptures: Canonical Compositions from the Biblical World*. Leiden: E. J. Brill.
   2002   *Judges and Ruth*. Grand Rapids: Zondervan.

Zakovitch, Yair
   1990   "Humor and Theology or the Successful Failure of Israelite Intelligence: A Literary-folkloric Approach to Joshua 2". En Susan Niditch (editor), *Text and Tradition: The Hebrew Bible and Folklore*. Atlanta: Scholars Press.

Otras publicaciones de EDICIONES PUMA

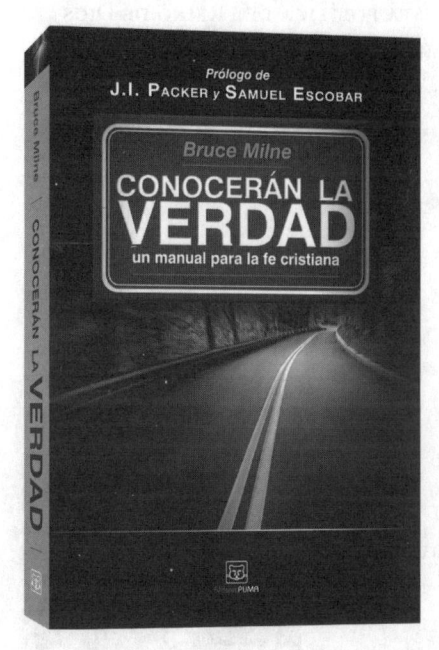

CONOCERÁN LA VERDAD
Un manual para la fe cristiana
Bruce Milne

LA MISIÓN LIBERADORA DE JESÚS
El mensaje del evangelio de Lucas
Darío López

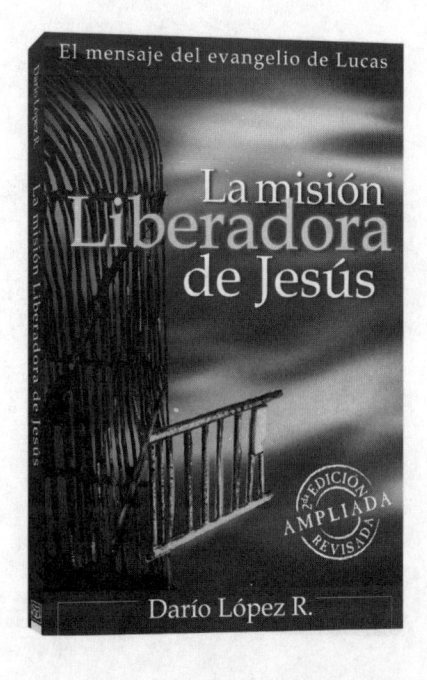

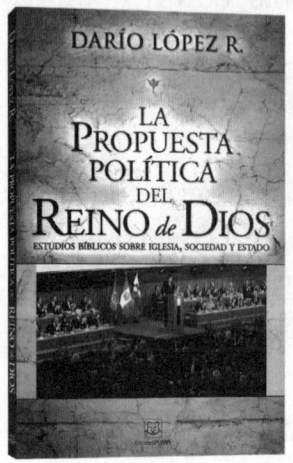

LA PROPUESTA POLÍTICA DEL REINO DE DIOS
Estudios bíblicos sobre iglesia, sociedad y Estado
Darío López

CULTO, CULTURA Y CULTIVO
Apuntes teológicos en torno a las culturas
Justo L. González

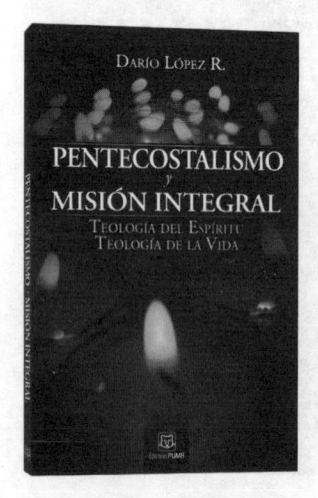

PENTECOSTALISMO Y MISIÓN INTEGRAL
Teología del Espíritu y teología de la vida
Darío López